一部有趣有料的文化名人轶事录
尽赏京味京范的自在从容好风度

京派

张永和 著

京派

《新剧本》宴请冯亦代、张中行、吴祖光、汪曾祺等作家,并向他们约稿

京派

作者与张中行先生

张中行先生和黄宗江、黄宗英兄妹

作者与吴祖光先生

作者与新凤霞老师

作者与阎肃先生

作者与阎崇年先生

作者与谭元寿先生

作者与梅葆玖先生

高宝贤《碰碑》剧照

白金《打金枝》剧照

京派

作者与杨晓雄

作者与过士行和廉春明

目 录
contents

001 / **序言 辛勤的记录者**　　　　　王　珉

 俯拜师门

002 / 师恩难忘
　　　　——周贻白师百年诞辰祭
015 / 恭说张中行
026 / 忆我陪周贻白、吴祖光、张中行三位老师吃饭
034 / 吴祖光、新凤霞的真爱情
　　　　——我为吴、新贤伉俪三"劝架"
041 / 老舍与北京曲剧的开端、当下与未来
051 / 汪曾祺先生聊京剧名演员
061 / 多说点儿汪曾祺老师的趣事
073 / 悼师友
　　　　——想念汪曾祺
078 / 吴祖光摊上了官司
090 / 吴祖光老师远行
　　　　——著作等身　德耀星汉

贰　文史名流

- 098 / 我和张伯驹先生的三见面
  ——兼悼宋振庭部长
- 107 / 我与北京评书大家连氏父女之友谊
- 113 / 必须说说欧阳中石的师生情
- 119 / 阎肃和他的著作及其哥们儿
- 125 / 践行"四力"的史学大师
  ——恭记与大学长、清史专家阎崇年先生一夕谈
- 139 / 四十六年挚友的相聚和相离
  ——回忆北京史专家姜纬堂

叁　梨园名伶

- 152 / 谭门七世　独步梨园
- 165 / 九旬老人对京剧壮心未已
  ——我与谭元寿老大哥的友谊
- 173 / 谭派大老生高宝贤这一辈子
- 184 / 梅葆玖先生，您就是大师，世界级的！
- 193 / 缅怀天之骄子著名京剧艺术家李小春
- 202 / 张门桃李红蓉蓉
- 208 / 一颗耀眼的梅派新星——白金

肆 菊圃名编

- 216 / "六戏斋主"翁偶虹
- 225 / 八十年嗜戏如命黄宗江
- 230 / 我眼里的中杰英
- 237 / 我写苏叔阳先生,权做写他的祭文
- 241 / 漫话郑振环
- 248 / 才华横溢的多面手杨晓雄
- 256 / 孙悦遐其人其事
- 265 / 过士行与"鸟人"

伍 附录

- 278 / 一位勤奋笔耕但又开窍通达的老剧作家
  ——访著名剧作家、戏剧理论家张永和先生
- 288 / 张永和张大爷说:我命好,赶上了好时代!

- 295 / **后记 说《京派》**

辛勤的记录者

◆ 王　珏

带着对一位长者的敬意，写下这些文字。

我们都习惯地称张永和先生为张老师。

虽然他不曾在三尺讲台上教过我什么，但却在长达三十多年的工作交往中，传道授业解惑、言传身教于我辈，教会我们很多东西。故，本着"三人行必有吾师"之古训，我及我平辈的很多朋友，都尊他为"老师"。

刚刚入职《新剧本》杂志的时候，小小的编辑部里活跃着几位我们这一辈年轻人尊称为老师的先生。

操着一口浓重的上海普通话，一说话就笑容满面的是曾在当年

的《大公报》工作、实为我地下党员的潘德千老师,是《新剧本》杂志的创刊人,也是首任主编;操着一口不太重但也绝对能让人听出乡音的南方普通话的,是第二任主编徐恒进老师;操着满口京片子的就是张永和老师。

三位长者互相以"公"相称,潘公徐公永公。这在当年编辑部里年龄最小的我看来,有着一种既亲切又温暖的味道。

张老师没有成为张公而被称永公,好像是徐老师的倡议。"哥们儿不论遇到什么,都永远是一副平和的样子。"徐老师如是说。

永公张老师确实人如其名亦文如其人,向以平和姿态与任何人相处。对于长者,言必称"您"或"您";而对于我们这些晚辈,也张口便是一个"您"字。我常惶恐:您年长于我,以你相称再自然不过,何必用上敬语?但老人家坚持,后来我发现,不仅于我,便是再小上一些的年轻人,张老师也是尊称对方一声"您",便是于街头巷尾偶遇一陌生之人,张老师与对方的称谓也必用上敬语。我曾跟张老师开玩笑,说您跟谁都"您",弄得我们也跟着"您"。他笑着说,这个咱们得这样,这是咱们的习惯,也是咱们中国文化的特点,尊重别人,也是尊重咱们自己。

张老师的创作起步有点儿晚,因为正当应该以丰硕创作成果立身的时候,赶上一个任谁赶上都不会愉快的历史时期;后来很长一段时间,他的精力又都花在了为创作者服务方面——张老师在20世纪80年代开始就职于创刊于1985年的《新剧本》杂志。在为创作者服务的岗位上一干又是很多年。主编徐恒进老师曾在文章中描述张老师当年的工作状态,说他"……与作家的关系都特别好。常常为了一份稿子不辞辛苦地登门去取。大冬天的,骑着一辆破旧的自行车,在北风中奋力前行,风把他的头发撩了起来,远远望去,头发如赤发鬼刘唐般迎风飘扬……"

如今,张老师当年那"迎风飘扬"的头发已经灰白并且不再飘扬。

但退休后的笔耕生活一点儿不逊于当年顶着北风蹬着自行车去取稿子的劲头。退休后，张老师的创作开启了"井喷"模式，直至米寿之年仍与文字、声腔为伍，笔耕不辍，乐此不疲。

其实，张老师的笔耕生涯并不是始于他退休之后，早在《新剧本》杂志做编辑的时候，他经常会把工作生活中所遇之人和事，以散文的方式记录下来，当时并不觉得，如今汇聚起来，也就成为了眼前这本《京派》，这仿佛是一部一个时代的文化名人轶事录。书中所述二十多位文化名家，有张老师视为良师者，如周贻白先生，张中行先生，吴祖光先生，翁偶虹先生，汪曾祺先生，黄宗江先生，欧阳中石先生，阎肃先生，以及并不太稔熟的张伯驹先生等；一部分则引为益友，如谭元寿先生，高宝贤先生，李小春先生，苏叔阳先生，中杰英先生，郑振环先生，过士行先生，孙悦遐女士等；还有张老师的同窗好友阎崇年先生、姜纬堂先生等。良师也好，益友也罢，都是张老师在与之接触交往中的亲身体会和感受，都是老人家的亲身经历，有的也鲜见于报端，老人家既是记录者也是亲历者，加上潜心运笔，所以文章读来每每有人物形象跃然纸上之感。

我特别高兴张老师又将有新著面世。即将出版的这部书里汇聚了他对这些文化大家的真诚记录。有些文字曾发表于《新剧本》杂志，也有一些散见于其他杂志及《北京晚报》等媒体。较之他大量的剧本创作，这本书的意义更显得与众不同。在这些文字背后，我们仿佛看到，在没有电脑、没有手机、没有影像的当年，一位默默的、辛勤的记录者，坚持几十年如一日地用他的笔定格了这一个又一个真实而灵动的瞬间，让一个时代的文化名人活跃于字里行间；正是张老师用他手中的笔默默地记录着这些文化大家的音容笑貌，言谈举止，才学风采，记录下一个时代的风云际会，沧海桑田，为我们留下一幅当代中国文化名家的文字的写意画卷。

003

在以上文字快写完的时候,接到张老师的电话,老人兴致勃勃地告诉我,又有一个新的创作构思,那是一个与中国传统文化有关的创作选题。我说您悠着点儿别太累,您的创作频次太高了。

电话另一端传来张老师的声音:咱们得写啊,咱们都赶上了一个好时候,想写的东西还多着呢!

透过听筒,我分明能感到老人那一脸的笑意。

祝福老人家继续笔耕不辍。

头几天,张老师请我为此书作序,本想婉拒,但对这位已过八旬的老人又不忍,俗话云:"长者求,少者不敢辞。"故勉为其难,是为序。

(作者为北京演艺集团总经理)

壹

俯拜师门

师恩难忘[1]
——周贻白师百年诞辰祭

先恩师周公贻白，1900年生人，今年[2]适逢老师百岁诞辰。有关单位要出版纪念文集，作为弟子的我，自然要撰文附之骥尾。但在三年前，为纪念先恩师逝世二十年，我已经写过文章。为此，商之于先师哲嗣周华斌师弟，以前文做基础，再增加一些新内容，敷衍成文，谨以此作为对先恩师百年诞辰而献上的一篇小文。

初谒恩师

我小时候便迷戏。打记事，留在脑子里的，便是台上的花花绿绿。读初中了，我的母校——北京六中，前清时是专管演出事项的衙门"升平署"。也许应了那句话：这块地有干这个的风水。同学之中，净是戏迷。我是除有工夫就看戏外，还满世界地淘换戏剧书籍。当时常去的地界有二处。一处是我逛天桥无意发现的，在天桥旧货市场有卖《三六九》《立言画刊》等旧戏剧杂志的。但不是按册卖，

---

[1] 本文初刊于《场上案头一大家》特刊。
[2] 指2000年。——编者注

而是当废品处理上秤约，您说这得多合适。每回我都买一大书包。卖的主儿，一个四十来岁的壮汉，总还饶一句："这可是当包装纸用的，不是叫你看的！"我也总回一句："我们家有买卖，谁看这个！"其实，卖的主儿，买的主儿，谁心里都明白是为什么。另一处则是老东安市场旧书摊。常带我同去的，是高我三班的大学长姜纬堂。（后来他成为我的挚友，谛交近五十年。纬堂兄是北京史、明清史的专家，造诣极高，惜于今年春节后，突患心肌梗塞，仅两日与世长辞。消息传来，令所有识姜兄者均不胜悲痛。）记得《旧剧丛谈》《听歌想影录》《名伶百影》等书，均是与姜兄同时购买的。

又一日，与纬堂兄同去东安市场。进一书店，见书架上摆放一部三卷本周贻白先生所著《中国戏剧史》。取下来翻阅，装帧讲究，扉页和尾页均有彩色画页，绘有戏装、刀枪把子和脸谱等。当时便爱不释手，可定价为人民币四元，这在当时已经是很昂贵了，难免有些犹豫。纬堂兄便说："这书值，买。钱不够，我这儿还有。"一言九鼎，我倾囊中所有买下。回家后，什么也不干，一页一页翻看。当时，我还是个初中二年级的学生，也只能是"观其大略"而已，但我还是饶有兴趣。虽然，零花钱已全部告罄，至少得有一两个月不能花钱买票看戏，但我无怨无悔。

大约过了一年，我在中国剧协出版的《戏剧报》上，看到有人写了大块文章，批评这本书是什么"资产阶级唯心论"的产物云云。这下有点把我弄蒙了。这本书讲了中国戏剧的发展史，各剧种的发展嬗变，各种声腔的产生源流和走向，特别是介绍了许多鲜为人知的戏曲知识，我读了受益匪浅，猛长学问。每与三五戏迷朋友侃戏时，我是"艺"压群雄，风头独健。干吗非要说这本好书的坏话？当时心中愤愤，很为这位大学问家周贻白先生打抱不平。我常常想，倘有机会能见见这位周老师，跟他聊聊天，那该有多好！要知道，这可是跟我心中那尊偶像面对面地交谈啊！从此，我就盼着这一天。

这一天终于盼来了。三年以后,我报考了中央戏剧学院的戏文系。报名时,校方要求送作品。我从初中三年级时便在报纸上发表有关戏曲的千字文:或介绍演员,或评价剧目。到那时,已经在《北京晚报》《北京日报》和《剧目报》(市演出公司出版,在各剧场发行)上发表了十几篇这样的文章。我便选出了四五篇,记得有评昆曲的《钟馗嫁妹》《昭君出塞》《胖姑学舌》和《杂谈〈空城计〉》《老戏也要改进》等评论文章。当时颇有点自鸣得意,心想,就我这岁数,发表这么多篇评戏文章,你们找去吧!

笔试那天,考的大题目,是写一篇戏评,剧目自己定。这可打在我手背儿上了,于是我写了《看话剧〈关汉卿〉之后》,洋洋洒洒三千字一挥而就。交上卷子后,更是沾沾自喜。

半星期后口试。考官三人,一三十多,一四十多,一五十多,均男性。端坐的那位老考官体胖,个头不高,着一身褪色的蓝布制服。在青、中年考官考问我后,开始发问。听口音是南方人,话锋尤厉。看来他对我的试卷和交上去的那几篇发表过的剪报都审阅过了,所提的问题,都和这里面的内容有关。例如:"你说话剧《关汉卿》里真马上台,有些个画蛇添足,反不如用马蹄声、马嘶声等效果来表现马的奔腾为好。那么,你可曾想到,话剧是写实的,戏曲才可以搞虚拟的,两者之间,可以逾越吗?"又如:"你认为李淑君演出的昆曲《昭君出塞》非常好,你可看过尚小云演出的京剧《汉明妃》,它们之间有哪些相同?哪些不同?"

这老考官端的厉害,几句下来,我脸上淌下了汗珠,再不敢掉以轻心。但我还是有问必答,并没有张口结舌。不久,老者的脸上泛起了笑容。后来,有关戏剧和文学的问题索性再不考问了,反而好似拉家常一般地跟我"闲聊"起来,他问我,喜不喜欢国画?我说喜欢。便又问,明、清两代大画家的作品,都欣赏过谁的?我说爱看石涛、八大山人的画。他脸上的笑容更多了。又问对中国的瓷器懂不懂？我说懂一点，"开光"的、"开片"的，青花、粉彩都接触过一些。他便又问："你懂不懂中国的丝绸？"这下把我问住了。我摇了摇头，他也摇了摇头。说："这个不懂不行，中国戏曲的服装是很讲究色调搭配的。梅兰芳到美国去演出，洋观众一看京剧的服装，色彩那么艳丽又协调，就惊呼起来。这普通的丝绸衣服就变成了奇妙的艺术品，你不研究怎么行？"

啊，原来还有这么一层意思，这老头的学问真大呀。他是谁？听那越来越浓重的南方口音……突然我心中一凛：他大概就是在中戏任教的周贻白周先生吧？没错，除了他，谁肚子里能有这么宽绰？

一出考场，便被众多考生围住，他们说我足足考了四十分钟，这次准有"戏"。听到这些我更是踌躇满志，心里也觉得这一回跑不了啦，十拿九稳。

离发榜的日子还远着呢。一天，酷暑中忽然来个半阴天还有凉风拂面，舒舒服服的。我忽发奇想：为什么不去拜谒周贻白老师呢？在打听到周老师的住处后，我那股冲劲腾地就上来了，匹马单枪径直奔了交道口棉花胡同 22 号，中央戏剧学院教员宿舍。

那是一所大宅院，几进院落，全是平房。我在传达室老大爷的指引下，曲里拐弯摸到了一处。门是敞开的，似乎是为了进点风。映入眼帘的是简单的家具：老式的大衣柜、老式的床，小小的写字台上面摆满了书和稿纸。一把木制椅上，背对着门坐着的，正是那天考我的胖老头。

这时，我不免有点胆怯，轻轻敲了敲门，胖老头悠然转过头来，炯炯放光的大眼睛看着我。我更慌了，只好谦恭又低声地问："您是周贻白老师吗？""是啊，你不是张永和吗？""您还记得我，那么多考生……"他很随和的一句话，好像给我打了一针兴奋剂，立刻感到胆儿大起来，声音也不再颤抖了。"考你那么半天，要是连你的名字也记不住，不也太对不起你了嘛。你倒是挺有本事的，竟找上

门来了,有什么事?说吧。"我说正在学习他的《中国戏剧史》,有些地方看不太懂,想请老师给讲一讲。周老师真是诲人不倦,竟按照我提出的逐条讲解。不知不觉约两个小时过去了,我想该告辞了,但怀里揣的那个"小兔子",此时不亮出来,可就没机会了。于是,我鼓足勇气问了一句:"周老师,这次我能考上中戏吗?"听到这里,周老师微微叹了口气,沉默了一会儿才说:"我知道你是要问这个的,本来我不应该说,但告诉你也无妨,早晚都是这个结果嘛。按你的考分,够,可你榜上无名。而且……"周老师显得有些碍口,但终于又讲了下去,"而且以后,你也不必再考了。你也不必难过。想学业有成,不进大学的门,只要刻苦,一样能学成。就拿我说吧,我就没有进过大学的门。我年轻时,在湘剧团、京剧团里当过'下把';后来,又参加过田汉先生、欧阳予倩先生等人组织的'南国社',当话剧演员。你别小瞧我这些'不高'的资历,它使我有了丰富的实践经验,掌握了戏曲和话剧大量的活知识,为我日后做'中旅'也就是'中国旅行剧团'第四期编导,创作话剧、戏曲以及电影诸剧本奠定了基础。当然,最主要还是要刻苦读书,勤攻文史。我所以能在戏曲史和京剧的形成、发展以及各种戏曲声腔、流派的源流、嬗变上有一点成绩,主要靠'三勤':勤读书、勤调查、勤思考。你如果能'吃'别人'吃'不了的'苦','下'别人'下'不了的'私功',你也会取得成绩的。"

我感动了,差点流下泪来,那会儿竟没有一点悲伤,却充满了劲头。我们爷俩一直聊到日落西山。我起身告辞。周老师说:"到饭口了,我们出去吃饭去。"我还有点不好意思,可是老师站起来就走,我只好在后面紧紧跟随。

出棉花胡同东口往南,在宽街十字路口路东,有一家清真馆子(现在似乎是老字号"白魁"饭馆的分店),是个中档饭馆。老师领我进去后,先是要了盘炸花生米和一瓶啤酒,然后,又要了两大碗鸡丝汤面。有意思的是，汤面端上来，老师从怀里掏出来一个小瓶，拧开盖，冲着我碗里一通撒，然后再给自己碗里撒上。我忙问："老师，什么？""味精。吃吧，小子！"这时，我已喝了一口汤，听了这句话，差一点没笑得喷出来。老师看我这副怪样子，又补了一句："这地方做饭，没味，倒点儿味精，就不一样了。"我心里说：您那叫"倒点儿味精呀"。爷俩小半瓶下去了，可别说，是真鲜！

从那天起，我终于走到了恩师的身边，圆了我"程门立雪"的梦。从此，我隔三差五便来恩师府上求教。

周贻白老师教导我的"三勤"，我记住了，虽然不能百分之百做到，但总是朝这方面努力，"虽不中，不远矣"。终于也小有成绩，听老师一席话，终身受益！

老师为学生捧场

为弟子捧场之一：

1959年末，我给《北京晚报》写了一篇千字文《谭家五世》。编辑黄亚昌先生，认为千字内而能将谭志道、谭鑫培等五世精英说得清楚，实属不易，当即拍板发表，只是需要配一张谭鑫培的剧照。我无，便将此事和老师说了。其实，这里是含有我的一点"诡计"的。老师房内的墙上，悬挂着一张装在很讲究的镜框内的十寸照片，是谭鑫培和王瑶卿的《南天门》剧照。周老师挂这张照片，倒不是冲着谭叫天，而是整个的为着王瑶卿王大爷，因为他和这位"通天教主"情同手足。我想借此剧照，还《北京晚报》亚昌兄的"愿"，只是因为这照片太珍贵，我不好意思明说，才不住地"念秧儿"给老师听。

"把这张照片摘下来，送报社。"周老师不假思索地说。

"可是……您有小点儿的没有，这相片，我有点不敢拿……"

我嗫嚅着说。

"有什么不敢拿的，想着给我拿回来就行啦。"

后来《北京晚报》刊登了这篇文章，旁边的老谭和王瑶卿《南天门》剧照，便用的是周老师珍藏的这一张。

为弟子捧场之二：

1960年我去了长春，后来又去了呼和浩特，先后在吉林省京剧院和内蒙古李万春京剧团供职做编剧。再聆听周老师的教诲，只好书信往还。1963年下半年，我返回京师参加了北京新燕京剧团（现北京风雷京剧团）。第一个戏，是排从唐山淘换来的剧本《节振国》，因要根据本团演员的艺术条件，对剧本进行改编，这任务就落在了我的名下。

一个月后，这个戏在大栅栏内老戏园子庆乐剧场上演了。观众反应不错，上座率也较高，周老师首场演出便去捧场。第二天，我去老师处征求意见。"这是你来这个团交的第一个卷子，你目前是要巩固阵地，我当然要给你摇旗呐喊助威。这样吧，你和剧团说一下，找个时间我给大家讲一下，包括这个戏的长和短，还有戏外的一些知识性问题。"老师又要给我捧场，我听了，大喜过望，心中感激，知我者，周师也！

在一个炎热的下午，剧团借了宣武区工人俱乐部的一个讲究的礼堂，集中了全团演职员一百余人，请周贻白先生讲课。剧团本要派车去接，但先生坚辞，由我陪同乘公共汽车而来。那天，先生特意脱去了平时的衣衫，上穿一件雪白短袖罗质夏维衣，下着灰派力斯西裤，足蹬黑礼服呢千层底便鞋。出现在大家面前的，是非常精神的一位学者。

老师从剧本、导表演艺术以及音乐、美术布景等方面，对《节振国》这出京剧进行了详细的剖析，肯定优点，指出不足；又从京剧史的角度讲述了京剧演现代戏（即时装戏）的沿革演变，说明京剧现代戏由来已久，无论对题材、样式、表演，都是一次拓宽，对京剧的发展有很大的意义。最后，他还专门就京剧的四平调的源流、发展变化，即如何从徽调发展为平板二黄做了精辟的阐述。大家听得津津有味，赞叹不已。

老师这一来，一讲，用南方话说，对我，是面子做了十成。

剧团备晚餐款待，老师又坚辞。却步行同往二里之遥的我家，去"见见我的母亲"。在吃过两块西瓜后，也不用晚餐，而只由我送至公共汽车站，一人返回宿舍。

高风亮节，古道侠肠，今见之。

随访翁偶虹

两个月后，我的另一部戏，根据同名话剧改编的京剧《南海长城》也搬上了舞台。首演那天，老师去看，还邂逅了他多年未见的老友——中国京剧院的编剧泰斗翁偶虹先生。剧场休息时，两位老友谈笑甚欢，隔着两位喷出来的袅袅香烟，我看到二老的脸上，闪现着童稚般的欢悦之情。

老师谈起他和翁先生的关系。他说："我和偶虹是老朋友，有几十年的交情。四十年代中期，日本人投降那会儿，偶虹受上海大来公司总裁吴性栽之聘，到大来公司下属的专门演京剧的大戏院天蟾舞台长期驻班编剧。我那时在上海一个大学任教。我俩经常在一起聊天，吃饭。后来到北京，见面的机会反倒少了。这次相逢倒要感谢你给我们搭了个'桥'。我正好还有点事要请教偶虹。有一出梆子戏的服装头饰，我记不清了，这事只有问他。你和翁先生联系一下，一半天咱爷俩到他府上坐坐，请教请教他。"

两天后的一个下午，我陪老师到了西城新文化街翁寓。那是一

个狭长的小院,好像几间平房都盖在一面,面积也不大,进深很短。屋内除了墙上的字画、书架上的书外,似乎也没什么值钱的摆设。翁先生见我们来了,十分高兴,躬身让坐。周师指着我说:"偶虹兄,我这个学生当编剧还不入流,还请您多关照。"翁先生笑着说:"那没得说,您的学生和我是同行同道,我们互相学习。""他是晚辈,您得多指点他。"周师诚恳地说。"好说好说。永和,你有什么过不去门的,尽管说,咱们一起商量。"

恩师是见缝插针,又给我铺了一条路。

两位挚友啜茗畅谈,我敬陪偏座,洗耳恭听,他们谈了很久,直到夕阳西下。翁师母进来了,说饭已做熟,要留我们小酌。周师婉谢。出门来,周师对我说:"翁夫人年岁大了,这顿饭实不能叨扰。"于是,爷俩又去下饭馆了,自然仍是老师付账,弟子白搓。

老师收藏的"三宝"

按现在的流行语,周老师是收藏家中的"大腕儿"。他有三宝:邮票、洋画、火柴盒商标。收藏之丰,质量之高,他人难望其项背。

老师最初让我看的,是他的洋画。

何为"洋画"?年轻人未必知晓。几十年前,买包香烟,如粉包、黄金龙、白金龙,还有恒大、前门等,里面除去香烟外,还有一张长方形彩色印刷的纸画。所绘大都是章回小说里的人物。最早这种纸画是藏在外国进口的洋烟内,多绘碧眼黄发的洋妞,故此,中国老百姓称为"洋画"。

有一次,爷俩吃饭回来,老师兴致很高。忽见他猫下腰蹲在地下拉开了大衣柜下面的抽屉,拿出一本本影集并翻开来叫我看。上面粘贴的正是香烟里的"洋画"。那里面有《三国演义》人物、《水浒传》人物、《红楼梦》人物、《西游记》人物等。老师特别强调说，这都是"全的"。我听出话中有话，便问："是不是就讲究在这个'全'字上。"老师笑答"对"。他说："烟草公司当时宣传得很厉害，在报上登出，一套全的'洋画'，可以得一辆进口自行车的奖励等等。可他们很坏，一套中总有那么一二张，'出'得很少，总也叫人凑不齐。""可您这些为什么都是'全'的？""他们为了表明有人凑齐过，就把这个便宜给烟草公司股东、经理等自己人。这些都是当年得过奖的'原件'，是托人弄出来的。这几套，还有《聊斋志异》《镜花缘》等，一套都是30块'大头'（银元）买下来的。""您为什么淘换这些玩意儿？""一是收藏，二是我们搞戏的人，看这些人物画，对掌握他们的个性，激发起创作灵感是有好处的。画得还都不错，你可以仔细看，定会有所收获。"

以后一连几天，我都去老师家中看"洋画"。后来，又给我拿出他轻易不肯示人的珍品，那都是国外的。这其中很有些特殊的：黑白照片的，照的都是着各种服装的洋"仕女"，半身；还有珐琅、烧瓷、丝绸质地的。上面的图，有的是各国国旗，有的是各种图案。瓷制的是洋女人像和名画，实在是见所未见。另外也有些用硬纸片做的，但纸张和印刷比国货要考究得多。一套画的是外国乐器，一套是各种洋家具，还有一套是各式各样的房子。

老师的第二宝，是收藏各国火柴盒上的商标。数量大，样式多，一览之下，不只是知识大增，而且也是艺术享受。

第三宝，是不少人都知道的，便是邮票的收藏。起初老师的集邮册，是放在各个抽屉里，后来越来越多；周师母从苏州调到北京后，华斌、楚斌、湘斌兄妹也一起同来，学院给老师调换了两间大房子，他们便买了一个玻璃柜，集邮册便都放在这个柜子里了。

当时，邮票收藏除夏衍外，当推老师。那是太丰富了，国外的居多，国内名票也搜罗殆尽。我只看了很少一部分。一天，我去老师家，看到有许多人帮助他拾掇房间，而且不知从何处弄来两个高质量的沙发。原来是新影要给老师拍纪录片《教授生活》，其中主要拍他的集邮。校教导处派人来是给老师"添妆"的。周师说，拍邮票，论理该拍夏衍同志，可他是文化部的副部长，是官，不便拍，所以"这汗就出在我身上了"。

又一天，又有点耐不住，便问老师："您干吗收藏这么多邮票？是什么时候开始的？"周师一笑，拍着我的肩膀说："我知道你有这一问。'反右'期间，有人贴我的大字报，说周贻白'玩物丧志'。这物便是指邮票。其实，我也是'误入歧途'。那是抗战胜利之后，我因看不惯国民党的倒行逆施，便去了香港。给电影厂写剧本，我一气儿写了好几个。当时香港稿酬较高，可是要寄回大陆来很困难。有些人就买成邮票。我也是其中的一个。开始，我是用它来变钱，可是一来二去，我感到邮票的学问很大，知识性很强，可以开眼界，长见识，目的便改了。这种收藏是高雅的，需要文化的。同时也可以增加艺术的鉴赏力，实在不是'玩物'啊！"

恩师的三宝，在"文革"中在劫难逃，被戴红箍的"小将""老将"，还有街道的"老妇""少妇"们席卷而去。后来虽归还了一些，周师母又为筹措龙斌师弟结婚费用，贱价卖掉劫后"余生"的一些"精品"，三宝终难成其宝矣！

恩师的交友

古人极重视交友。曾国藩说"择友如同求师"，又说"深交之人，宁缺毋滥"。恩师一生，绛帐授徒，桃李天下。交友却不多，与田汉、欧阳予倩及阿英（钱杏邨）关系最密。他曾告诉我，阿英不但是他的好友，而且是他和周师母的大媒。说这话时，他显得十分高兴。

1964年的一天下午，我正在老师家中，忽然有一位五十多岁、头发不多的胖老头来访。老师一见忙对我说，你先找本书自己看吧，我们谈点事。说完，便将这位老先生请到内室。他俩谈话的时间较长，而且声音压得很低。后来，胖老头告辞走了，老师却并未出门送客。我觉乎着有点怪。当时我还年轻，不知深浅，便径问老师，此人是谁？老师一愣，说："怎么，你不认识他。"我摇了摇头。他叹了口气说："你怎么连他都不认识，他就是阿英啊！""噢，大媒到了，怎么人家走了，您也不送送？""有些事很难说，你甭打听了，以后见外人，这码事别再说了……"

干吗弄得这么神秘兮兮的，怎么了？

原来对文艺的"两个批示"下来了，要抓"就会沦落成'裴多菲俱乐部'"的各个文联下面的协会的头头。剧协的田汉首当其冲。作为田汉的好友的老师和阿英议论的正是此事。他们互相激励，表示绝不落井下石。不久前，华斌师弟告我，那次阿英来后不久，剧协果然来人，要老师揭发田汉"反党反社会主义"的罪恶。老师大义凛然，没有为求个人安宁而口是心非，坚持说田汉是好同志。所以不久周师也难逃厄运。

老师和京剧旦角王派大家王瑶卿先生也相交莫逆，情感甚笃。1954年王瑶卿病逝后，老师在报纸上写了很长的悼念文章，整整占了四开的一版，还配了两张王瑶卿的照片。老师曾把这张折了好几折、纸都发黄了的报纸（《北京日报》）找了出来给我看。还找出来好几张他和王瑶卿一起合影的照片叫我瞧。1959年，王瑶卿的二弟，有"凤二爷"之称的王派名须生王凤卿病逝。我得到消息时已经很晚了，我还是给老师打去了电话。那时，私人电话极少，是传达室的老头把先生请来的。一听是我，老师就说："这么晚了，你是告诉我凤卿逝世的消息吧？我已经知道了，正在写悼念文章。明天你别来，心里有点乱，后天再来吧！"

先师与大戏剧家吴祖光先生也是好友。就在我这篇小文在内部刊物《艺坛》上刊出后,一天深夜,十一点多了,忽然传呼机连续响起。夜深人静中,声音异常怕人。我忙按键一看,是祖光先生呼我回话。不知出了什么事,急复电。吴先生声音激动,说刚看过这篇文章。"写得太像了,这就是周贻白!"还说这么多年,怀念周先生的文章不多,我与老师师徒情深,写得很生动,做了件好事。我问吴老师如何与先师相熟相好,他说:"您老师在香港时,与欧阳予倩、顾仲彝三个人共为一家电影厂弄剧本;我在另一家电影厂也弄剧本,经常见面,惺惺相惜,故交谊深厚……"当时,祖光先生尚口齿流利,思维敏捷。孰料,曾几何时,自凤霞阿姨仙逝后,于今,吴老师竟患中风而口难成章矣。

拉杂数千言,漫无条理,但与恩师情笃,不揣简陋,仅以此祭恩师百岁冥寿。倘恩师泉下有知,不会怪罪我这个不敬的学生吧!

恭说张中行①

我这个人有个优点：服人。熟人中，死的不提，单说眼目前活着的人里，有许多我钦佩的贤者。其中排第一号的，是年近百岁的张中行老爷子。

张先生降生于大清国光绪卅四年农历十二月十六日，折合阳历则为1909年1月7日。如果普查户口，先生至今②应为93岁又9个月，真正可称为耄耋老人。

如果在十多年前，我尚不知先生为何许人，甚至连先生大名也陌生的。后来逛书店，突然发现署先生大号的书籍竟有五六种之多，报章杂志上先生的妙文也"忽如一夜春风来"，从四面八方"冒"了出来。如此之多，造成了视觉冲击力，自然要取来拜读。果然好看，文中虽无"黄金屋"和"颜如玉"，却有很深邃的思想和渊博的知识，于是，不仅记准了这个名字，并对此人恭而敬之了……

后来的一天，小子在我钦佩的另一位贤者吴祖光先生家里闲聊。忘了什么由头，我恭维吴先生有学问。不料，他却笑着对我说："我那点学问，纯粹蒙事。张中行先生那才是真学问……"

---

① 本文初刊于《北京文学》2003年9月号。
② 此时指2002年10月。——编者注

　　这正好触动我好奇的神经，问下几条，才知两位老人交好甚厚，也知道了张先生如今仍在人民教育出版社上班。问到张先生文章为何突然遍地都有、全面开花，答曰："中行先生老而弥坚，虽年过八旬，笔耕不辍。更主要的，是张先生文章不论给哪家，从来是争相刊发，没有退稿的。写得多，发得更多，甚至不在乎一稿多'发'，所以，到处皆是了……"小子那时也忝为一家戏剧刊物的副主编，既然邀约发表张老爷子大作已成为一种时髦，如同现在写戏曲的人不谈"实验戏曲"、不把传统戏曲肢解得让人看不懂便为"保守"分子一样，我便也要凑热闹。吴先生说："我可以介绍你认识张先生，抬杠也能长学问，何况你是最温顺的，定会大有收获。"吴先生给了张先生单位的电话，并说要先打个电话给张先生，算是事先介绍过的……

　　打过好几次电话都没有联系上。听张先生同事讲，先生如今住在北京大学燕园，不是每天来出版社上班的。人家也没有告诉我老爷子家里的电话。架不住我有空就拨拉电话，终于有一天找到先生了。一个苍老的声音通过听筒传过来，小子自报家门后，对方说知道，吴先生有电话打过来了。大概是吴老的面子大，张先生没有拒绝笔者采访，并约好了时间等细节。

　　小子如约而至北京沙滩后街一条胡同内的人民教育出版社。爬上三楼，在一间比较简陋的办公室里，见到了伏案工作的张中行先生。一个高高个子穿一身蓝咔叽中山装，胳膊上还套着一副蓝布套袖的老者。面目是很慈祥的，微笑着；脸比较长，鼻子却是又高又直，属于相面的称为"通关鼻子"那一种，眼睛可不大，属于小眼巴叉那类，可是老眼并不昏花，眸子很亮的……这就是我仰慕的极普通的一位老人又是大学者的张中行先生。

　　说明来意：为本刊邀篇有关戏剧的文章。张先生婉言谢绝，说自己对戏曲是门外汉，不能班门弄斧。经笔者再三鼓唇摇舌，最后老人答应：日后若在这方面有所得必撰稿以谢贵刊青睐。我告辞，张先生坚持要亲自送至楼下。再三坚阻,张先生下了一层楼,笔者无论如何不让老人再下最后一层楼了。因为下完了还要再上三层楼的。当我和张先生分别时,我是出于对八十高龄老人的尊敬,深深鞠了一躬。不料,老人也回敬一躬。我深受感动,这是父辈给子侄的一礼呀,虽然这次我无功以归,但我以能结识先生的喜悦抵消了遗憾。

不久,我与鄙刊主编小说家徐恒进、另一才华横溢的副主编钱祖惠女士(惜于数年前英年早逝)策划了一桩事情。鉴于戏剧的知音日稀,想扩大读者群,而刊发部分戏剧外延的文章。于是遍请京都文坛一些资深的作家为本刊操刀著文,并假座永安里一周姓友人开设的、由吴祖光先生撰写字号匾额的"四川家乡酒家"便宴,商讨文章的安排。

是日,文坛各老将很给面子纷纷如约前来。那一天,光临的有张中行、冯亦代、吴祖光、黄宗江、黄宗英、汪曾祺、冯宗璞、董乐山、邵燕祥、舒展、姜德明等先生。当日诸赴约者,大都是老友重逢,颇解云树之思。一时觥筹交错,谈笑甚欢。不一会儿,便每人皆答应为鄙刊起码撰稿一篇,并且为了彼此不撞车,还安排了交稿的时间顺序。会后,酒家主人还为大家照相合影留念。这张照片应是极为珍贵的,其中的汪曾祺、董乐山以及钱祖惠诸君均已谢世,惜哉!

该日可一书者,尚有事数件。张中行先生虽在赴会者中年龄最长,但由于先生过去多在圈外,相识人不多。黄宗江先生到会较迟,进门后见到中行先生,先是一愣,细细辨认后,竟深鞠一躬,问先生:"还识昔日学生否?"叙起旧来,原来张先生六十年前曾在天津南开中学任教,黄宗江竟是张先生的学生。师生数十年后邂逅,均已两鬓如霜。人生苦短,何其不易。大家也为这一对白发师生不期而遇,十分高兴,认为此亦人生一大乐事,也是本次会上一大佳话。摄影

同志立刻将中行、宗江师生携手话旧的动人场面摄入镜头。

宴会毕,与会者由"酒家"老板每人发一百元钱作为来往打"的士"的车马费,宗璞女士数日后由北大住所寄给"酒家"一封信。信中说一百元钱车费有富余,只需 84 元,信后附寄 16 元。

宗璞女士做人如此,不愧为冯友兰大师之女,令人仰止。

数个月后,张先生为本刊撰稿,题为《典型与过度》,论及戏曲中塑造人物的法规:要中规中矩的典型,不要不适的夸张而成为过度。

我与张先生的交往越来越密切了。一个重要原因,张先生从北大搬到离我家较近的马甸桥祁家豁子附近的一座楼房里。那年是 1994 年,先生 85 岁。在这之前,先生与年长他数月的老伴一直挤住在北大工作的二女儿家中。这次是先生工作了几十年的单位——人民教育出版社破例开天恩给一个已经退休的老编辑分了一套三居室的新楼房。按当时说,这房也还算不错的。不过,俗话说,人在衣裳马在鞍;房子呢,则在装修。虽然当时尚没有今日(公元 2002 年 10 月)装修住房已发展到五花八门的地步,但当时谁家住新房起码也要来个简单装修。张先生却是反潮流,搬家之前只用扫帚一把,把那三室一厅打扫干净而已。这座楼房共搬进一百多户,也只有张先生这一户未作任何大小装修,开创了该楼的"吉尼斯纪录"。

我开始往张先生家跑,喝茶、清谈、侃大山。再有便是在一起吃饭。不光是我和先生两个人,头几年一起进餐的还有吴祖光、黄宗江、刘曾复等老先生。其中可以记录下来的有两次。

其一,是 1997 年伏天,酷暑难熬,笔者邀请当时 88 岁的中行老人、80 岁新从外地旅游归来的吴祖光老人,另外,还有时任北京晚报副总编辑、有忠厚长者美誉的李凤祥,同时尚有一位以写旧体诗词享名的年轻女诗人靳欣去吃涮锅子。

三伏天围着火锅吃涮羊肉,两位主嘉宾,又都是耆宿,加起来近170岁，当然得师出有名。让老人们吃一个大汗淋漓，权做一回饕餮，显然不是理由。那么有什么"说法"吗？有。不久前，张先生的一部40万字自传体的佳作《流年碎影》刚刚出版上架。吴先生为本刊撰写的一部系列电视剧剧本《新凤霞》共13集约22万字，自1990年岁末动笔到今年（1997年）7月始全部完成。两部大作问世，可喜可贺。何况，女诗人靳欣的一部旧体诗集也于斯时付印成册，又是张、吴二老帮过大忙的，所以这几位一经笔者倡议并敦请，便都欣然而往。

张老爱吃羊肉，那年也快90岁了，可比笔者吃得快，虽然牙已大部分"下岗"了。酒也不拒绝喝，张先生谓"无酒不成席"，坚持要二锅头，说："饮酒只饮此种，是粮食酒，又喝惯了的。"小子唯唯，但以此酒烈，不多给，只以一小瓶二两为限。

席上因为有个年轻活泼的女诗人，氛围便活跃得多。靳欣拿手指着刚从张先生那里获得的《流年碎影》中题为"情网"的一章问："您的情网上有人没有？"张老答："有。"女士又笑问："谁？"张老毫无表情答："不告诉你！"于是引来大家畅笑。张先生之特有幽默皆如此。

由"情网"开了头，大家很自然便谈到那时刚刚谢世的杨沫女士。张、杨的关系圈里人没有不知道的，张先生却也不避讳，他径对吴祖光先生说："杨沫追悼会头天晚上，您来过电话，问我参不参加。我说不参加，道理呢，当时说的是人家没有请我，我没接到任何参加会的通知。其实，问题不那么简单，我在电话里无法详说……"

"那您今天就评说一回如何？"以嘴直著称的吴祖光先生这样要求。

"可以。我和杨沫共同生活了5年，其中恩怨一言难尽。她死以后，我们的女儿给我来过一封信，说她母亲已去世，过去的恩恩怨怨就不要再提了。我回了信，说过去你母亲在世时，她不论在什么

场合或什么报刊上提到我或写到我,我都是一言不发,何况如今她人已去了,我更不会说三道四。杨沫比我小,想不到她竟走在我前头,想到这儿我很难过。但在女儿面前不能说假话,我最后还是表明了心迹:就是我和她妈妈,无论各方面,都是差距甚大。还是讲一点真吧,所以这最后一面,我还是放弃了,没有去参加她的追悼会。"

大家见张先生面有悲切之色,便把话题引向了别处。

其二,是一年后同样一个暑热的伏天。不过已是末伏,已然立秋了。笔者又邀张中行先生、吴祖光先生,还有清朝道光皇帝五世孙、恭亲王奕䜣曾孙、著名画家爱新觉罗·毓垣,北京京剧院院长王玉珍以及全国十大名律师之一的王耀亭等好友再赴火锅城涮羊肉,一为仿古制"贴秋膘"开胃口,另外,也是主要的,为刚刚失去爱妻新凤霞的吴祖光先生解解伤感和寂寥。

我问张老尚记得去岁立夏在此共涮羊肉之事否?又增一岁八十九岁的张老云:"记忆犹新。"又问:"尚能食肉否?"答:"此处鲜嫩羊肉片尚可食八两。"我等众人为张先生堪比廉颇而异常兴奋。

酒过三杯,肉过数盘,食速、饮速,倏然减慢。为了让吴先生多开启"频道",我有意识地向吴老询问三十年代蜗居北京的名妓赛金花的情况,因为我们创作的一个电视连续剧,其中要写到赛,问吴老知否这一至今仍被传媒屡屡提到的她。

这一下打开了吴先生的"话匣子",他说:"我不但知道这个青楼神女,我还认识这个当时被人称为赛二爷的女人……"

大家都没有想到吴先生和她还有这样的缘分,便都支起了耳朵。吴老慢慢说道:"六十多年前,北京大学文学系教授刘半农和他学生商鸿逵写了篇有关赛金花今昔的纪实文章,于是沉寂多年几乎被人忘却的风云人物又似沉渣泛起。一时骚人墨客,街谈巷议,全是这一热门话题。许多名士深感赛老境堪怜,门可罗雀,大动恻隐之心,纷纷宴请、资助赛某人。家父——当时任故宫博物院院长的吴景洲也未能免俗,并在家中宴请赛金花……"

"记得那时候,我祖母还健在,坐于上首,赛金花坐在祖母身旁。我父母两边相陪。我那时候是小孩,没有资格上桌子,我是藏在内室掀开门帘从隙缝中偷看这位赛二爷的。祖母是位很善良和气的老人,她夸赛金花长得好看。赛听了以后,竟偎依在祖母怀中,还蠕动了几下身子,嗲声嗲气地说:'求老太太多照顾。'当时,我觉得很滑稽,竟忍不住笑出了声。这一来引起赛和长辈们的注意,把我叫过来介绍给她。这时我才看清楚,她长得一点不好看:圆圆的大脸,黄黄的。可她却说我'小少爷长得真精神',又送我名片一,红色,较一般名片长大,上写:魏赵灵飞。当时弄不清她为什么起这么一个怪名。"

"现在您弄清楚了吗?"

"早弄清了。她说她姓赵,嫁了一个姓魏的丈夫,她给自个儿起了个名叫灵飞。"

祖光先生讲完这段独家秘闻,因饮酒而微红的脸上灿然而笑。这是笔者自其夫人新凤霞仙逝后头一次所见,心中不免高兴。又听吴老朗声说:"眼下众多文人中,见过赛金花而尚健在的,大概就剩我一个人了吧?"

"我也见过她,而且大概还在您之先。"坐于上首的张中行张老操着他那略有香河味的乡音娓娓道来,"吴先生刚才提到的那篇采访录——《赛金花本事》,刘半农先生只写了少部分便一病不起,续写的是他的学生商鸿逵。不久,刘先生与世长辞。召开追悼会那天,北大名人云集。我当时是北京大学国文系学生,自然要给老师送行。那天,赛金花也来致祭,穿一身黑绸子衣服,梳头缠足。虽年老,体形尚苗条,步履轻盈,后面跟着女仆。她没有上台讲话,可是送了挽联,署名就是吴先生说的魏赵灵飞。挽联词句奇佳,我只记住上联，不知系何人代笔。八十年代我遇到商鸿逵，才知是他代作。所以我也曾见到过赛某人，从时间上推算，刘先生那篇采访录刚刚见报不久，故应在您与赛金花会晤之前。"

接着又谈到如何评价赛金花。吴老说："从三十年代颂赛金花热，到解放后特别是'文革'批赛金花热，使得她众说纷纭，莫衷一是。以前捧她的人，都是说因她与八国联军统帅瓦德西亲昵，救了北京城的老百姓，甚至给侵略者的赔款都因她的游说而减少若干。我认为这不太可能。甚至有新材料披露赛金花与瓦德西根本没见过面，一切都是赛金花给自己脸上贴金，哗众取宠……"

大家又把目光转向张先生。学识渊博的张老果然知之甚详，说："反驳赛金花见过瓦德西的材料，见于四十年代伪满时大连图书馆刊印的非卖品《梅楞章京笔记》。收藏书刊著名学人姜德明先生曾读过并介绍过此书。作者丁士源前清时任北京高等警察学堂总办。三十年代，丁任伪满驻日公使。据丁讲，赛金花在联军侵略北京时，一天她化装成男子，又穿上靴子以遮掩她的缠足，与德军军法处长的翻译及丁士源等二人，共四人四骑想混进中南海游览。先到三座门，再到团城，最后经金鳌玉蝀桥至南海大门。守门德国哨兵以瓦德西外出为由，没有让这四人进去。赛金花和瓦德西仅有这么一点瓜葛，还谈什么这样那样的关系。估计当时赛穷愁潦倒，为了换口饭吃，不惜信口胡云。而当时的新闻媒体，又为制造轰动效应，便抓住赛的这番胡云，大搞新闻炒作。当时的一些遗老遗少、文人墨客又打着怜香惜玉的旗帜，推波助澜，遂使得赛与瓦有暧昧之情的'假闻'广为传播，以至以假乱真，使多少人受骗上当。"谈到这里，张先生又端起杯来呷了一口二锅头，接着说道，"不过，当时赛金花在宣南陕西巷胡同开着妓院，她有名有貌，还能说几句英语和德语，所以她是结交了一些联军的中下级军官，也许做过些许对中国人有好处的事，如此而已。"

大家听得如痴如醉，连吴老也钦佩张先生记忆之佳。后来，我们创作的电视连续剧《大清药王》中出现了赛金花，对这一人物的塑造，基本上就是按张老所云来写的。

张先生与吴祖光先生一样非常谦虚。吴先生说自己的学问是"蒙事"，张先生说自己的学问是"半瓶子醋"，是"样样通，样样稀松"。张先生的密友中，自谦者多，大书法家启功与中行先生情同手足。张先生著作封面题字，大抵出自启公手笔。张先生向元白上人（启先生字元白，上人佛家语）索字，也是有求必写。如今，启先生字声价甚高，而仿启字之赝品，也如雨后春笋，甚至琉璃厂有名的老字号古玩店里也公然出售假字。一时启字真假难辨。张先生问启老如何识别真假。孰料启老说："写得好的字，是假的；写得不好的，是真的。因为仿我字的，必拿出十二成的力气；而我写字，眼睛不好，且比较随意，所以真不如假。"又问："上人对此现象有何想法？"答："挺好。仿我的字，可以谋生，可以活命，有何不好！请随便仿……"

张先生另一好友为八十多岁的京剧专家刘曾复老先生。每遇人介绍他这个名实相副的专家头衔时，刘先生必纠正道："我可不是京剧专家，我是学医的，充其量不过一京剧爱好者而已。"张先生常对笔者说："是专家的偏偏不敢承认；如今，专家满街跑，可你千万莫相信。专家的头衔不是谁都可以戴的……"

当然，张先生的契友中，也有快人快语者。著名红学家周汝昌先生对张先生说："启元白的字越写越难看了，怎么能写成这样……"张先生笑着说："看看尊驾的字，自从您眼睛坏了以后，您写的字，都撂一堆了，叫人怎么认，怎么能写成这样……"说罢两人大笑。虽如此，周先生与启先生又系莫逆，此真友谊也！

谈到字，张先生的毛笔字也写得相当有功力。五年前，即1997丁丑年夏，张先生送笔者一幅字，曰：

"日课三餐饭，年华两鬓霜；梦余仍有恨，未作剧中王！"

下边小字:"此新打之油抄呈永和先生戏政。丁丑夏暑张中行。"

此系张先生近作打油诗一首。张先生酷爱京剧,尤喜谭派、余派老生戏。张先生常以未能粉墨登场票王帽老生戏《上天台》为憾。诗中"未作剧中王"句即指此。此幅赠书,半楷半行,间架结构匀称耐看。笔锋遒劲,骨气内含,首尾连贯,一气呵成,绝不似出自九十老翁之手。张先生行世之墨翰本不多见,如今张老又因病搁笔,所以我这一幅张老亲笔条幅逾加珍贵。

张中行先生自20世纪80年代中至今,十五六年中,出专著二十余种。这个时间段,是张先生自古稀之年奋笔疾书起,至新世纪到来,九十余高龄老人因病暂时停笔止。在常人是悠悠岁月颐养天年之日,而中行先生却是终日伏案笔耕不辍之时。《三字经》有名句:"苏老泉,二十七,始发愤,读书籍。"张先生七十而后发迹,虽得名而收小利,但仍可说是时来运转。张先生和老一辈知识分子的流年几乎一样:命运多舛,半生潦倒。不幸中的大幸,是中行先生熬到了"四人帮"被殄灭的那一天。于是,束缚的生产力被彻底解放出来,张先生那些代表先进文化前进方向的好文章才一发而不可收,连篇累牍地从金光大道下涌现了出来!我们为张中行先生的苦尽甘来,为张中行先生赶上这个好年头,融于新时代而欢呼雀跃!

尽管数年前中行先生尚能食肉八两,走路健步如飞,"老不讲筋骨之能",这规律是无法逾越的。张先生病了,时为新世纪的第一年。是累病了的。一位外地不曾谋面的人拿着一张朋友写的条子来找张先生。这位朋友的朋友要老爷子办件事:购买故宫博物院还没有发行的金币。情面难却,张先生于是去联系,甚至亲自去故宫面洽。一来二去办好了,朋友的朋友揣着刚买来的金币走了。一家出版社要出一本张先生文集的最后期限也快到了。为了把耽误的时间抢回来,中行老人又坐在他的8平米小书房内,一篇二篇地赶写妙文。终于全部赶写完毕。老人提着一包装着四十几篇呕心沥血出来的锦绣文章去他附近的一家铺子复印，刚好印到一半，老人倒下了，休克了，急忙送往医院抢救，诊断为心脏病复发。

药石有灵，幸而不死出院了。但从此步履艰难，行走需人搀扶；食肉改成食粥，饮酒改成饮奶，张老身体大不如前。而那一篇接一篇的佳作，却也暂时画上了个句号，这是读者多么不愿看到的事实呀。

比张老还年长一点的老妻是非常贤惠的，但由于年龄太高，也常年卧床。"苍天有时也有眼"，幸而二老有四个受过高等教育一个赛一个孝顺的女儿。她们排班侍奉二老汤药。"久病床前无孝子"，在她们身上是一句错话。四个孝女像爱护眼珠子一样爱护她们的双亲。正因为如此，二老的身体如今比以前壮实多了。中行先生虽然睡眠还较常人多得多，但每天能看一二个小时电视台播放的京剧节目，关心着我们创作的另一部反映京剧艺人刘赶三生活的电视连续剧《天下第一丑》何时在北京播出……看来，张先生在女儿们的悉心照料下，彻底战胜疾病，再度拿起笔来，为读者们再创作出几篇传世佳文为时不远了。

忆我陪周贻白、吴祖光、张中行三位老师吃饭①

我爱陪前辈吃饭。我大概有恋父情结，因为跟父亲在一起的时间短而又短。这三位老师，论岁数都跟家严差不多，但是肚子里满都是大学问，陪着这几位老师吃饭，不但可以领略菜肴之香，更令人难以忘怀的是陪吃还长学问，何乐而不为？那真是求之不得……这三位老师不但学问大，而且还都是有趣味之人，说出的话都可以作为台词记录下来，那在一块儿吃饭真是一个享受。下面，那就让我分头叙述与三位老师吃饭之种种故事吧……

"文革"前只要我在北京，我只要晚上能挤出工夫来，我必然去交道口棉花胡同22号中央戏剧学院宿舍去拜谒周贻白老恩师。到了饭口，我们爷俩一准要上外边吃饭去，因为当时周师母和孩子们都在苏州，只有周老师一个人在北京。我们去的饭馆儿有两家。一个出棉花胡同东口，过马路到不远的宽街十字路口，有一家清真饭馆，此饭馆现在仍在，是白魁老店的分号。我们爷俩吃的饭，每回都是一瓶啤酒，一碟炸花生米佐酒。一瓶啤酒三杯，爷俩分饮之，然后是两大碗鸡丝汤面。每次周老师必从怀里掏出一个装着味精的小瓶儿，对着汤面一通撒，从而鸡汤更鲜，吃个酒足饭饱，然后分

---
① 本文初刊于1993年2月《北京晚报》，有删节。

道扬镳，老师不许我把他再送回宿舍。

如果晚上谈的时间比较长，我们就不去这个附近的中级餐馆儿了，我们就要去一个高级的饭店去吃夜宵，这个就是在王府大街北头当时叫猪市大街北口的华侨大厦酒店去吃夜宵。晚上九点开始，我陪老爷子坐两站公交汽车，然后到酒店。我们吃的是什么呢？是该酒店最有名的皮蛋瘦肉粥。同时叫两笼虾饺，有时也换样吃那里的小笼蒸包。该酒店小吃是讲究的，是粤菜风格。老恩师也非常爱吃。但那里似乎是不能喝啤酒的。我们吃完了，大概就到了夜里十点多钟了，这么晚老师仍然不许我送回宿舍，分手以后，我再乘公交回家。还有一个更讲究的餐馆，去那里就餐那可就是大快朵颐。大概是20世纪60年代初，周老恩师的长公子周龙斌从扬州来北京了。龙斌是属龙的，1940年生人。比我略小一两岁。中等身材，长得非常英俊、儒雅。说的是一口南方人说的北京话。他本在扬州师范学院中文系学习。这时候闹了点小毛病：似乎肝不太好。于是休学来北京养病，但是我也没看出有什么毛病，因为无论是精神还是体力都非常好。老爷子见公子来了，自然就要吃些好的。我们去过几回东安市场北门紧挨着东来顺的一家非常有名的湖南馆子，三层小楼，门口悬匾：奇珍阁。这是个在长沙市非常著名的老字号餐馆来北京开的分号。店里的人从经理到堂官都和老师非常熟，我们去了必被请上二楼的雅座包间。所有人对老师都非常亲切。老师此时必操一口湖南官话点菜，我记得必有清炒虾仁，还有长沙的银鱼。吃的主食我记得好像也是面，口味当然是比较辣的，但是清炒虾仁，我跟龙斌还都能接受，很鲜很鲜。另外最后上的莲子粥，里面的莲子异常清新，我们也都很爱吃。酒呢，好像仍然是一瓶啤酒，什么小菜我忘了。去了三四回吧。每次吃完了，堂官总是笑嘻嘻地问："今天谁候账呢？"老师似乎无奈地说："一个儿子一个学生，你说我能让他们花吗？当然照例，还是我给钱……"

这里我要补充一句，无论是去清真餐馆儿，去华侨大厦酒店还是奇珍阁，最后付账的都是周贻白老师。我那时也没有什么觉得不好意思，好像是应该的似的，这好像是父亲跟儿子出去吃饭，当然老爹是要花钱的。但只有一次让我非常愧疚。我记得很清楚，那是1964年的夏季，我当时供职在北京新燕京剧团。我改编了现代戏《节振国》，剧团由张宝华、梁益鸣等演出了。老师不但去看了戏，而且还要给大家讲一讲看戏的感受，同时再讲讲京剧的形成，当然这一段是饶的，主要是为学生，也即是为我捧场。

那是一个炎夏的下午，前门外大栅栏内宣武工人俱乐部里，楼上楼下坐满了人，不但本剧团的来了，其他剧团来的人也很多。老师的名头太大了。老师讲了足足三个小时，从2点一直讲到5点。在热烈的掌声中，老师的讲座结束了，剧团当然要备饭招待老师。但周老师坚持谢绝！出了剧场以后，老师说你家离这儿有多远，我要去你家去看望你的母亲。这实在出乎我的意料，也让我十分感动……我连说了两句不敢当，但老师说："到了你家门口，我一定要拜见你的母亲。"这样我就陪着老师步行到了坐落在东珠市口的寒舍，大概也得有二里路吧。

我的母亲也知道我的老师是大教授，见来了贵客也非常激动。就把家中存的西瓜打开了请老师吃……老师此时大概也是又热又渴，吃了三块西瓜，又跟我母亲聊了一会儿天，然后就告辞。我们家没有准备，当然没敢请老师吃饭。但我母亲说："你陪着老师外面吃去吧。"出家门以后，我说此地距离丰泽园很近，您这次让我花一回钱。咱们去吃一回，您尝尝鲁菜……但老师坚决不肯，只是让我送他到珠市口北口的车站，车来了，他就上车回家了……

这一顿饭我没有请成，也是我一辈子的遗憾。每一想起我真想抽我自己两个嘴巴子……陪周老师吃饭的故事就讲到这里。

下面，我再讲一个陪吴祖光老师一起吃饭的故事。那是20世纪 90 年代中期的时候，一天我去拜访吴祖光老师，兼催稿。巧遇台湾著名作家贡敏先生也在座。他在台湾写过许多戏，电视系列剧《新白娘子传奇》开头几集即是他写的，其中许多歌的歌词也是由他填写，我们谈了会儿天，中国戏剧出版社的社长李湜、总编辑杜高也来东大桥吴宅。73 岁的剧坛老将黄宗江也此时赶到，群贤毕至，吴先生便说他家隔壁开了一家很讲究的餐厅，据说老板是台湾人，一定要邀大家吃中饭，推却不得，大家便一贯而出，吴先生先开了他寓所的另一个门，走下四楼抬头便见"银鼎美食府"的匾额，居然是全国人大副委员长王光英的手笔。大家想不到距餐馆有这么近，于是大家心中便有几分快意，径直入室，幽幽恬静，墙壁上嵌有陈大章国画、赵家熹书法，都是当今的名人字画……片刻之后，菜肴陆续而上，大厨的手艺不错，口味颇佳，席上几老边吃边谈，多是旧事，眼角眉间堆满笑意，尤其杜高与祖光老师曾共患难，又多日未见，竟甩开众友，做二人谈。旁人虽不免嫉妒，也奈何不得……

贡敏先生则说，台湾的"国剧"即京剧，如能有好剧本，排出新戏来就能卖满堂。大陆上很能叫座的新编古代戏《徐九经升官记》《画龙点睛》，台湾的"国剧团"都排演了，场场客满。笔者提到台湾一个女剧作家王安祈的剧本，曾在我们《新剧本》上发表，文笔很是清新流畅的。贡敏先生说，他与王女士是极熟的朋友，并愉快地答应，日后也将为《新剧本》撰稿。这位王安祈女士，如今是台湾某著名京剧团的团长了，她的很多戏都被推上舞台，并且好几个戏在大陆演出过，受到观众的欢迎。

那天欢聚，谈笑甚欢，吃了好多菜，喝干一瓶五粮液名酒。老先生们都是鹤发童颜，精神百倍，结账后正欲走去，一个文质彬彬、衣着朴素的中年人，自称是餐厅总经理的，亲自端了一大盘红白相间的西瓜走来，说是敬送的……大家一边道谢不迭，一面观其举止言谈，无论如何也寻不出一点台胞的痕迹，交谈后方知是纯粹的北

京人,大家掩口而笑。

归来路上,黄宗江与吴祖光毕竟是多年的老友,说话不留情面……黄宗江老问吴祖光老师:"您不是说台湾饭馆吗?闹了归齐,还没离开咱北京,您到底是听谁说的呀?"吴先生想了半天才说:"我实在记不清楚了,不过我看还是北京人开的更好……"

我再作点小注:吴祖光老师为什么与杜高先生关系如此密切?因为两个人曾共患难。原来1957年,吴祖光老师被错打成"右派",其中一条重要的罪状就是组织小家族来"反党"。而这小家族的成员里面,就包括了当时在中国青年艺术剧院的青年剧作家杜高,因此后来他也受了不少的罪。当然这些都是错案,如今,吴祖光老师曾是中国戏剧家协会的副主席,而杜高先生也是剧协的领导,可谓苦尽甘来呀。杜高的受罪,也可以说是受吴祖光老师所累,所以两人一见面,那话也就会多起来。

再有一个小注是:银鼎美食府的老板。也就是那位文质彬彬、衣着朴素的青年。他确实是北京人。改革开放以后,他就和几个朋友在东四隆福寺一带做起营销国内外的服装生意。他虽然年轻,但是眼光不俗,当大家都做起服装生意的时候,他就悄悄地结束了这桩生意。他注意到实行了改革开放的政策以来,人们慢慢地富裕起来了,一定有改善生活的要求,首先,会表现在饮食方面有较高的追求,于是他投入所有的资金转行经营餐饮业,开了这一家以高档粤菜为特色的美食府。这个经理虽然文化不是很高,但他非常尊敬有知识的人,愿意和有文化的人,特别是年长的文化人交朋友。有人会问你怎么知道这么清楚?告诉您吧,从这次以后,我就和这位姓耿的总经理(他还有一兄弟)结成了很好的朋友。他们哥俩,虽然年轻都非常厚道仗义,知礼懂事……至今两位耿贤弟,都和我仍然保持着深厚的友谊。

下面我再讲一个和吴祖光老师、张中行老师一起大吃涮羊肉的往事。

1997年的夏天酷热难熬，然而却也有不畏炎热，敢于去火锅城吃涮羊肉者，那是两位耄耋老人，88岁的张中行、80岁的吴祖光，作陪的，一位是笔者，一位是在文坛上颇有名气的忠厚长者，还有一位小姐，以旧体诗词享名的女诗人靳欣。有人会问了，此女与后来成为北京戏曲评论学会会长的靳飞是否为兄妹？不是的，他们两位没有骨肉关系，但却是好友。而促成这场盛会，并提出大暑天吃涮肉倡议的，则是笔者。要想把张中行、吴祖光这样世间所谓的文坛泰斗请出家门，总得有个像样的说法。要不人家可不稀罕你这顿饭……

"说法"是有的，二老都是敝刊《新剧本》的顶梁柱，就在近日张中行老师的一部40万字自传体的文集《流年碎影》刚刚出版，吴老师为本刊撰写的一部系列电视剧剧本《新凤霞》，13集约22万字，自1990年岁末动笔，到今年（1997年）7月全部完成。两部大作问世，何等可喜可贺？何况女诗人靳欣的一部颇有文采的旧体诗词也于斯时付印成册，又是张、吴二老帮过大忙的，所以这几位一经我恳请便欣然答应……那么去什么地方的火锅城呢？还是去银鼎火锅城吧。咦？上文你不是说银鼎餐厅在东大桥祖光老师寓所附近经营广东粤菜的吗？你是不是记忆上出了问题了？不是的……原来这个叫银鼎火锅苑餐馆的，还是两位耿经理经营的，不过，原来的粤菜馆已经不经营了，改成规模更大的专卖涮羊肉的餐厅了。这个火锅苑位于北京大北窑南侧。因为我们一直是好友，这个火锅苑规模又很大，当然我们要去他那里猛撮一顿。

一进火锅苑，室内被空调吹得极其凉爽，找不到一点炎热的影子，吴老师问我这个徒弟："你不是说能吃得大汗淋漓吗？这能出汗吗？"笔者笑对吴老师说："吃起来还要汗如涌泉的……"

张中行老师能吃肉，这岁数了比笔者吃得快，让人羡慕，而且酒也饮得不少……张老师坚持要二锅头，那位忠厚长者的大腕也极其赞成，吴老师却是无可无不可的，笔者觉得这酒性质太烈，力排众议，要了一瓶红酒御酒……那两位几杯下去，依然想念他们的烈酒，吴老师却投赞成票，还说因为患浑身瘙痒病，一年没喝白酒了，今天破例喝两口，挺好的……正当肉过数盘酒过数杯时，那边又过来了一位长发女郎和吴老师打招呼，原来是著名歌手程琳，刚从美国学习归来，于是谈话又转到音乐和异域，店主人见这一桌名人甚多，又都是我的老师，便命人送来一个甲鱼，说是敬送的。却之不恭，受之却也无愧，好友故耳……

席间，那位忠厚长者问吴老师当年他发表毛泽东的诗词《沁园春·雪》的始末，吴老师这时正好酒酣肉足，便谈了下面这段鲜为人知的往事。

祖光老师娓娓而谈，说道："我那时候在重庆的《新民晚报》工作，担任副刊的主编。毛主席当时去重庆参加和国民党蒋介石的和平谈判，他抄下了这首词送给老朋友柳亚子，当时的《新华日报》因上级有指示，不准备将这首词发表，可是新闻界很快便知道毛主席留下了一首非常精彩博大的词，于是除《新华日报》外的所有民间报纸，都想找到原作抢先发表。不久，我就得到三个不同版本的毛主席的《沁园春·雪》。尽管每个版本都残缺那么一二句，可是三种版本一对，就凑齐了。但我还是请示了当时党在重庆领导进步文艺的负责人夏衍同志，他想了想，还是劝我不要发，我是很尊重夏公的，就照他的话办了，我尽管心里很不愿意，还是压下没发……可是很快由于柳亚子不断找《新华日报》去磨，《新华日报》便刊登了柳亚子和这首词的和词。我一见《新华日报》既然和词都刊登了，我一个民间报纸怎么不可以登主席这个原词呢？于是在《新华日报》发表了柳亚子和词的第二天，我就大胆地在《新民晚报》副刊上全文发表了毛主席这首《沁园春·雪》，我还发了一个按语，说毛润之先生不仅是伟大的政治家,而且还善写旧体诗词,这首《沁园春·雪》就是他的杰作云云……当然这是大意,原文记不太清楚了……

"转过一天,重庆《大公报》全文发表了毛主席和柳亚子两个人的词作,这样一来整个重庆的文学界、新闻界都轰动了,重庆各家报纸每天都发表知名人士对主席这首词的和词……连我的父亲,文博大家吴景洲先生也在报纸上发表了一首和词,这样大家齐和毛主席词的热潮,大概在重庆持续了一个月,这对全国人民进一步了解毛主席的博大胸怀、磊落人生和深厚的文学修养,起了很好的作用……"

"好!这顿饭没白吃!没白来……"年轻的淑女诗人靳欣禁不住鼓起掌来,"我们要不来,真是太亏了,哪儿能听这段公案的前后左右呀……"

当我们走出银鼎火锅苑时,夜已深了,热风却还肆虐地吹在我们脸上,这时我的吴老师又逗了一句哏:"在火锅城吃到末了,我也没出汗,可刚一出城来,我却四脖子汗流了……"于是,引来大家的一阵大笑,在静谧的东大桥下,笑声传得很远很远……

我在这里再加个小注,那位不愿提名道姓见于报端的忠厚长者是谁?现在说也无妨了:此长者是当时任《北京晚报》副总编辑之李凤翔,人极忠厚也极实在,河北人,喜饮"二锅头"……与笔者相交数十载,因他当时正在晚报任上,故不愿显名,惜也早作古人矣……

吴祖光、新凤霞的真爱情
——我为吴、新贤伉俪三"劝架"

我从上初中的时候就为演员写介绍文章、上高中时候就为演员写戏，可谓入门甚早，但遗憾的是我从没有在什么学院或是研究院等宝地读过一天书，但是我也不是无师自通，我是有老师的，有手把手教我的师傅。"文革"以前人们都知道我的老恩师是中央戏剧学院大名头的周贻白教授，"文革"以后我的老师更多了，应该有好几位，其中一位就是大名鼎鼎的吴祖光老师。"文革"前我和祖光老师，尤其新凤霞老师是不熟悉的，虽然也见过两面，但种种原因那是不可能更熟的……

伟大的十一届三中全会以后，祖光凤霞贤伉俪成了戏曲界极有影响的光鲜人物。20世纪80年代，我和这两位才逐渐熟稔起来。两个原因，一，我供职于北京市文化局主办的《新剧本》杂志社，主要任务就是向读者推荐好剧本、好文章，为此像大师级的剧作家吴祖光索要剧本、纪念文章，邀请他参加本刊举办的笔会，来为刊物镀金，便要经常联系……二，吴寓在朝阳门外工体东路，而寒舍在距先生家不足三里地的雅宝路，当时尚不实行今日之电话索稿、电话采访，更谈不到发电子邮

---

① 本文初刊于《芳草地》杂志《怀念集》，又刊于《北京纪事》2020年5月号。有增润。

件，虽然本刊当时也有两三部电话，但总觉得不登门求稿或邀请外出是对老作家、老前辈的不尊重，当时我骑一辆旧飞鸽自行车，彼此居家路程又近，于是便隔三差五飞车急驰吴寓公干……所谓一趟生，两趟熟，何况不知多少次登上吴府四楼扣门拜谒，再加上自幼读孔孟之书、达周公之礼，见长者站有站相、坐有坐姿，该说则说，不该讲绝对紧闭双唇，于是便甚得吴、新二老的欢心。在下不但是吴府座上客，每到饭口必然不放行，要我陪二老同桌而食，另外，由于我言必称老师，后来两位老人便称我是他们的学生，我自然以为殊荣……每到开个啥会，便也大言不惭地说我是吴家门的徒弟，久而久之也算弄假成真，两位老人家和吴欢吴霜兄妹也毫无异议，余很快便成为吴府一分子也。

人都知道戏曲界有几对儿不求同生、但求同死的夫妻，常香玉和陈宪章，严凤英和王冠亚两对儿之外，吴祖光与新凤霞这一对儿更为老百姓钦佩。齐白石大师曾誉这两位是"霞（凤霞）光（祖光）万道，瑞气千条"，可见是多么不平凡了，当然还有其他夫妻情谊深厚的像梅兰芳与福芝芳，马连良与陈慧琏，等等。吴、新二位老师虽然情深似海，并不等于"马勺碰不着锅沿儿"。我总觉得相敬如宾的梁鸿和孟光的爱情是假冒的、虚伪的，你想两人吃饭的时候，互相把饭碗在眉毛前晃来晃去，还要端得倍儿齐……假不假呀？祖光和凤霞都是性情中人，真情藏不住，往往流露大发了，就免不了来个鸡吵鹅斗，有时候二老的脾气上来了，不但互有攻守，还有"相持"阶段，这时我的"差事"可就来了——"劝架"，我一共劝过三次，说起来可以当本"戏"唱……非常有意思，我就跟各位聊聊。

第一件　窃听电话

这都是20世纪90年代中期的事。一天,接祖光老师电话,他在电话话筒那边愤愤地说:"永和,有个非常严重的问题,我的电话被人窃听了!"这一说我的心咯噔一下,吓了一大跳!忙问:"您知道谁窃听的吗?"那边冷冷地答道:"凤霞!"我刚想笑,突然另一个尖锐的声音传到我耳鼓,怎么回事?又吓我一跳,马上明白了,是凤霞老师的声音。"永和,你老师净胡说八道,我得管着他点儿……"祖光老师苍老的声音又传来:"你听听,你听听……她还这么说,你赶紧来一趟吧!""啪"一声!电话挂了……

我立刻蹬着破自行车到吴府后,二位老人家面色都很好看,笑嘻嘻的,显然吴老师气消了,但我既然金身大驾"露"了,总得说两句,先开玩笑似的说:"凤霞老师,您窃听我老师电话不对,这可是犯法的……""你老师捅的娄子还少吗?我是看见警察都鞠躬的主儿……他整天嘴没把门儿的,拿着个电话,想说什么说什么,我能不听着点吗?"

原来是吴家新安了一个子母机电话,新老师可有了抓挠了,自己拿着不光听,还时不时插话,弄得最较真的吴先生大发雷霆……

我又转而说吴老师:"难怪新老师着急,一天到晚,电话采访您的忒多了……一见我面,您就说什么什么采访您了,又什么什么要找您聊聊啦。还有法国马大使又来电话了,您别闹了……"老师们还真给我面子,谁也没有再说什么……晚上开饭,吴家的老规矩,肉松拌大米粥,撑不着……

日后二位依然故我,吴老师对着电话,还是想说什么说什么,没把门儿的;新老师依旧拿着小电话在一旁偷听,搭茬儿,不过吴老师不再找我,默认了……

第二件　椅子风波

祖光老师开始写电视连续剧剧本《新凤霞》了，从凤霞童年开始，到吴老师出现在这一集止……祖光老师的话："我不能自己写自己不是？"预计写十二集，在我们《新剧本》上每期发一集，两年发完，自然我是责任编辑了。从催讨剧本，编辑文字，版式，直到校对大样……归了包堆，都是我的活儿……开始是比较顺利的，因为我有凤霞老师这个铁杆内线，经常偷偷打电话给我，让我如何如何便能及时拿到文稿，事实证明果然如此。大概发了三集后，一天接祖光老师电话，苍老沉郁地说："你赶紧来一趟吧，凤霞又跟我捣乱了！"

如接到命令一般，半小时后来到吴宅，见二老面色均呈不悦，颇有愠色，似问题不小……"啥大事呀？不是请我看戏吧？"我故作轻松地问道。"你看看凤霞书桌前这把椅子。"吴老毫无感情地说。我一看，书桌前不是往日那把黄色的旧圈椅了，换了……是一把方形的仿红木的新椅子，做工很讲究精致，并配上了椅垫儿……"极好极好。这一下凤霞老师定会文思泉涌，佳作连篇了。"

不是奉承，这是真格的，凤霞老师半身不遂后，回忆自己过去的好文章，包括创作的齐派花卉国画源源不断，都是坐在这一把椅子上写出来、画出来的。但是没想到，新老师一接我话茬儿，口吻却不对了……"谁说的？我写不出来了！你真会给你们老师刷色！"

新老师横出一剑！声音都有些嘶哑了。嗯，怎么回事？我哪句话说错了吗？我鼻问口、口问心……"你坐上去试试、试试。"吴老师音色也失去了往日的嘹亮高亢。我坐了上去，又按扶手，又颠屁股，希望发现新大陆，但一点儿异样的感觉也没有……"你坐着难受吗？""挺舒服的，你二老是为这把椅子闹别扭吗？来龙去脉能告诉我吗？"

老两口开始都让对方先说，坚持了半天，最后还是祖光老师开

始了讲述:"全国政协开会那几天我去了,参加完开幕式,然后便回家写东西。凤霞一直留在会所开会。一天,我请了两个木匠师傅给我修窗户,顺便请他们将这把旧椅子给修修,哪想人家看了看,说,您这把椅子太老了,不值一修了,买把新椅子算了……其实,我早就想换把新椅子了,就说,劳您二位大驾把这椅子带走行吗?人家也没说什么,就给捎走了……过了一两天凤霞回来不见了椅子,便和我大闹,而我正是写《新凤霞》电视剧剧本最紧张的时候,我气得不行,马上打车到东华门龙顺城家具店花500块买了这把仿红木座椅。来回车费100块,可以说我是不惜工本,就是为她坐得舒服一些,可她反说坐上去硌得慌,再也写不出东西来了,你说这是不是无理取闹?""你为什么不通过我就自作主张,你……你这是眼里根本没有我!""你!……"吴老师气得话都说不出来了……我一看麻烦大了,一个说很好,一个说很坏,这架可怎么劝?我想了想,便说:"我理解新老师,什么新的旧的,习惯了就最好。您那把黄杨木椅子是老了点,随便扔得过了,可您是极恋旧的人,包括使的物件儿也是,旧的是不好,您可是也舍不得扔不是……我老师出于好心,但是效果不好,得罪了您……俗话说,老师有罪,弟子服其劳!我代我的老师向您赔罪了。"说罢,我身子一弯,向新老师深鞠了一躬……这一席话及一躬,两位老师倒都给我面子,未再多言,我赶紧又说了两段戏班的趣闻,两位老人转怒为喜,是非之地似不可多留,三十六计——走为上。

这时,我忽然又想到离吴府很近的蓝岛大厦的总经理李贵宝,是我们爷俩共同的好朋友,头两天说有事要邀请吴老师商量商量,借此时机,我就把这事提了出来,接着我就把吴老师连拖带拉地找李总聚会去了。时间可能会帮助我使二位老师怒气全消。三天以后,吴家又打来电话了,这次是新凤霞老师打来的,仍要我来家一趟,去不去?打了半天的鼓,还得硬着头皮去了,这次见两位老人都是笑嘻嘻的，凤霞老师先开口，说："你看看我书桌前有什么变化？"我定睛一看几乎吓了一跳，咦？这不是那把旧黄色木椅子吗？怎么又回来了？"让你祖光老师说……"凤霞老师到底是好演员出身，仍旧卖关子。"我说就我说，昨天那两位师傅又来了，看看窗户有没有出啥毛病。凤霞便和人家说起椅子的纠纷，那二位忙说，您那把椅子我们还没找到地方扔呢，马上给新老师送回来。就这样椅子又给还了回来……"

"所以叫你来，是谢谢你劝的好架，待会儿请你吃炸酱面……"凤霞老师一脸春风地说……吴家的炸酱面是有特色的，按天津卫的做法，炸酱要放点糖，还要放点海米，让口鲜……我自然不推辞，跑了两趟，吃了两大碗面条，没亏……

第三件　席梦思床垫

又是一年芳草绿，转年还是这个时候：全国政协会闭幕后的几天，吴宅又电召……二老又井水犯了河水了，这次我有个经验了，也不着急，吃完中午饭，慢悠悠去爬吴府的四楼，一问这回更逗了，导火线是一个旧席梦思床垫。

开政协会那些天，吴老依然常回家看看，新老驻会学习，两个小保姆——小白和小王奏上一本，说新老师睡的席梦思床垫年头太久了，中间的弹簧都鼓成包，得多硌得慌？老头心疼老太太，立马答应买新垫子，并且说劳你们大驾把这玩意儿给扔了，二位小保姆惜力，打开楼窗一看，下面就是垃圾桶，于是顺着窗户就给"顺"了下去……当天下午吴家二少吴欢"露"了，老头跟二少一说，儿子孝心来了，不要老爸管这事，他揽下了这个活儿，立刻给妈买了个新弹簧床垫，当时爷俩都挺得意，心想老太太回来准是大喜过望，

谁曾想猴吃麻花——满拧,老太太一见旧的换新的了,便怒气冲冲!说昔日床垫虽旧,但里面的弹簧是铜的,虽然床垫凹凸不平,可一点不硌人,新的虽然平整如玉,可躺上去硌人,非要旧的不可!

两个保姆飞奔下楼,幸好旧床垫仍在垃圾桶旁戳着呢,可低头一看……天哪!全是大窟窿,里面的铜弹簧,一个不剩,全都被三只手掏了个干净……新老师一听差点没背过气去,便和吴老师不依不饶。吴老师对我说:"过去因为凤霞睡觉怕挤,我便单睡,这回我陪着她睡,三天过去了,亲自体验的结果是很惬意,毫无硌人之感,永和,你说凤霞是不是成心找事?"

我又该如何说呢,想了一想,陡然一计上心头,便对老太太说:"新老师,这事我来办,您先凑合睡,明天我去委托行转着看看,有没有铜弹簧的老床垫,碰巧了,没准还真有……发现了,我立马就给您雇车拉回来,这行了吧?"

究其实,我上哪儿转去?再有个三天两后晌,老太太睡习惯了,想换都不让换了。果然,以后新老师再不提铜弹簧的事儿了……

俱往矣,吴、新二位老师,均作古人矣……每一思及,潸然泪下……他们是真爱情,唯其是真,才抬杠拌嘴,但很快又和好如初,好得可以为对方流血!甚至付出生命!这便是吴、新二位的真性情。

老舍与北京曲剧的开端、当下和未来①

老舍先生,满洲正红旗人,生于北京西城小羊圈胡同,为老北京人。其老祖宗于 1644 年随多尔衮入北京,居住北京三百多年还不能算是老北京人吗?老舍先生为小说家、文学家、戏剧家。他和戏剧有很深的渊源,写过话剧、京剧和地方戏;他还写过快板、相声、大鼓书。可是和他关系最深的当属北京曲剧,没有老舍就没有北京曲剧。老舍是北京曲剧的恩人,俗话说,受人点滴之恩必当涌泉相报。北京曲剧团的老人都知道这种关系,新来的人摸不着门,也许不太清楚老舍和北京曲剧深厚的鱼水关系,容在下多讲一些。

当年北京刚刚解放,一些搞曲艺的,唱单弦、琴书、拆唱八角鼓和奉调大鼓的演员,如曹宝禄、关学曾、顾荣甫、尹福来和魏喜奎、孙砚琴等,成立了一个群艺社,在前门箭楼子上的剧场演出曲艺。前面是演他们各个拿手的各种曲种,后面加演一场用拆唱八角鼓的形式,用简单的化妆扮演成的角色,演唱歌颂新人新事的小戏,开始叫"解放新戏",后来改成曲艺剧。当时因为这种形式比较新颖,上箭楼看戏的人还真不少。他们就请了喜欢曲艺的大名鼎鼎的老舍先生来看戏。他看了戏以后还挺喜欢,后来老舍在 1951 年专门给

---

① 本文初刊于《新剧本》2019 年第 6 期,又《芳草地》2019 年第 2 期,有增润。

群艺社写了一个革命内容的有唱有白、类似戏曲的剧本《柳树井》。这些演员看了以后非常高兴,就决定排演此剧。而且非常认真研究怎么唱、唱什么调。最后,大家决定:这个戏的音乐主要以单弦牌子曲为基调。在乐器伴奏方面,也不单单就是三弦了。又加上了扬琴、四胡、南胡等乐器。而且在角色方面,一个人就扮演一个人物,不再搞过去的"分包赶角",也不再是简单化妆,而是请化妆师执公执令地上彩妆扮演各种人物。1952年《柳树井》上演了,当时叫什么剧种呢?老舍先生建议不要再叫曲艺剧了。他建议去掉当中的"艺"字,干脆就叫曲剧。同时为了和河南的曲剧有所区别,又因为所演唱的这些玩意儿都是北京特有的玩意儿,所以加上了"北京"两个字。大家都认为"北京曲剧"这个名字特别好,就定了下来。从此,北京也有了自己的唯一的地方戏。有人说京剧不是北京的地方戏吗?您错了,京剧、昆曲是属于全国的剧种,是国粹。京剧和徽剧、汉调有很大的关系,所以把徽班进京看得很重要。没有徽班进京就没有京剧,但徽班不是京剧,这里就不详说了,总之北京曲剧是北京唯一的地方戏。北京曲剧的第一个戏《柳树井》就在前门箭楼的剧场中演出了,而且大获成功。文化领导满意,观众满意。而以后北京曲剧又演了《妇女代表张桂蓉》《罗汉钱》等,一发不可收拾。北京曲剧从此就诞生了。这么一来,您能不说老舍和北京曲剧的缘分深了去了吗……

时光如箭,转眼就过去了40多年。这就到了20世纪90年代。北京曲剧这个时候遇到了一个瓶颈,老戏老演就没有观众了。文化局领导就下了一个死命令,北京曲剧团要排演新戏,要把失去的观众给找回来。于是新任的团长,就找到笔者,要我给剧团写一个新戏。笔者曾是北京曲剧团的一名编剧写者,责无旁贷,不能推却。于是我就写了北京曲剧《烟壶》。这个戏无论题材、人物,还是语言风格,都和老舍先生的范儿有很相似的地方①。想不到这个戏一演就火了,一年之中就演出了100多场,就获得了北京市文化局演出百场奖,还有其他许多国家的、北京市的大奖也都拿下了。转过年来剧团还要上演新剧目,团长又找了我,说下面咱们排什么新戏呀?我想了半天,就觉得要能够接住《烟壶》的,就得把老舍先生请出来。我说咱们改编老舍先生的《龙须沟》吧。这一提议立刻获得上级和团里群众的认可和支持。但是要改编这个话剧可不是件简单的事。先介绍一下话剧《龙须沟》的背景。全国刚刚解放,老舍先生和曹禺先生就从美国回来参加新中国的建设。时间不久,老舍先生就以满怀的热情,写出话剧《龙须沟》。写一个普通的鼓曲艺人,旧社会把好人变成了疯子,而新社会又把疯子变成了好人。这是一曲歌颂新中国、歌颂新社会的颂歌。由于这个剧作写出了新旧社会两重天,视角非常新颖,歌颂新社会不遗余力,人物鲜明,语言生动,接地气,有温度,深受老百姓的欢迎,所以北京市人民政府授予老舍先生"人民艺术家"的光荣称号。这个戏后来又经过著名导演焦菊隐先生的不断的修改,增删丰富,更臻成熟,再后又拍成同名电影。搞编剧的人都知道,越是成名的成熟的剧作,改编为其他文艺形式越是比较难的。但在人艺著名老导演顾威的协助下,我们迎难而上,决心把老舍先生这个成名作改编成既叫好又叫座的北京曲剧。

既然是不同的剧种,演出就要有所区别,北京曲剧《龙须沟》数易其稿又排演数月之后,终于在北京首都剧场演出了,结果如何?演出又获得了极大的成功,在一年之中又演满了100场。今天总结一下,两个不同的《龙须沟》究竟有哪些不同?我在看话剧《龙须沟》剧本的时候,对老舍先生原作中火一样的热情、生动鲜活的语言拍案叫绝,但话剧和曲剧毕竟是两种艺术形式,两种审美原则,话剧

---

① 以后几年就从北京曲剧《烟壶》获得首届老舍文学戏剧奖来看,可以充分证明它是属于老舍派的剧作。

写实，戏曲写意，何况话剧写成四十几年前（当时是 1996 年）。时代在发展，生活在变化，许多往事可能会使当下的年轻人大感不解，所以不可能原封不动、亦步亦趋地搬上舞台。那又怎么改编呢？我的手里像捏着一团火。这时候，顾威同志请来了人艺的老领导老导演夏淳同志。没想到他对我们要改编话剧《龙须沟》，竟说"必须大拆大卸，否则就不要改，不要动"。谁敢大拆大卸呀？怎么大拆大卸？这可是老舍先生的成名作呀，于是我们又求教了老舍先生的家属胡絜青和舒乙同志。万万更没有想到的是舒乙先生这样说："话剧和曲剧是两码子事儿。不改怎么能够搬上戏曲舞台？不大拆大卸，怎么能适应观众不断变化的审美需求？"这一来我们仿佛领了圣旨一般，心里彻底有底了，最后我们决定：原剧歌颂新社会的主题不能变，原剧中有鲜明个性的人物不能变，原剧幽默风趣的京味语言风格不能变。但是，话剧的结构一定要变。为什么这个一定要变？因为话剧的结构是散点式的，与众多的人物、众多的点线编织成戏，一个贯穿的事件就是龙须沟。解放前是这条臭沟给周围穷苦人家带来灾害，解放后是人民政府能修不能修这条沟。

　　戏曲结构讲究的是一人一事或一对人一件事贯穿全剧，否则就没有篇幅安排唱、做、舞。我们从众多的人物群像中，提溜出程疯子和程娘子这一对人，以他们夫妻起伏跌宕的生活遭际为主线，贯穿全剧的是他们的灾难，写他们的转折、写他们的心声、写他们的喜悦，写这两个人一波三折的命运和错综复杂的感情来贯穿全剧，感染观众。在北京曲剧《龙须沟》画廊里依然会看到老舍先生笔下的众多主要人物，但我们不能让他们以老面孔出现，而要成为大家"熟悉的陌生人"。程疯子就是个不折不扣的真疯子，解放后我们给他设计了一个很关键的戏剧行动，这是导演顾威同志提出来的，解放后程疯子在群众的支持下，他狠狠扇了过去逼他致疯的恶霸黑旋风一个大嘴巴子，这一掌下去他气出了、仇报了、气迷心的疯病也渐渐好了，这样写不仅使戏剧的情势有了一次高涨，便于后面戏的开展，而且点染出程疯子从此逐渐走上灵魂解放的道路。

　　北京曲剧《龙须沟》虽然在结构和人物塑造上有了这样许多的变化，但戏曲还是要讲究唱的，唱念做打是把唱放在第一位的，因此我们就要考虑北京曲剧《龙须沟》里面的两个主要人物的唱，要给程疯子和程娘子安排悦耳动听的唱段。大家目前所看到的程疯子，在逐渐恢复了身体以后，他又对昔日演唱单弦燃起了火一样的希望，非常想重操旧业，为他的老观众们服务。最后，在老街坊们的鼓舞下，他唱了一段自编身世的大唱段。以北京曲剧最擅长叙事的［流水板］演唱了旧社会他所受的屈辱和伤害；新社会他变成了一个健康的人、变成了一个有用的人，他唱他的心声，唱他今日的好生活和以后的美好的梦；而对于他的妻子，善良的程娘子，在程疯子打了黑旋风以后心情激动而离家出走，我们安排了娘子到处去寻找他的一段既着急又充满希望的非常抒情的一段［四板腔］，这两个大唱段就把北京曲剧《龙须沟》的主唱解决了。后来老观众们说这个《龙须沟》是戏曲了，不再是话剧了。这和我们对北京曲剧《龙须沟》的剧本写了8个月、十易其稿是成正比的。北京曲剧《龙须沟》至今已经演出200多场，也拿了许多全国的和北京市的大奖。应该说这也是对老舍先生的一个交代。

　　此剧之后，北京曲剧团又改编了老舍先生的一个更重量级的话剧《茶馆》，此剧比《龙须沟》更有名，有人说这是老舍先生创作的第二个高峰。下面还是要简单地介绍一下话剧《茶馆》的背景。话剧茶馆有三个文本。1957年在《收获》杂志上全文发表的，是第一个文本。接着，在1958年，老舍又根据人艺导演、演员所提出的意见对该剧做了修改，而由中国戏剧出版社出版了单行本。1959年，老舍又根据舞台演出本，又做了一些修改，这次是由人民文学出版社出版的《老舍剧作选》收集了这最后一版。

下面我们再说一下北京人艺话剧《茶馆》的演出情况。1958年由北京人民艺术剧院首演。由焦菊隐导演,主演是于是之、郑榕和蓝天野。首演的《茶馆》,一共演了49场之后被迫停演。1963年,话剧《茶馆》再度演出。老舍对剧本做了修改,结尾不再是三个老头自己悼亡、自已祭奠,而改成了一个革命的尾巴,众多学生游行,常四爷为游行人们送水的革命的结尾,但也没有演很长久,仅仅演了53场还是被叫停了。话剧《茶馆》再度演出就到了1979年"四人帮"被粉碎,十一届三中全会召开以后。这个版本演得很长,从1979年一直演到1992年,演了多少场呢?一共演了272场。主角基本还是那几个老人,但是他们年事已高,舞台上虽然火候更老到,精神却不如从前。特别是于是之先生,由于患脑血管硬化症,精神和记忆力都大不如前。1992年在首都剧场最后一次由他扮演的王掌柜的《茶馆》告别演出时,观众席满坑满谷,而且大都提前入场,情况相当感人。由于于是之老人病患越来越严重,人艺的所有演职人员都替他捏着一把汗。这是于是之的最后一次演出,笔者有幸也来到剧场观看,这是由笔者在六中的师兄、当时担任人艺艺术室组长的兰荫海,给我找了一张七排正中间座位的相当好的票。当我看到该剧这最后一场时,是之老人台词已经越说越慢,而且步履蹒跚。甚至有几秒钟时间忘记了台词,但是台下的观众鸦雀无声。幸好是之老人很快就又把台词想了起来。最后谢幕时,全场千余名观众长时间地鼓掌,我见是之先生的眼中,在灯光的照耀下闪着晶莹的泪花。后来,我又两次观看了由林兆华先生导演,由梁冠华、濮存昕、杨立新扮演三位老人的新版话剧《茶馆》。可能由于我也是进入老年的关系,我更喜欢老版《茶馆》。但是不论老版新版,话剧《茶馆》成了人民艺术剧院最经典的保留剧目,每一回演出都是一票难求。这也说明剧作家老舍先生的艺术已臻时代的高峰。

我们再说北京曲剧《茶馆》,该剧由王新纪与顾威编剧,顾威导演。改编这么一个经典话剧,当然难度很大。曲剧和话剧两个《茶馆》的区别,现在看来,北京曲剧《茶馆》主要发挥了戏曲的演唱功能。该剧唱做并重,京味盎然,曲剧音乐一以贯之,无处不在。例如,该剧第一幕,喝茶的众茶客和王掌柜就是通过北京曲剧当中最悦耳动听的单弦牌子《数唱》《太平年》等乐曲来进行人物的对唱、轮唱、齐唱等,以唱代说、唱说结合;唱中有说,说中有唱。让观众既欣赏了戏曲演唱之美,同时又领略了老舍先生京味语言音乐化的精彩。而最后一场三个老人的自悼自祭,曲剧作曲家戴颐生同志,在单弦曲牌［鸳歌调］的基础上,创造了别具一格的［出殡歌］,曲调苍劲凄凉,韵味悲催沉郁。扮演三位老人的演员均是北京曲剧的元老。由张绍荣扮演王掌柜、许承章扮演常四爷、刘明月扮演秦四爷。后来刘明月病逝,秦四爷改由也同样是老演员的盛国生扮演。这三位老演员嗓音苍凉浑厚,顿挫有力,节奏鲜明。在这三个人的边唱葬歌边缓慢的走"圆场"中,悲剧的意蕴充盈着舞台。在一片片的白纸钱撒下时,随着这三位步履蹒跚的老人走向生命的尽头,在催人泪下的曲调中慢慢地结束了自己的一生。深刻而形象地把老舍先生所要渲染的东西展现出来:旧社会埋葬了一代的普通人,一代的善良的人。北京曲剧《茶馆》同样获得观众的热烈赞赏。在一年之中也演满了100场,获得了市文化局的百场奖。

2004年适逢老舍先生诞辰105周年。北京曲剧又邀请北京曲剧《茶馆》的编剧和导演改编老舍的自传体小说《正红旗下》。以纪念老舍先生对北京曲剧诞生的恩情。《正红旗下》是老舍先生唯一一部自传体小说,写于1961年至1962年。由于当时形势的风云突变,这部作品只写了11章8万字,仅仅是一部大书的开头。1966年"红八月",由于人们都明白的原因,老舍先生这部未完成稿,多亏胡絜青老人将它秘密藏于煤堆中才幸免于难。而已故人民艺术剧院著名话剧作家李龙云同志,就是根据这个幸存下来的这

8万字,数年之间写了三回,终于在20世纪末完成了《正红旗下》话剧剧本。北京曲剧的作者们就是根据老舍的这部小说和李龙云的话剧本改编而成,这个戏似乎是在所有北京曲剧当中创新性最大的一个新剧。因为老舍先生的这个自传体小说是未完成稿,龙云先生的话剧本涉及的人物又很多,场面也很大,所以再改编起来,作者们是有困难的。但是两位作者克服了诸多困难。打破了戏曲一贯运用的以点线结合的线状结构作为架构,没有采取戏曲惯用的一人一事编织情节,核定人物,而是采用了散点式的、人物群像式的结构。和原小说及话剧对比,北京曲剧在人物和事件方面更集中、更简练。在人物画廊中,主要写了老舍先生这家人各个不同性格的人物群像。如老实厚道、外柔内刚的父亲,温良敦厚、勤俭持家的母亲,疼爱弟弟、温柔贤淑的大姐。还有老旗人家那些个尖酸刻薄、一天到晚只知道吃喝玩乐,摆谱放份的老妇人,例如自大狂妄的姑奶奶、蛮不讲理的大姐婆婆。另外就是一些芸芸众生,像只知提笼架鸟唱戏玩票的大姐夫、还有拿老婆换鸽子的博胜之……这些个当年"随龙进关"的八旗战士的子弟,如今已经没有一点正格的,没有一点儿战斗的能力。

这个戏的事件是从清朝末年戊戌变法1898年,写到1900年八国联军的洋枪洋炮向着北京杀来,义和团奋起抵抗的这三年中所发生的事件。老舍先生主要写的是旗人,也就是满人。这些人的大部分浑浑噩噩尚不知大祸临头,但是戏的末尾也写了老舍的父亲为抗击洋人的侵略而壮烈牺牲,同时也刻画了一位老舍先生对他充满了希望,一个明白事理、精干能干的福海二哥。但大部分旗人,不管男女还停留在只知道吃喝玩乐、昏天黑地的境界之中。老舍先生对他这个民族中这些分子,哀其不幸又怒其不争。事件是悲凉凄惨的,但是老舍先生采用了他一贯的喜剧幽默的手法,而嵌入到这令人悲催的事件当中。北京曲剧《正红旗下》保留了老舍先生原作的作风,有浓郁的京味特色,为晚清八旗子弟唱上了一首可悲可叹的挽歌。

北京曲剧《正红旗下》在音乐设计和唱腔上有更大的创新,可以说是北京曲剧团的著名音乐设计戴颐生同志的经典之作。她把许多老的单弦曲牌如[农民乐][太平年][靠山调][四板腔][数唱]等,在原来的基础上有很大的发展,成为旋律很强的新的乐曲。同时,又有以旗勇和旗女为歌队穿插于整出戏中,作为男女合唱。这是北京曲剧唯一的使用歌队的尝试。

此剧在演员方面更发挥了新老结合的特点。除去一些老演员如孙宁、卢雪文、洪宗义等参加演出外,同时青年演员李相岿、王玉等也在该剧中初露头角。为以后这些青年才俊担纲主演打下了基础。笔者现在想到的是,北京曲剧和老舍先生当下如何结合?以后的未来将是什么样?老舍先生的大部分著作应该说都被曲剧团改成了北京曲剧,在舞台上有所演出。算一算北京曲剧在这些年当中演了老舍先生的8个戏,如《柳树井》《方珍珠》《骆驼祥子》《龙须沟》《茶馆》《四世同堂》《正红旗下》《开市大吉》,几乎囊括了老舍先生长篇小说的精华。今后怎么办?北京曲剧团还要排哪些个老舍先生的戏?难道还要把这些过去的好戏重排一遍吗?笔者认为,下面对于要排什么新戏,不一定再翻故纸堆、再从犄角旮旯把老舍的旧作翻出来重新改编,当然这也是方法之一。但我认为更主要的是要排具有老舍精神和老舍艺术特点的其他作家的新戏。习总书记告诫我们,在文艺创作方面要"坚持以人民为中心的创作导向"。而老舍先生就是人民艺术家。终其一生就是为老百姓写戏,为北京平民写戏,所以老舍先生的戏流传至今仍受老百姓的热爱。所谓老舍精神就是要学习老舍先生一生爱国、一生为人民、特别是为小人物写戏立传的精神,在艺术呈现上,要学习老舍先生用京味语言讲述北京故事的方法,保持老舍先生浓郁的京味风格。那会不会使曲剧题材变得狭窄起来?不会。人们不是常说:"越是中国的,越是世界

的。"因此也可以说"越是北京的,也越是全国的"。今天,大家都在纪念老舍先生 120 年诞辰时,北京曲剧团只要牢牢掌握着老舍先生的精神实质,就会使他老人家的灵魂和精彩永驻其间。

汪曾祺先生聊京剧名演员

汪曾祺老师名头太大,生前"火",死后"火",如今更"火"!皆因为,老头学问太大:弄剧,填词,做小说,写散文,皆上乘,而且琴、棋、书、画,无一不能,无一不精,人于仰慕、尊敬之外,又昵称汪老先生为风雅才子。

汪老先生还有一手绝活,能"哨"京戏班的各种趣闻,这也难怪,汪先生的崛起就在1956年。那时汪老师弄了一个戏叫《范进中举》,后来这个戏由四大须生之一的奚啸伯先生演出,一下就"火"了!成为文人戏的典范,所以汪老师和京剧结缘,早在五六十年前。故此,他装着满肚子京剧戏班的故事,存了满脑子的梨园掌故、逸闻遗事……不过这些事儿,要是让别人说,也许是老和尚的帽子——平平塌塌,可经他口一"哨"那就与众不同了,绝对令你乐不可支,尤其是在他酒后,谈资更足,风头更健!发人一噱……

汪老师爱喝两盅白酒,但并无大酒量,笔者和汪老师在伟大的十一届三中全会以后,同属北京市文化局的剧本创作人员,虽然高下之分甚殊,可每年七八月份在密云水库宾馆开戏曲戏剧创作会议,却都是榜上有名须要参加的,于是便有了倾听汪老爷子谈天说地的

机会。

固然是去开会，餐桌上有时也能端上来几瓶啤酒，但老头总是未雨绸缪，怀里揣着个小酒壶，大概顶多能盛下三两二锅头吧，汪先生，善烹调，在吃上很讲究，然而在此他最喜欢吃的却是密云水库里产的胖头鱼的鱼头。每顿晚餐他总"压桌"，走得最迟……这时，他打开小酒壶，俗称"酒嘟噜"的，以密云特产的清鲜白鲢鱼头佐酒，自斟自酌，看着特有滋味！有时也有人陪他一起吃鱼头，这固定是两位，一位是本刊《新剧本》的主编，当时他是市文化局艺术处处长，也是剧本创作讨论会的主持者潘德谦，上海人；一位是剧作家郭启宏，广东人。吃鱼头的技巧，北方人是没法比的。

汪老师喝酒的时候，我呢，在旁边瞅着，看老头儿微醺以后，便先去水库宾馆二楼他的单人房间坐等。他带着一丝酒香归来后，我便寻个缘由故意装成傻呵呵样子，东一榔头西一棒子瞎问一通，以进行"勾引"，他也知我来意，因此他也并不隐瞒，咳嗽两声后便正式"开"起"书"来。一时多少老戏班的陈芝麻烂谷子由他娓娓道来，便都是一篇绝妙好辞！笔者实不愿这些极佳小品文湮没无闻，故择其中可令读者喷饭者数则，记录于下，庶几可使奇事共享之……

名小生姜妙香趣事

汪曾祺老师叙述：梅兰芳大师终身小生搭档姜六爷妙香，老实巴交是出了名的，人称"姜圣人"，旧社会艺人为多挣点钱养家糊口，一个晚上可以去几个戏馆子演戏，这就叫"赶包"。有一回，姜六爷先在前门外鲜鱼口内的华乐戏院（即后来的大众戏院）演出，完了事后又赶至马路对面的大栅栏内的三庆戏院再唱一出，这样，就可以挣两份包银（即计件工资），姜六爷卸妆比较慢，出了戏馆子可就大半夜了，姜老夫子雇了辆"洋车"（即人力车）回家，走在半路上，从黑灯影儿里噌噌窜出两个人来，手里都端着黑乎乎的家伙，一声低沉的喝断，把车给拦住了，姜圣人一看，身上可就筛起糠来了，心说坏了，遇见劫道的土匪了，赶紧下了车往旁边规规矩矩一站，那俩贼可不管你有没有礼貌，压低破锣嗓子喊道："把钱都拿出来，不然要你的命！"可把姜夫子吓坏了，赶紧从怀里掏出两个包来，颤颤巍巍地对贼说，这个包是华乐园开的戏份，那个包是三庆园开的戏份……您费点劲儿都拿去吧……贼把两个包拿过来往兜里一揣，抹头转身就跑，姜先生却细声细气地喊了一声："您给我回来……"贼真回来了，把枪口对着姜先生的鼻子一声吼道："你要干什么？"只见姜先生一捋胳膊，干吗？把手表摘了下来。他跟贼说："这儿还有块表呢。您要不要？"

得！表也归了贼啦，这不是有病吗？

事后有人问姜圣人："贼已经走了，您还把表给他干吗？"

您猜咱们这位圣人怎么说："唉！他们也不容易呀！我这儿让他们多得着点，别人不就少损失点儿吗？"

这逻辑也只有姜圣人想得出来……也许这一段掌故有曾祺先生的加工。但姜先生极善极厚的性格，不是跃然纸上了吗？

还是姜夫子轶事兼及名小生刘雪涛

汪老师述：姜妙香和梅大爷（梅兰芳），都是梨园界最讲究礼貌待人的好老。有一天，姜圣人的得意高徒名小生刘雪涛到宣武门外姜府上去看望老师，雪涛一进屋就看见他们先生正坐在太师椅上，端着小紫砂壶品茶呢……刚要请安问好，话还没说出口呢，就见他们先生噌的从太师椅上站起来，满脸赔笑地说，雪涛您来了？快请

坐请坐……吓得雪涛赶快欠着半拉屁股坐了下来，爷俩谈了会儿有关唱戏用嗓的话，学生晚上还有戏，就跟老师告辞了，没想到姜圣人亲自把徒弟送到大门口，又满脸赔笑地说："怠慢怠慢，下回您早点来……"

学生受不了了，雪涛一转身不走了，对着先生，眼眶子里闪着泪花说："先生，我是您学生啊，您别对我这么客气啊，您这是怎么了？"姜圣人一听吓了一跳，赶紧说："哟，我就是这么学的，我不会不客气，要不您先教我……嗯，不客气怎么做得了……"

可惜如今有许多人只学会了不客气！中国人礼貌待人的好传统却不会了。

谈到刘雪涛，下面就记录一段汪先生讲述有关雪涛先生的妙文。

有一年，北京京剧院的著名旦角表演艺术家张君秋领衔的一个团，到东北的哈尔滨演出，报纸上登出了演出广告，篇幅挺大，演员的名字都用的黑体字，挺醒目。刘雪涛是张君秋的搭档啊，京剧团里的当家小生，名字当然要上报纸，并且会登在显著地位上，报纸来了，刘雪涛拿起来寻摸自己在哪儿呢？……一眼就看见了，挺大的黑体字，这不……嗯？不对呀，这儿登的是刘雷涛，怎么给我改名啦？岂有此理，太不像话，不成！我得打电话给报社，要他们改……第二天，报纸来了。刘雪涛早等着呢，急急忙忙打开一看，嘿！还真改了，刘雪……嗯？哪儿来的刘雪寿呀……唉！还是不对呀！

梅兰芳和李万春谁最讲礼貌

一天，我又上二楼找汪老师聊天，请他再讲点什么，他就给我讲了一个京剧表演艺术家梅兰芳和李万春谁最讲礼貌的故事。他说这不是他的专利，而是听李万春的夫人、著名旦角演员李砚秀女士讲的。

汪老师叙述：要说咱们京剧戏班的演员，包括大艺术家，最讲礼貌的是梅兰芳博士。这是大家公认的事实……你看无冬历夏，如果你在外面见到梅兰芳先生的时候，他总是穿着一身整洁的西服。里面的衬衫领子硬挺挺的，领子上的领带打得整齐坚挺，即使在夏天，你见到这位大艺术家，不管天有多么热，梅先生依然是这个装束，这既是对自己负责，同时也是礼貌待人、对旁人尊敬的表现。

说到此，汪先生忽然呵呵一笑，话锋一转说道，这是在外面，你看到的风度翩翩、衣帽整齐的梅大师，但是据李砚秀女士讲，如果是夏天中最炎热的三伏天，梅先生在家是什么样装束的呢？汪先生用他那细尖的嗓子说，其实在天最热的时候，梅先生也不在屋里待着，特别是晚上，他会在他那护国寺一号梅宅中的院子里面乘凉……据说梅先生在最热的时候也会脱下长衫，穿个背心，手里拿个扇子，坐在当院的竹椅子上迎风消暑。但这个时候如果有人来拜访，一听到敲门声，这时不管天气有多么热，梅大师也会立刻就穿上一件长衫，并且一定要把长衫上的所有纽扣都系好，包括脖子上的第一个纽扣，也一定要系上系好。也就是说，衣帽整齐后才开门接待。而且不管谈什么，是公事还是私事，都不带出任何不耐烦的态度，直到最后谈完。客人告辞，这时，梅大师还有最后的一手，就是不管来的是什么人，一定要亲自送到大门外。丝毫没有大艺术家高高在上的姿态，真是平等待人，从不以自己是举世闻名的大艺术家自居，从来没有一点高高在上的举止……

说到这儿时，汪老师又呵呵一笑，话锋又一转说道，这时在旁边听说话的大武生艺术家李万春先生发言了，说梅先生待人礼貌有加，来客人以后必定衣帽整齐接待，而且要亲自送到大门外，这一点绝对是事实，也确实令人尊敬……但是，要和我比起来，梅老师还差一点。我在三伏天接待客人，也会衣帽整齐接待，不过我比梅

大师还多一手：客人不管是谁，无论年岁大小，我也一定要亲自送到大门外，这一点和梅老师是相等的，但是不同的呢，就是我不管是谁，送到大门外之后，我必定要有一个九十度的大鞠躬，我可以说，除去我以外似乎没有人能够做到……

听完汪老师的叙述以后，我想了一下，因为我曾经在李万春先生任团长的内蒙古新华京剧团当过编剧，为李老师写过戏，我闭眼一想往事，这场面就浮在眼前：我每次到宣武门外大吉巷李宅拜访李万春团长，我走时，李团长必然将我送出大门外，而且必然要鞠一个很深的九十度的大躬，这一点别人确实没有，确实他是独一无二。不过，他是名武生，腰腿上有功夫，那腰才能弯得下去。换一般人即使想这样有礼貌也达不到，因为那腰弯不到这么深的九十度啊……

马盛龙队长尴尬的口令

马盛龙是著名的京剧老生演员，他的老师是大名鼎鼎的马连良先生，"文革"时他是北京京剧团的一员。现在的北京京剧院那时候因为这个团演出了样板戏《沙家浜》，所以又被称为样板团，简称叫"板儿团"。能够在这个团里工作，那在当时可不简单，要经过严格的政审，合格者方能留在本团里参加革命工作，这样的同志被称为板儿团战士，走到哪里都会受到人们的尊敬，故而无上光荣。

板儿团战士每人发两套带两个兜的国防绿军装（简称板儿服），国防绿棉军大衣一袭，另外每天免费供给板团战士土豆炖牛肉的板儿饭两顿，可谓雨露之恩大矣哉……

可是，团里那些经政审不合格的所谓"黑线人物"可就惨了……或是黑尖子、黑苗子、黑……俱都赶到京郊小汤山农场的永宁红艺"五七干校"接受"劳动改造"。这批人名演员不少，像赵燕侠、梅葆玖、李世济，甚至赵葆秀这些有才华的优秀青年演员都在其列，这些人简称"板儿刷"，统统属于"残渣余孽"……马盛龙虽然算是名演员，但由于他出身贫寒，幼年便参加富连成科班，后来在京、沪两地演出，唱了半辈子戏，也没挣过大钱，也没买过房子置过地，加上盛龙办事一向认真负责，人缘不错，所以当时的板儿团领导——军代表，就派给他一个活，任命他做演员队队长。

说实在的，板儿团里这个队长能量还是相当不小的。他不仅要负责组织排戏，演出……演员的考勤也得管，什么迟到啊，早退啊，事病假呀，都要经过这个队长处理。另外，还有一项重要的任务，就是这个板儿团，不仅要排革命样板戏，而且剧团军事化、战斗化，要出操，练操，这事也都由队长负责执行。这个"活"对这位从小就会唱戏的马队长可是个难题，最困难的是队长要站在队伍的前面指挥三军，喊口号：什么立正、稍息、向左转、向右转之类，其实，只要上过洋学堂的学生，这些都练过，不是什么难事，小菜一碟，可是对于这个一天学堂没进过，自幼写关书进科班学戏的马爷马队长来说，可有点玩不转，什么左转右转的，常常弄不清楚，甚至把自己转晕了……

话说这一天，也活该出事，军代表听说马队长喊口令时常闹笑话，这次特意来视察来了，看看到底什么情况。当马队长把这个演员队的队伍在团部（也就是工人俱乐部）的院子里集合好了以后，马盛龙马队长，在队列前面这么一站，立即就要喊口令出操练兵了，这时他冷眼向左右一望、二望，看见两位军代表在队前站着呢……不用说，这是冲我来的，要瞧瞧我这队伍带得怎样。马队长知道自己的弱项……就是这口令喊得不怎么地道，心里有点打鼓，可事到如今，也得喊哪……

"稍息""立正""报数"……一开始马队长喊的口令还非常正

确,没出一点问题。这时,盛龙同志心里有底了,接着又喊开了:"齐步——走!"于是大伙迈开整齐的步伐向前挺进——接着,马队长又喊开了"一、二、三、四",接着队伍传来响亮的应和声。太精彩了,一点儿纰漏没有,马队长高兴极了。一下子忘记了继续发布口令,这个时候整齐、雄壮的队伍继续向前行进!向前行进……哎呀,不好,前面就是墙了,再往前走一步、两步、三步就撞着墙了,这个时候应该喊什么口令让队伍站住呢?这突然的事件发生,一下子让马队长蒙住了,想不起来下边应该喊什么,大家都知道应该喊"立定"。但是就这两个字,马队长无论如何想不起来了,眼看这队伍就要碰到墙了……大伙儿也面面相觑,可是也不敢停下来呀,继续整齐地往前走……这个时候,就在这个最尴尬的时候,马队长突然急中生智想起来他演关羽戏勒马的动作时喊的那一个字,于是他毫不犹豫地高声喊道:"吁!——"虽然这是令马停住的口令,但是大家也都明白,立刻齐刷刷地站定……

这时的马队长吓得脸都变了颜色,那大队人马呢,却突然爆发出了一阵轰然的大笑声,马队长呢,也绷不住,他也喷了:笑场了……

我相信这桩事儿不会是汪曾祺老师的杜撰,但是换了别人,却也不会像他讲述得这样生动有趣……汪老师讲别人的故事生动异常,讲自己的故事呢?同样也是异常生动。下面就是汪曾祺老师讲他自己的一段故事。

他讲马盛龙喊口号那样生动,而且提到在板儿团的时候,每人都要穿板儿服,于是我就问汪老师,你在板儿团的时候,你也穿板儿服,也即是两个兜的国防绿军服吗?汪老师说:对啊,我也穿板儿服啊。……汪先生操着他那尖而细的高嗓门儿哂笑着说……我闭起眼来想象不出背驼成这个样子的汪才子穿起军装来是个什么模样,他又继续:可是在没有穿这身国防绿前,我可遭了"洋罪"了……也有个乐儿,我说给你听听……

我①自己的故事

"文革"一开始,我和京剧《沙家浜》其他三位编剧:杨毓珉、肖甲、薛恩厚,全都"挨批挨斗",我是"摘帽右派"、"造反派",军代表对我就更要严管,让我整天在团里"倒煤",即把整块儿煤、碎煤、煤末逐一分开,再分门别类地收集起来。有一天,我正把煤倒来倒去,一位身着四个兜绿军装的军代表跑来把我叫过来,先劈头盖脸训斥一顿,然后叫我回"牛棚",迅速写一份深刻的检查,还说,上级正考虑要"解放"我,这句话我一下就记住了,别的还有什么我也没听进去,光记得要"解放"我几个字儿,心中不免高兴,脚下不由得加把劲儿,一溜烟儿似的小跑起来……可就要回到"牛棚"时,那位军代表却是气喘吁吁又追了上来,并叫住了我,大喝一声,汪曾祺……你不用回去写检查了,给你笔、纸,就在这儿捡重要的写几句就行了!我来不及细想,接过纸笔刚写了一句,只见那位军代表把手一挥,急促地说,不用写啦,口头检查算了……我当时愣住了,口头检查……说,说什么?军代表立即就说道:"就说跟着首长搞京剧革命,永远忠于无产阶级司令部!"

就说这个?我把提拉起多高的心,噗地放了下来,便照猫画虎学舌了一遍……

刚表过忠心,这位军代表道出了天机:有位中央首长要马上接见我,叫我即刻跟他走。这时,我脸上挂着黑灰,手上满是煤屑,衣服也是脏兮兮的,活像个小鬼儿,只好请求军代表,让回趟家换件干净衣服再去。"不成!来不及了……"

可是,穿这身衣服去见首长,也有点不合适吧。我和他们对

① 这一节的"我"指汪老。——编者注

付……"你不用管了,我叫人去给你买套衣服,你先洗脸去……"这位代表总算开了恩,也可能想到穿这件"窑花子"似的衣服去见他的首长,实属大不敬。

我胡乱洗了把脸,肉丝儿里还珍藏的小煤屑,一套新的蓝咔叽制服,送了上来……换上新装,匆匆跟着上了汽车,当时我真不知汽车要开往何处,心里直打鼓,可万万不敢问……

汽车没拐了几个弯便停下来,我一看是人民大会堂……到此何干?难道又是批斗会?心里七上八下,其实后来才知道,来此还是为《沙家浜》剧本的修改,原来要把沙家浜的二号人物郭建光树成一号,阿庆嫂降格为二号,这是关系到武装斗争领导秘密工作,还是秘密工作领导武装斗争的大问题,一点不能含糊,要马上改,谁来改?于是他们想到了汪曾祺……于是才有了对我的闪电式的"解放"……

人民大会堂召开京剧《沙家浜》定稿会。台上第一排坐着江青、姚文元、叶群等炙手可热的新贵,第二排坐着样板团的军代表、革委会领导和当时国务院文化组的官员,台下坐着北京京剧团《沙家浜》剧组主要演员谭元寿、洪雪飞、马长礼、万一英等,我也就座于此,空荡的大厅鸦雀无声,连掉个针也能听得到,谁要是憋不住劲咳嗽一声,就像点了个响"炮竹",气氛好不紧张,真有一点怕人。每人发一本4号仿宋体大字印刷的剧本,由洪雪飞、万一英这些演员朗读,其实您别看坐着这么些人,那都是聋子的耳朵——配搭,主要是听江青一个人的,她不吭气就往下念,只要她鼻子一吭气就停下来等"御旨",江青时不时让停了下来,用手指着我说,汪曾祺,这两个字要改一改。我当时当场就得改,有时她满意了就往下面继续,有时为一两个字或一句词的改动,要反复几次,直到她不再摇晃脑袋为止……

最后总算修改完毕,完事大吉!大伙都走出了人民大会堂,就如同获得一纸"特赦令"一样,浑身感到轻松无比。

多说点儿汪曾祺老师的趣事[①]

圈里的人都知道我和汪曾祺老师交好深厚，这原因：第一，汪老师是我们《新剧本》杂志的顶梁柱作者，要索稿、要请老先生出席座谈会，都是我去办这些事儿……求稿子，要来以后我是他作品的责编；第二，汪老师与我爱好相同，都是爱戏曲、爱京剧、爱侃大山，畅谈各种有趣的故事和轶闻逸事；第三，这也是最重要的，我经常陪汪老师去吃饭，汪老是爱吃川菜的，我的朋友很多都是开川菜馆的，因此我们一起去朋友处打牙祭的活动非常多，所以关系也越来越近。汪老师后来搬家搬到北京京剧院附近的木樨园人行过街桥下，一座不起眼儿的小楼内一个不太宽绰的三居室，好像还是夫人施老师所在的新华社外文部分的宿舍。我也是经常光临的常客，赶上饭口，偶尔汪老师还亲自下厨房，做个不错的干烧鱼什么的以飨我大啖，所以我知道汪老师的秘密之事较多，许多朋友和我的学生都希望我把汪老师的事多说一点，今天我就把我知道的有关汪老一些有趣味的事都抖搂出来，供大家欣赏。

---

① 本文初刊于《新剧本》1994年第1期，有增润。

首写京剧《范进中举》红了

汪曾祺老人,江苏高邮人。祖父居官,父亲为贾,只是不善经营,偏喜琴棋书画,故而将百亩粮田、几处宅院,俱都赔光花尽,到他在西南联大读中文系时,虽不说一贫如洗,却也囊中羞涩,勉强度日而已……新中国成立后他来到北京,几经辗转落在北京市文化局,充当《说说唱唱》杂志的一名编辑,在此之前,他只有一本小说集《邂逅集》出版。但北京人初知汪曾祺,却是靠了他的一个京剧剧本,20世纪50年代中期,市文化局一位领导王亚平对他说:"这几年你为何不写东西了?""领导不是要求写东西要下去生活吗?我一期一期地编刊物,没时间下去体验生活呀!"汪老师用他那高而尖的细嗓门在喊!"你可以写一个历史题材的剧本吗?"于是他把自己关了几天,写出了他的第一个京剧剧本《范进中举》,他并没打算怎么着,写完了就锁在抽屉里,一锁就是几个月。

当时北京市的领导彭真、刘仁、邓拓……一大批人都与戏有缘,爱看戏,关心戏,还有个副市长王昆仑,自个儿还能创作剧本,最成名的是他为北昆写的昆剧《晴雯》,可是"火"了一大阵子。王昆仑副市长找大家伙儿开会,号召大伙儿写戏,并好像先知先觉似的,说:"我看你们抽屉里都有剧本,翻翻看……"

汪老师捅开锁,他把睡着的《范进中举》剧本交给了市长,过两天来了电话说写得好,他说:"好!那谁来排?"副市长说:"我来安排……"

四大须生中的奚啸伯是八旗显宦的后裔,票友下海,有文化,写得一手好毛笔字,奚啸伯还有个高徒叫欧阳中石,大知识分子,字写得更棒,爷俩一看市长推荐来的剧本,不敢怠慢,赶紧看……"好喜欢……排!"范进心上的那点酸甜苦辣,他们多么熟,他们都懂……奚老板唱了半辈子戏,是好老,可是始终未能大红大紫。

吃亏在扮相,太瘦太苦,嗓门又窄了点,声音又细了点,音量有些弱……可演范进这个吃不上饭的倒霉蛋的秀才,却再合适也没有了。《范进中举》红了,创作、演出,都是一等奖,从此奚老板带团演出,打炮戏就是它:《范进中举》!

多年过去了,至今搞奚派的演出,《范进中举》仍是不可或缺的,我多说一点儿:如今唱《范进中举》最享名的,是国家京剧院的著名老生表演艺术家张建国,他是奚啸伯先生的第三代优秀传人。至今距离该剧初演已经有60多年矣……可谓久演不衰,成了奚派最重要的保留节目。

但是,曾祺先生对当时的演出本并不满意。他虽然非常挚爱京剧,但对传统京剧人物性格塑造得比较单一和类型化不满意。他喜欢《四进士》《一捧雪》这类注意人物性格及其心理描绘的剧目,对宋士杰这类复杂心理人物很欣赏,他写范进加进了一些心理描写、意识流的东西,范进在中举之后,心驰神往,忆起童年往事:如何逃学,如何受到母亲的责罚,打骂,演员可以载歌载舞,用这段天真稚气的心态,和疯魔后的浑浑噩噩,造成强烈的对比……

但是,由于奚老板年事已高,又系票友从艺,缺少幼工,这段给删掉了。

汪才子画马铃薯画谱　绝了

1958年,曾祺先生被发配张家口农场劳动改造。张家口属半山区,地高天寒,不趁什么……口外出了名的特产是马铃薯(北京人俗称土豆或山药蛋)、口蘑丁儿等山货,种植马铃薯这东西事儿还挺多,过一两年就得换种,不然就给你个样儿瞧瞧,越长越抽抽,它不怕冷,高寒地带待着它才舒服,所以,育种也必须在高寒地带。

汪曾祺那时在张家口的坝上,每年各地都来此换种,他受命画那些马铃薯的剖面,画完以后他就用火烧熟吃了,这东西没烧熟以前,硬得可以把人脑袋瓜儿开了,烧熟以后是面的,甜丝丝的,很好吃。

因为这种工作,他吃过全国所有品种的马铃薯,他自称是"土豆品尝专家"。他的一项重要科研成果,就是边去烧土豆,边画一本马铃薯画谱。

他的国画很有基础,何况马铃薯很好画,他说:"马铃薯叶子都那样,一个叶子,两个叶子,三个叶子,你有手就能画……"他时常对人这么说。

其实并不这样简单,他还画了一本口蘑画谱。两本画谱,全是厚厚的,都已列入出版计划,最终并未出版,他也并不遗憾……

进了北京京剧团　转运了

他去张家口,北京留下了他的夫人——也是西南联大的学生,和汪老师是地地道道的同学,能说一口流利的洋话,在新华社外文部工作,带着三个嗷嗷待哺的孩子,过着艰难的生活。

在北京他还有一些同学和好友惦记着他,想把他弄回北京,合家团聚。机会终于来了。当时北京市委有个领导孙房山,既是官又是文学家、戏剧家,他也弄剧本,最出名的是他创作的京剧剧本《洛阳宫》,不但文字够水平,而且还推上了舞台。他常慨叹眼下缺作剧的人才。曾祺先生的同学及好友:北京京剧院的杨毓珉和薛恩厚,便把他的材料连同他的《范进中举》一起"递"了上去。这位孙房山孙领导,真是思贤若渴,看了剧本大喊一声:"人才难得!"于是竟破例把一个"摘帽右派"从口外调回当时要搞成像玻璃一样"纯洁"的首府。

他被安置在北京京剧团（后改院），他的进见之礼是京剧剧本《王昭君》，由当时杰出中年演员李世济、高宝贤等演出，尽管唱词写得文采斐然，像一首首诗，可演出并不成功，没演了几场就"圈"了。因为上面规定了主旨：王昭君要一改常态，不是悲苦无奈，而是高高兴兴自己请缨去和番……

"王昭君欢欢喜喜去和番，没那八宗事儿，上边定了调，我一点儿辙没有，虚假的主题、瞎编的细节，能好得了吗？当时要我写这个戏是为了表示和蒙古国友好，可是王昭君和的番，指的是匈奴人，本来是两码事，愣往一块儿生捏……曹禺后来写王昭君，也跟我犯下同样的病，所以王昭君写不好，配角孙美人倒笔下生花，眼下要出我的文集了，这个戏我不准备选进去。"最近，他才把这段苦水倒出来……

第二个戏便是炙手可热的《沙家浜》了，1963年冬天，上面从上海带回来沪剧剧本《芦荡火种》，交北京京剧团改成京剧。剧作者是汪曾祺、杨毓珉、肖甲、薛恩厚。《智斗》一场，那脍炙人口的唱词："摆起七星灶，铜壶煮三江，摆开八仙桌，招待十六方，来的都是客，全凭口一张，相逢开口笑，过后不思量，人一走，茶就凉，有什么周详不周详？"便是他的大手笔。

《沙家浜》公演，由上至下一片喝彩之声！大"火"！

1964年全国现代戏汇演，《沙家浜》有口皆碑，大"火"。

1965年"五一节"《沙家浜》在上海演出。经上面审查批准，作为"样板"，从此，《沙家浜》便获"样板戏"殊荣。

然而汪曾祺老先生竟得意不起来。依然书生本色，我行我素。

上海演出后，据说要补上"深入生活"这一课。《沙家浜》剧组，来到常熟阳澄湖芦苇荡里体验生活。剧团装模作样搞调查，做辅导，他却常趁人不备，溜到镇上，大啖他家的糟鹅、活蟹，再喝二两百花酒。好不逍遥自在。

京派

1966年毛泽东接见红卫兵后,剧团大造其反,《沙家浜》四名作者无一幸免。薛恩厚、肖甲属"走资派",在人民大会堂被上面以"破坏革命样板戏罪"点名批判!杨毓珉"出身不好"下放劳动;汪曾祺"摘帽右派"留在团内,接受"劳动改造"。

时过不久,上面要把《沙家浜》的二号人物郭建光树成一号人物,把阿庆嫂降格为二号人物,这是"关系到武装斗争领导秘密工作,还是秘密工作领导武装斗争的大问题",一点不能含糊,于是他们想到了劳动改造的汪曾祺。

那天汪老正在北京工人俱乐部的样板团里"捣煤"。脸上挂着灰,手上满是煤,衣服更是脏兮兮的,一位军代表气喘吁吁地跑来,对他说:"有位中央首长要你马上去!"旁的却什么也不讲,已成惊弓之鸟的他,看了看这位军代表的脸,却是毫无表情,窥不出丝毫端倪,只好请求能否换件干净衣服再去?"不成!"刻不容缓,只好胡乱洗了把脸,跟着上了汽车。

人民大会堂某个厅,开《沙家浜》剧本定稿会。抬头只见台上第一排坐着江青、姚文元、叶群等,第二排坐着样板团的军代表、领导,和当时国务院文化组的官员。台下坐着京剧团的主要演员,谭元寿、洪雪飞、马长礼、万一英等主演以及其他工作人员。空荡的大厅鸦雀无声,连掉根针也能听得到……好不紧张,真是怕人。

每人发一本4号仿宋体大字印刷的剧本,由洪雪飞、万一英这些演员朗读,其实坐看这么多人,都是聋子的耳朵——配搭,一点用都没有,主要是听江青一个人的,她不吭声就往下念,只要她鼻子一吭气,就停下来等,听候"女皇"的"御旨"。

江青时不时让停下来说:"汪曾祺,这两个字要改一改。"汪曾祺却也不含糊:当场就改。有时她满意了就往下念,有时为一两个字或一句词的改动,要反复几次,直到她不再摇晃小脑袋为止。终于散会了,汪曾祺的感受,就像死刑犯得了大赦一般。然而,从此他就获得"解放"了,可以不住牛棚了,可以回家与亲人见面了。那一天他的"应试"表现如何呢?所有的人都说他应对得体,对答如流。

汪老师啊,您就是才子,不服不行!这一段趣文,我在其他文章中也曾写过,不过详略不同,这里是简写。此次"应试",不但汪曾祺获得"解放",好事还不止于此。不久,汪曾祺竟被邀请上了天安门城楼。《人民日报》登了所有上城楼的人的名字,他的名字也赫然在上,尽管是排在后面……"摘帽右派"得此殊荣美誉的,仅他一人。

有得便有失　均由不得他

当然为此他也付出了代价,"四人帮"被粉碎后,他好几个月都要留在剧团里所谓"说清楚"。不过,这件事对他的影响似乎不太要命,在这期间,我曾到剧团去看望过他。他住在北京市工人俱乐部的一间小屋里,我见到他,我们没有谈这些事,只是谈了一些稿子上的事,我见他笑嘻嘻的,甚至是胖了一些,似毫无损失。

其实,曾祺先生是个散淡的人,无意追逐功名利禄,对于上不上天安门城楼定然是无所谓的,可是当时如果敬酒不吃定要吃罚酒,那是谁也够喝一"壶"的,敢不从命!

其实,江青就是看中了汪老手中那根笔,觉得他是一个可以使用的人才。她从来也没有把汪老看成自己人,始终认为汪曾祺是一个可以控制使用的"摘帽右派"!汪老虽然有一些古代知识分子的风骨,对于江青"解放"了他,多少有一点"感恩"的思想,但是他更觉得这个女人翻脸无情,在她身边工作,一直是战战兢兢、如履薄冰……

《沙家浜》以后,又一力作便是现代戏《杜鹃山》。作者也是四个,从上海调来的王树元、黎中城,北京的汪曾祺、杨毓珉。京剧《杜鹃山》是根据王树元同名话剧改编,原作者自己改自己的作品,当然可以驾轻就熟。但该剧的唱词则有相当一部分出自汪曾祺之手,柯湘那风靡一时的[二黄]唱段:"乱云飞,松涛吼,群山奔涌,枪声紧,军情急,肩头压力重千斤,团团烈火烧哇,烧我心!"这词儿多棒啊,人辰辙,韵辙压得多好啊。这是汪氏杰作。

但是这个戏在署名上没有汪曾祺,原来该剧在定稿时,江青要审阅,她看到剧本上写了四个剧作者的名字,脸一拉,狠狠地说:"写这么多名字干什么?就写王树元等吧。"后来如今已任上海京剧院院长的黎中城笑对汪曾祺说:"'等'就'等',不管是等内品,还是等外品,反正是'作品'!"

"文革"后,汪曾祺仍为北京京剧院编剧,又编写了四五个京剧剧本。《梁红玉》昆乱并重,由北京京剧院著名张派旦角演员杨淑蕊主演,获得成功,并成为她的保留剧目。这个戏我有幸看了:文武并重,昆乱不挡,一出好戏……

京剧《裘盛戎》则是他创作的现代戏力作。"文革"兴、妖风虐,人性被扭曲,尊严被践踏。致使亲如父子的师徒,反目成仇,酿成悲剧,荡涤妖风后,徒儿人性复归,与裘家情谊如初,只可惜老师已长眠地下,抱憾终生。剧本写得极感人,读来令人潸然泪下,曾由我们《新剧本》刊发,并且已经排练。最终却未能公演。至于什么原因?时日已久,我已经记不清楚了……

另一改编的京剧《一捧雪》。剔除了奴隶主义的糟粕,增加了莫成替主受戮时的痛苦、矛盾、动摇,甚至后悔的复杂心情。唱词华彩熠熠,惟妙惟肖。该剧公演了,由著名马派老生艺术家马长礼主演,扮演莫成,该剧我有幸也看了,在"法场"一场,大段展现人物内心世界的[反二黄]唱段,十分悦耳动听,却又感人肺腑,应该说此剧的改编是成功的……

新中国成立后,曾被文化部明文禁演的15个坏戏之一的《大劈棺》,汪曾祺老先生另赋新意予以改编,该剧内涵深邃,观念新颖,算是京剧的探索剧目吧,我们《新剧本》杂志没有抢到这个文学意蕴较强又个性化的剧本,先生交《人民文学》杂志发表了……1996年,他为本刊撰写了戏剧小品《讲用》,一如汪氏风。

说点儿实在的,汪老师的剧作有高深的文学魅力,不是一览无余的快餐文学。尤其是他斟酌再三写的唱词,文采翩翩,一般剧作者如我等之辈是很难望其项背的。然而汪老剧作在结构方面,在出"戏"方面,是不是差了一些?不够跳跃、不够火炽,中规中矩、按部就班,似乎与今天观众的审美有一定的距离。

这大概也是汪氏剧作的风格……下面我将转到分析汪先生高深的文学作品上。

文似天成非可模

他的小说、散文集,迄今已先后出版了10多种(时为20世纪90年代中,现在大概有几百种之多了)。其中包括《受戒》《异秉》《大淖记事》《星斗其文 赤子其人》等动人心魄的名篇。他有那么多的读者,汪丝、汪粉、汪铁粉……有那么多的人研究他的小说、散文,发表了那么多有关他的专论、专号,还成立了那么多有关他的这个会、那个会……

有人这样评论他的作品:年轻时"空灵",近年渐趋"平实"。

他说,我的一些作品是写得颇"空灵"的,"空灵"不等于脱离现实,我不是一个不识人间烟火的人。

人家说他写得平实的一篇小说,他女儿看了却说:"一点才华

没有,这不像是你写的。"他却负气地说:"我就是要写得没有一点才华,是一个真人,我只能直叙其事!"

是的,他的作品有时很"空灵",有时又很平实,他说:"一种生活用一种方法写,这样一个作家的作品才能多样化。"

他的散文,潇洒、飘逸,如行云流水。

不久前,他打电话给我,要我送几本有他作品的《新剧本》杂志,他说:"江苏出版社一个小同乡,非要出我的文集不可,四本,一百二十万字。分成小说、散文、文论、戏曲四卷,三天两头催,把我赶落得够呛……"

汪老师上百万的文字,有他自己的特色,或"空灵"或"平实",或潇洒或朴拙,逮不着、学不了,文思天成非可模。

我等着那四卷集的皇皇巨著。

星月溶溶一片情

汪曾祺是沈从文先生高足,这几乎是人所尽知。

至于交友,据笔者所知,他很慎重。和人接触,都是不冷不热,不即不离,保持一定的距离,然而一旦谛交,必然剖心相待,如他和几个西南联大同学的友谊,笃爱之深,非一般人可以做到,特别是他与1993年逝世的原北京大学副校长朱德熙的友情,更是情逾骨肉。我在报纸上看到他写的怀念德熙的文章,很短,却是一字一泪,令人掩鼻,没有极深的情意是写不出这样真的悼文的……而几乎在同时,朱德熙的夫人何孔敬写的一篇悼文《长相思》中又多次提到曾祺先生,其中一处说到"三年自然灾害"的一个春节,曾祺夫妇去德熙家过年,老同学家只有一只用白面换来的鸡,主妇窘极非常,自思无法待客,然而他却喊道:"有鸡还要什么菜?"于是两个女人便去造厨。简单的年饭端上来，两位老同学便吃喝起来……据朱夫人回忆，这顿寒酸的年饭，竟直吃到下午太阳压了山。

在他的一本散文集里，有三篇是写他老师沈从文的。写沈先生的大学问，写沈先生的小说，写沈先生的后来搞文物研究的成绩，特别写到沈先生一生的为人处事、道德文章。

他念念不忘沈老师对他的好处，他的学问得自沈先生，他1946年前发表的小说，都是通过沈先生刊发的。他在上海因找不到工作情绪很坏，沈先生便写信把他臭骂一顿，竟把他"骂"振作起来……

他喝醉了，坐在路边，沈先生把他扶回去，灌他热茶。

他牙肿了，沈先生看见了，出去给他买最大的橘子回来。

他为他的老师过去受到冷遇、误解、歧视，而愤愤不平，他呐喊："沈从文先生是一个爱国的作家，应该对他的作品做出公正的评价！"那年他也是六十多岁的人了，他请老师到家里来，亲自为老师做了一只烧羊腿、一条鱼，老师回去对师母说："真好吃！"因为老师经常吃的荤菜，是猪头肉……

闲情绘出春色来

汪先生多才多艺，一般人是比不了的。他的字是学宋代米、黄、苏、蔡之首的米芾。米字俏利峻奇，在古代书法家中很有特色，汪老字清秀、隽永、峭拔、洒脱，看似笔道较软，实则骨气内含，字如其人。他最喜欢赵朴初居士娟秀玲珑的行草，赞而又赞之。大概这种字，融文人书卷气的内蕴，使他钦佩有加，他对于刘炳森、李铎的书法则不肯恭维，道理也可能在此。

他曾给远在美国的挚友朱德熙写了一个斗方寄去，朱视为珍宝，托裱后装在镜框里高悬在壁上。来人便作介绍，并对夫人说："曾

祺就是天才嘛！"

他的画，自成风格，我看过一幅他画的淡墨荷花，铁线银钩，淡雅清奇，美极又很空灵，不题字，留给观赏者大片联想的空白。

我还看过一幅画，那是因为他写了一篇奇妙的小说，很多细节，都是某京剧院一位大导演对他叙述的亲身经历。小说刊出来，大导演不干了。曾祺先生便画了一幅画送给他，事情便了了，我在这位大导演家看到这幅已然精裱起来的画：一枝斜挂下来的柳枝上，蹲着一只翠鸟，眼睛是半眯的。懒散而闲适……

我夸这幅画，和汪先生连说了三回，他也不说什么，没过几天我收到一封他寄来的信，里面有一张他画的同样的一幅画，我欣喜之余，却又有点惭愧，便花最多的钱精裱，把一点小意思裱进里面去……他作画极少，不久他将要出版的文集，有曾祺先生画的四幅画，插印在里面……

他爱京剧，但更热爱昆曲，"上昆"来京演出，他是每场必到，据说，他会吹笛，也能拍曲，开始我还有点纳闷儿……后来看文章，才知他师母张兆和一家，与他好友朱德熙一家，都是又能唱，又会吹笛的昆曲名票，原来根儿在这里……

他还是位美食家，会吃还会做，水平很高。朱德熙也是美食家，但只会品尝不会做。然而后来，汪先生岁数大了，他不爱做饭了，懒，就煮方便面吃。幸好汪先生是大名人，经常"吃请"，用他的话说，如今我是"三日一小宴，五日一大宴，不缺嘴了"。

汪先生坎坷半生，后半生能活得这么好，也是很不简单了……晚年也该有点口头福。汪先生 1994 年 10 月 1 日去台湾，十天后返回燕都。他要做的头件事，是写一篇昆曲《痴梦》的评介文章，可见他的屁股并未完全坐到文学一边去，起码还有一半留在戏剧这一边，这每每让我们高兴。尤其让我这个想跟他学写唱词儿本领的学生高兴。

悼师友①
——想念汪曾祺

古人说人过七十古来稀，曾祺老师享年七十有七，寿禄不能说不永，然而我却觉得他走得还是太早、太急。我老觉得他没事儿，再活个十年、八年的不成问题，哪料竟几天的工夫就"走"了呢……

我是最早知道噩耗的少数人之一。

1997年5月16日上午10时左右，我正在北京京剧院大排演厅看京剧《风雨同仁堂》的串排。在座的还有同仁堂集团的几位老总、北京京剧院的领导。突然，北京京剧院副书记李永平闯了进来，急匆匆地说："汪曾祺老师家属来电话了，汪老师胃大出血，输了一千多毫升的血还止不住，人快不行了，咱们赶紧瞅瞅去吧……"话音未落，一片大乱，京剧院的几位领导慌忙起身。同仁堂集团党委书记田大方低声问道："汪曾祺是谁？"我说："就是京剧《沙家浜》的作者，当今文坛上名噪一时的大作家。"大方同志又略一沉吟，便对王玉珍院长高声说："请王院长带去同仁堂的问候，需要什么中药，尽管说，我们也要做点贡献。"

就在这时，李永平像箭一般又跑了进来："别去了，来电话了，人已经没了……"

---
① 本文初刊于《新剧本》1997年第6期，有增润。

大家都不说话，就那么默默地坐着……

我的心一下子沉了下去。我想到了他和《新剧本》的往事。

1985年，我们《新剧本》创刊。新开张的买卖，得有好货，才能创出品牌来。听说汪老师正在创作一个现代戏，便去找他。

那时，他住在城南蒲黄榆一座12层的高楼上。房子是新华社的，房子不大，小三居室吧，户主还不是汪曾祺，是在该社对外部工作的他老伴儿施松卿。这位施老师是新华社特稿部的高级记者，也是汪老师的同学，老两口伉俪情深，好了一辈子……这房子呢，用汪老师的话，他是沾媳妇光，是借住。

汪老师说："我是在搞个现代戏，《裘盛戎》，不过，一些文学刊物也想要这个本儿，他们又是先说的。我得考虑考虑……"

我一听，这事要"黄"，得用点儿水磨工。我不接汪先生的话茬儿，绕个弯说他爱听的。

"您干嘛要写老裘呀？他连话都不爱说，人家都管他叫裘傻子，这得有多难……"

"你也知道这事呀，可我跟老裘有交情呀。"

"您怎么会跟他有交情呢？"

"这你就不知道啦。北京京剧团初演现代戏《杜鹃山》，是我跟老薛（恩厚）、（张）艾丁、肖甲几个人根据同名话剧改编的，唱词我写的多一些。这个戏的主要角色乌豆是老裘扮演的。我们俩经常一起研究唱词的内容、字数、辙口等等。别看老裘平时不说不道，可他在艺术上是真有两下子，有主见、有办法。一来二去，我俩成了好朋友。后来戏演出了，老裘唱的那段'大火熊熊照亮天，滚滚的浓烟越过河山……'唱得真美真好听，迷倒了多少新老京剧迷。要说这是绝唱也许过了点，可要说这是现代戏中最美的唱段，谁也得承认。我有点崇拜他了，那友谊呢，自然更深了一层。可是后来'文革'来了，老裘可惨了。住牛棚、挨批斗……更后来，他又得了肺癌，唉，不说了……"

汪老说到了伤心处，我似乎看到他眼角的泪。我原想他不会再说什么了，没料到，汪老却又打开了"话匣子"。

"我和'傻子'见的最后一面是在医院里。他已经不行了，但脑子依然很清楚。他见我来了，没有和我说半句话，只流了泪。我看'傻子'瘦得只剩了一层皮，心如刀绞，我实在待不下去，我是流着泪走的，但是我的心始终在他身上。你说，我能不写他吗……"

"那是那是。"我说，"我跟裘先生虽没交情，岁数够不着，可是我跟裘先生的大女婿刘跃春、二女婿杨振刚，女儿裘红却有交情。我们都是风雷京剧团的同事。所以，间接地说，跟裘先生也算有点儿交情。这个剧本您要再给别人，这不是让我对不起朋友吗？跃春两口子那儿，还有振刚……我怎么说……"

"噢，在这儿等着我哪。得，咱们都是为朋友，《裘盛戎》给《新剧本》了，留下你们的电话，听信儿。"

"哟，我们的电话还用留，您那有，打了多少回了，您哪，真是贵人多忘事……"临走，我又捧了老先生一句。

年后，汪著现代京剧《裘盛戎》，刊登于《新剧本》上。

接着，汪著根据同名传统戏改编的京剧《一捧雪》、汪著根据同名传统戏改编的京剧《一匹布》，连同汪老在本刊前身《北京剧作》发表的京剧《梁红玉》，他在"四人帮"粉碎后创作的所有戏曲剧本，全部在本刊发表。

汪老给本刊的最后一篇文章，也是写的裘盛戎。是给裘盛戎画册写的序言。不知是不是巧合？

汪老师最后一次参加我们的聚会，是1996年冬天。那次参加的作家人多且名头大，年岁最长的是八十七岁的张中行老先生，下面按齿序，大概是冯亦代、吴祖光、汪曾祺、黄宗江、黄宗英等几位七十多岁的老作家，再下面便是董乐山、舒展、邵燕祥、冯宗璞、

姜德明等几位也快七十的文坛大腕儿。

汪先生那天是自己打车到建国门外永安西里"四川家乡酒家"的。这家餐厅位于深巷之内，但由于川菜做得地道很合其中几位如冯、吴、汪、二黄等昔日客居过重庆的老师们的口味。我一直担心地方偏僻，自己来都找不到，汪老居然是第一个到达。我说："汪老师您真行。"汪老一笑，说："我来北京也四十多年了，哪儿找不到？尤其是吃饭，你说个地方，准落不下我。"

人们都知道汪老师是京城有名的美食家，北京有名的各种菜系的馆子，绝对落不下这位饕餮大食客，今儿个他说的是实话，我绷不住了一阵大笑……可笑过之后，这次见面他的背更驼了，尤其是面色不对，不是黄也不是白，而是黑得怕人，我心里咯噔一下，隐隐觉得有股不祥之兆。

那天大家极愉快，汪老还喝了两小杯白酒，按说，汪老肝不大好，应禁酒，不过，那天所有与会之人都或多或少与酒沾了边，我们只是没有死乞白赖地劝大家多喝而已。

饭后，大家留影纪念，这些忙人能聚在一起，极不易，弥足珍贵。

不久，听说汪老应邀去了云南一趟，我们都担心他的身体，不想什么事儿也没有。

大概是年初的事。有些报纸刊登了汪老与沪剧《芦荡火种》作者文牧家属就署名问题的笔墨官司，后来竟闹得沸沸扬扬。本刊主编（徐）恒进和我都是汪老的朋友及忠实读者，心里有些不平：已是历史旧案，舆论界何必小题大做。我便给汪老打个电话慰问。

汪老显然很不开心，身心很疲惫。声音很低，失去了往日的轻松。开头第一句话便说："今年流年不利。"说这些日子饭吃不好、觉睡不安，并说对方要四万元的赔偿费，没想到一时疏忽竟弄出这么大的不是……

我当时也不知说什么好，只讲了些宽慰的话，但得到的回答却是"唉，唉"的叹息声。听着难受，只好赶紧挂了，不想这却是听到汪老师的最后声音。

汪老追悼会那天，我恰恰因事不在北京，不能再看汪老最后一眼，我内心痛楚万分。那天早晨，天刚亮，我给恒进兄打电话，要他替我签名，并请他替我鞠三个躬。

至此，我才真的相信，一个好人走了，一个朋友走了，一个老师走了……

秋已临近，窗外的树上飘飘忽忽落下几片树叶。

汪曾祺老师，算来长行已二十三年了，似乎只是一瞬间，然而报纸杂志不断发表他的大作，或是发表与他有关的轶事。他似还在人世一样，尤其今年 2020 年是汪老师诞辰一百周年，纪念他的文章好多好多呀……

这个时候我也应该当仁不让。前段时间，我在《北京晚报》发表了一篇名为《听汪曾祺老师"哨"京戏趣闻》的文章。另外我还有几篇写汪老师的文章，主要想把汪老师潇洒透亮的文人性格写出来。这些将是我一部文集中的主要文章，我已交给华文出版社，估计不久的将来就能与读者见面。

吴祖光摊上了官司[①]

吴祖光先生，本刊重要作者。其电视系列剧剧本《新凤霞》，已在本刊连载六集，十五万余字，而且还要有四至五集在本刊连载。吴先生感情奔放，文笔优美，拥有广大的读者，编辑部常接到一些读者的电话，盛赞这部剧作。正当吴先生忙里偷"时"，一丝不苟地专注于这部力作的创作时，突然遭了官司，意想不到于75岁古稀之年成了"被告"，填补了一生中的一处空白。本刊同仁一是饶有兴趣地关注着谁能打赢这场官司；二是担心这桩天外飞来的诉讼案影响吴先生《新凤霞》的创作，故此笔者对此案的发生、发展极为关注。目前原、被告仍在紧锣密鼓，针锋相对做决战前的准备工作，有越来越多的消费者、记者关心此案的胜负成败，此案成了中国剧坛一大奇观。

诸端怪异

1993年春节，大年初一深夜11时30分，笔者拜年归来，走

---

① 本文初刊于《新剧本》1993年第3期，有增补。

在路口。突然，腰间挎着的 BP 机"嘟嘟嘟"叫了起来，夜深人静，声音格外刺耳。"谁这么晚了还在呼我？"急忙打开按钮，白亮的街灯下，一个非常熟悉的电话号码跳进眼中。"呀！是从吴祖光先生家中打来的，这么晚会不会出了什么事情？"我知道吴先生正遭官司，心绪自然不佳，莫非……想至此，我浑身的神经末梢都绷紧了弦。"无论如何也要给吴先生家回个电话。"可是深更半夜哪里还有公共电话可打？想来想去只有一法，前面不远便是人民美术出版社，我有一位同学在出版社里的一个期刊做副主编，因经常去找他，所以和该社的传达室里的一位张师傅是半熟脸。去找他行行方便吧！急匆匆蹬车来到"人美"，只见大铁门紧闭，可里面却亮着明灿灿的灯光，无疑鼓励我扣门的勇气。"嘭、嘭、嘭"，连敲带吆喝，折腾了五分钟，才有人打开大门上的一个小门："你干什么！"一个冷冷的声音，不是那个半熟脸，却是一张完全陌生的脸。再退回去也来不及了，只好咬着牙乍着胆把欲借电话的前因后果叙述一番。那人听说是要给新凤霞的丈夫回电话，便把大门洞开，并且暖暖地说：因为过节，上面有令不能随意开门，所以……我赶忙千恩万谢，哪敢有半点不满的样子。电话打通了，接电话的那高调门的清脆声音，竟是吴先生亲自接的。心中一块石头落地了。

"吴老师您好，给您拜年，这么晚了，什么事呀？"

"今天给我打电话的，来家中拜年的，比哪年都多。都是知道我当了'被告'，来慰问安抚的。我都把他们的名字记了下来。待客人走净了。我一看记事本，第一个电话拜年的名字，竟是京剧演员徐凌云。我记得谁跟我说过，徐凌云好像是死了，所以我问你，他到底是活着还是死了……"

高而脆的急促声音从话筒中直往我耳朵里钻……

我的妈呀，真是活见鬼了。徐凌云同志明明于去年十月，因车祸横死于京津唐高速公路上，同车遇难者尚有三人。可是他怎么还

能给人打电话呢！但是这话我怎么对吴先生说呢，只好嗫嚅道："他是活是死我不太清楚，仿佛是有关于他'死'了的传闻，是不是您听错了，让我打听一下再告诉您。没别的事了吧！再见再见。"

急忙挂上电话，向陌生脸道了谢。出门蹬上车就跑。路上只有我一个人一辆车，我似乎觉得浑身汗毛直竖，头上沁出冷汗。"这是怎么回事？"科学昌明的时代，当然没有人相信鬼魂作祟的事，但又怎么解释这桩事呢？细想可能有两条。一是徐凌云的家属打来的，吴先生忙忙叨叨地只记着了朋友的名字。再一个便是不友好的人，在这个时候成心给吴先生添恶心。也许还有一条，便是根本没有人打来这个电话，记事本上徐的名字是吴先生以前写的，以后的名字是记在他的后面，于是徐凌云便成为第一个给吴先生拜年的"死人"。

我无心再想下去，这事够怪的吧！反正与老先生心情不好有关，他好么眼儿的进了法庭坐在被告席上听审，心里高兴得了吗？

一晃三个月过去了，吴先生活得很健康，这件事我也再没有提起，从而埋下一个"谜"在人间……

一上来就讲鬼魂打电话，似乎有点故弄玄虚。到底吴先生因何吃官司，始末根由至今未讲，不是故意卖"关子"，打电话也非题外之言，而是说此事对吴先生心里造成的负担。闲言少叙，还是书归正传，容在下慢慢道来。

话说1992年6月上旬的一天，一位去吴家造访的安徽朋友，送了吴先生一包据说是上等的新茶。茶叶包外面又用一张6月6日出版的《中华工商时报》包着。客人走后，吴先生抄起这张陌生的报纸随意浏览，一篇题为《红颜一怒为自尊》的文章，吸引着老先生的眼睛。

好新颖醒目的题目，看看。

不看则罢，只这一看，一场官司便无端缠上了这位皓首童颜的大剧作家。

《红》文如是说:"1991年12月23日下午5时,两位少女——21岁的王颖和20岁的表妹倪培璐到北京国贸中心所属的惠康超级市场购物,付款出店走出十几米后,被两名男售货员追回,诬赖她们偷了东西,并被推入一间仓库,十几遍问她俩'拿没拿'东西?其中的王颖,被迫把包打开,把帽子摘下来,把衣服解开,接受检查。最后以没查出任何赃物结束。两位女孩不堪受辱,向朝阳区法院提出诉讼。"

读罢此文,刚烈的吴祖光怒不可遏,对这种不尊重顾客人格、随意侮辱顾客的行径不能容忍,于是连夜写下题为《高档次的事业需要高素质的职工》一文,径自投稿《中华工商时报》。

这篇文章的主旨是什么?吴祖光自述:"对于中国国际贸易中心这样的企业,我一向是看重的。我认为,这种企业的出现,是中国改革开放的一种成果。我们都应当关心它,共同努力来使它办得更如人意。也正基于此,我才写下那篇随感,希望能重视一个我认为重要的问题:高档次的事业需要高素质的职工。我以为,不提高职工的素质和档次,所谓的高档次企业是很难存在和发展的。"

虽然文中有些词句,基于义愤,可能有点"冲",然而自古以来,文人所追求的还不正是"语不惊人死不休",以求取得警世诫俗的作用。但其主题是对惠康超级市场提出希望,要求他们改进工作,希望国贸商场全体员工加强修养,首先学习文化。当今世界已进入文明社会,没有文化就很难文明经商。如此而已。

在过后吴祖光先生致国贸董事长孙锁昌先生函中又自述道:"我没有侮辱你,而只不过是善意的提醒和劝诫……"

《高档次的事业需要高素质的职工》一文于投寄三周后即6月27日刊出。

同年8月5日,吴祖光收到中国剧协转来的国贸中心常年法律顾问韩小京7月27日来函。函中说吴文"内容失实,判断错误,

并且采用了辱骂性语言……侵害了中国国际贸易中心及有关工作人员的名誉权,为此,我们代表中国国际贸易中心及有关工作人员要求您选择一个适当的方式消除您的文章所产生的不良影响。本函并不妨碍我们行使任何法律上的权利……"

吴祖光先生是一个大处落墨的文人,也许对此函文字的深意并未仔细玩味,便索然放下。但信中末尾的一排文字令他感到奇特:"此信函版权归通商律师事务所所有,未经许可以任何方式公开发表此信函是侵犯版权行为。"写了一辈子文章的吴祖光,只知书和文章有"版权所有,翻印必究"的规定,再也想不到信也有版权,对此瞠目结舌后,文人比讼师自然要"愚蠢"得多,竟也"乖乖"地遵嘱,信中内容没有对任何人谈及。殊不知,几个月后,对方却未经吴祖光许可,公开发表有损吴名誉的消息,并诉诸公堂,这也算咄咄怪事吧!

打上"官司"

国贸先发一函"吓"住吴祖光,然后倾全力对付两个小姑娘的诉讼。

经过一年的反复折腾,原告在其代理人——中国法律中心的巩沙律师的协助下,终于在1992年11月18日有了结果:"国贸中心有关负责人当面向倪培璐、王颖赔礼道歉,支付精神抚慰金2000元,并承担原告诉讼费。在诉讼目的达到的情况下,原告撤诉。"

然而,被告的目的也达到了。

虽然,原告在调解之后向记者表示:"对调解结果比较满意。"但是新闻界一些头脑冷静的同行却对此表示出极大的遗憾。《北京青年报》发表题为《两千块钱加一句"对不起",却没得出个"说法"》,

《中国青年报》发表题为《上帝，先假设你是个贼》，副标题更直书为"首例消费者名誉权案的遗憾"等报道，但是也无济于事了。

花2000元，说一句"对不起"，就是要买一个没有"说法"。这是被告最想得到的，而且终于得到了的。

此时，他们又想起了吴祖光……

吴祖光还在北京东大桥的书斋中，被笔者一天三个电话索要《新凤霞》稿而苦思冥想、伏案疾书，对国贸策划的一场震惊国人的公案，一无所知，蒙在鼓中。

倪培璐案结束仅20天后，1992年12月13日深夜，来自香港的电话铃声打住了吴先生手中飞划的钢笔。《明报》记者林翠芬女士以惋惜的语调告知吴老：他已被国贸状告，成了被告，理由是他那为两名少女鸣不平的文章，损害了国贸的"名誉权"。

久经风雨的吴老，自是处变不惊，放下电话，依然笔耕。然而越写越觉手中之笔重有千钧，拿捏不住；往日敏捷的文思竟也涩滞不畅，一片茫然。对于他在古稀之年，竟成"被告"，不解、惶惑、莫名进而悲愤！他知道《新凤霞》暂时写不成了，于是放下笔，准备就寝。

珍闻一：险些磕瞎了眼睛

入寝前，时钟指到凌晨2时，吴先生站在书桌前脱衣，突然头一晕，立脚不稳，一头栽倒在写字台角上，额角磕破，距离眼眶寸许，血流如注，眼角青紫。

吴老并未惊慌，轻唤保姆小芹，那姑娘朦胧中走来，见老人皓首之下血流不止，吓得几乎晕倒。吴老请她打开书桌抽屉找出一瓶云南白药准备敷伤，然后便独自去往洗手间冲洗伤口。洗毕，见小芹手发抖，眼流泪，竟不能自持。于是吴先生俯下身亲自找到药，将瓶中白药倒出敷于伤口上，说也怪，药到血止，十分灵验。

笔者一天后去索稿，见到青一块紫一块的吴老，惊询原委。吴

老简单陈叙，然后便是大谈中国云南白药如何奇妙，言说此药放置多年，居然毫不失效，祖国医学确系瑰宝，并要笔者也储藏一二瓶白药，以备跌打损伤之用。

笔者心头一阵热，鼻子一阵酸，中国的老知识分子，你们有多可爱……

吴老负伤经过，系其家小保姆小芹所叙。

三天后，12月16日，吴祖光果然接到朝阳区法院传票。

接到传票二天后，12月18日，吴祖光在竟天律师事务所彭学军、许橙陪同下，按时来到朝阳区法院民事庭214室。吴祖光坐于被告席上，对面原告席上坐的是韩小京律师。原被告双方发言后，轮到法庭提问。

审判员诘问被告："你写文章调查没调查？"

吴祖光："我用不着调查，我是根据报纸上的报道写杂感。毛主席从报上获悉，余江县消灭了血吸虫，激动之余，写下了《送瘟神》诗篇，难道毛主席写这首诗还要到余江县去调查一番，余江县是否真的消灭了血吸虫？"他接着说，"我们应当相信报纸。如果报纸错了，那是报纸的事，也告不着我吴祖光。"

审判员："写杂感有失误也要承担法律责任。"谈话结束。

韩小京律师对一位采访他的记者说："吴老（指吴祖光）是文化界名人，我很敬重他。但是，在法律知识方面，看来他却不大懂。评论如果过重也可以造成侵权，这是法律常识。"

至此，笔者想说点题外话，一个"失误"、一个"过重"，都要承担法律责任。那么，怎样界定杂感的正确与失误呢！有什么法律条文的具体规定吗？评论又该怎样界定"过轻""过重"以及"恰好"呢！这不难坏了拿笔杆的人了吗？谁来给我们定个标准、尺度，写完了文章也让我们有个天秤量一量，度一度，免得我"过"了或者他"欠"了都要吃官司。

珍闻二：国贸有的是钱，给一万两万不算什么

某杂志女记者采访韩小京律师。

问：前一案据报载国贸已经败诉，并向两个女孩道歉，还赔偿了 2000 元，现在结了案，怎么又说与事实不符呢？

韩：前一案到目前为止，在法律上并没有个说法，原告之一在法庭询问时，许多问题无法自圆，水平极差，不然，怎么 2000 元就撤诉了？国贸有的是钱，给一万两万不算什么，可是 2000 元就打发了，你说这两个原告什么水平？

吴祖光在致孙锁昌函中，称这位韩小京律师"如此骄横"。在他致新闻界函中，更称这位律师"不明事理，颠倒是非"。

火花飞溅

数日后，1992 年最后一个周末，原、被告双方分别在国贸中心和昆仑饭店同时召开新闻发布会。一刹时，北京的各家报社、杂志社纷纷出动。

昆仑饭店，原订 20 个人的座位，却来了 75 名记者。后来者只好席地而坐，更后来者只好站着，在过道里挤成一堆。

吴祖光做了致新闻界的书面发言。强调他写的杂感是希望国贸提高员工的素质和档次，否则高档次事业很难生存与发展。

吴祖光的律师和他的法律顾问——北京第二律师事务所副主任王耀亭分别作了补充发言，指出吴祖光文章的内容，构不成对原告名誉的侵权。

国贸中心的新闻发布会由总监钟华女士和韩小京律师主持。

韩律师称吴祖光的文章"采取了侮辱、诽谤的方式，损害了中国国际贸易中心的名誉权"。

"对于吴祖光在文章中讲述的虚假事实我们曾在文章发表后于1992年7月14日致函并告之。

以下是列举吴祖光文章中失实和错误的地方。如：

两位原告没有被推进仓库而是被领到办公室外间的一张办公桌前；

没有任何人强迫两位原告摘帽解衣，而是原告之一在进入办公室外间后一边说要不要搜身，一边摘下帽子并解开自己的外套（时值冬季），对此在场的工作人员一再向两位小姐解释没有权力'搜身'。"

珍闻三：不是办公室是仓库

中国税务报社记者张京民于1993年2月30日曾去惠康市场实地采访，由国贸业务发展部销售市场经理李小姐带他去看国贸再三强调不是仓库的"办公室"。

"进'办公室'前的第二眼，我（张京民）就看到两扇门上分别贴着'仓库重地闲人免进'标记……李小姐见我目光注视字条，忙说，'这是我贴上去的'。……往里走，对面是一堵墙的大冰箱。右边是堆得高高的纸箱……（我）从里面出来后，我到收银处转了一圈，回来时，见一个穿毛衣的男工作人员正在往下揭'仓库重地闲人免进'的标记。边揭别说：这儿常有人进来，因此得贴上点。但为什么又揭下来，他没有解释。"

珍闻四：倪培璐说："吴先生的文章说的都是事实，我们不惜再次出庭。"

笔者曾走访了当时21岁的恬静寡言的倪培璐小姐，她说："1992年6月6日《中华工商时报》发表的《红颜一怒为自尊》是完全按照事实经过写出来的。吴先生根据《红》文所写的杂感，没有捏造和不实之词。国贸所散发的材料，说我们在没有任何人强迫下，我们自己解衣摘帽，这才纯粹是捏造。我哭得跟泪人似的，他们还十几遍问我们'拿没拿',这还不是强迫我们?我表姐是实在没办法才再次拉开包,解衣摘帽——翻给他们看。到底是谁在捏造事实?"

笔者又询及倪小姐对当前国贸状告吴祖光有何感想。她说:"没有想到为了替我们说几句公道话,竟把吴先生牵扯在内,心中十分过意不去。如果吴老需要我们出庭作证,我们责无旁贷,不惜再上法庭,对簿公堂。"

难了难结

从吴祖光 1992 年 12 月 18 日去朝阳区法院谈话至今,100 多天过去了,未见官方有任何举动,或者说还在调查阶段。然而,不管海外还是国内,这场官司,这桩公案在新闻界却闹得沸沸扬扬,成为名人官司案中最热闹最红火的一案。据笔者所知,在海外就有美国旧金山的《世界日报》以及法国、荷兰等国家的报纸纷纷发表消息和评论文章。国内发表文章和评论的就更难以计数。大约有几十种报刊杂志包括《人民日报》《光明日报》《文汇报》《新民晚报》《北京日报》这样有影响力的大报均有文章刊载,《工人日报》《消费时报》《中国体育报》《中华工商时报》更是不惜版面,整版整版地刊发有关文章。还有中央电视台、中央人民广播电台也都作了报道和讨论。这说明社会舆论界密切注视着它的发展和结果。吴祖光一案,为什么如此牵动人心?为什么别的名人侵权案远远没有这起公案如此轰动?关键是此案不仅是一般名誉侵权案,它还具有更深刻的内容。吴祖光先生的法律顾问王耀亭律师深刻指出"吴祖光这场所谓的'名誉侵权案',其实涉及的,是人的尊严问题,不是简单的名誉问题。如果对一种不良的社会现象进行正面的批评而要被指控、判罪,那么对我们的行为准则、道德观念及人格模式崇尚将

进行怎样的引导？我们相信法院对本案能够从社会的、道德的、法律的诸角度进行全面思考和慎重判定。"

我们等待着。大家都在等待着……

吴祖光法律顾问王耀亭深信法院会秉公而断

北京市第二律师事务所副主任、吴祖光法律顾问王耀亭说，得到"惠康"以侵害名誉权为案由状告吴祖光，他感到遗憾。记者询问王律师，吴祖光的文章是否已构成对国贸名誉的侵权？王律师说："根据吴先生文章的内容，是构不成对原告名誉的侵权。如果说原告对吴文有异议，完全可以通过其他方式予以解决。本来已经平息了的一场风波，现在又被人为地挑起，不管此案有何背景，还是人为地造成复杂化。我相信人民法院会依法解决，秉公而断。"

新凤霞希望法院人人都是"马专员"

吴祖光的夫人、评剧艺术家新凤霞对记者说："过去，我曾为我丈夫受过许多株连，遭了不少罪，所以我胆特别小。每日总千叮咛万嘱咐，要祖光不要多事，不要再殃及我。这桩事开始我也是劝祖光别多管闲事，甭管买东西的还是卖东西的，他们都跟咱们一点关系没有，操那心有什么用。可是如今，对我丈夫的行为有点理解了。75岁的老人，为了消费者的利益，抱打不平，不简单，我支持我丈夫的行为。想起四十年前，我唱的一出戏《刘巧儿》，其中有位马专员，是根据马锡五同志的事迹塑造的。马锡五同志在解放区，创造流动法庭，纠正了一百多个案件，人称'马青天'。戏中有句唱词，我特别喜欢，就是'我（指巧儿）相信马专员按公而断。'那时候我们有马青天，今天，我更相信强调依法治国的人民法官个个都是马专员，伸张正义，秉公而断。就是官司打输了，我觉得，我75岁的丈夫，为消费者、为两个小姑娘拔刀相助，也是光荣的！"

吴祖光老师远行
—— 著作等身　德耀星汉

2003年4月9日，这天，吴祖光先生，我的老师，永远地去了。噩耗传来，剧坛震撼！吴先生的广大读者和亲朋好友，无不扼腕叹息，悲从心生。几天来大家以各种方式寄托各自的哀思，以期减轻一丝的感伤，愿祖光先生的在天之灵得以安息！

说吴祖光先生为本刊第一作者并非无据。吴先生在本刊发表的作品，篇幅最大，文字最多；本刊在外地举办的笔会，先生不顾年老路远，几乎有求必应全部参加；在本刊经济拮据时，曾与贤妻新凤霞先生一起，帮助我们成立了董事会，渡过了难关；本刊前主编潘德千、现主编徐恒进、已故副主编钱祖惠以及笔者和本刊全体同仁与先生都有很浓厚的友谊。大家都非常热爱这个脸上永远挂着笑容的好老头。

先说说先生的作品。1991年下半年的一天，我接到新凤霞老师电话，说吴先生要写一部系列连续剧剧本《新凤霞》。一要我盯着点儿，别让别的刊物给抢走，先生脸热，禁不住旁人三求；二要我催着点，先生社会活动多，家中来客多，得挤时间，所以得不断提醒吴先生。我唯唯，心中牢记此事。后来，在本刊潘德千和徐恒

---

① 本文初刊于《新剧本》2003年第3期。

进两位主编的支持下,由我任这部电视剧剧本的责编。吴先生对我说:这是他头一次写长篇电视剧。不过,1947年到1957年写了十个电影剧本,积累了不少经验。还谦虚地说:"'削足适履'总可以吧!"又说:"凤霞是个苦孩子出身,6岁就登台演戏,14岁成为主演。历尽艰辛,呕淌心血,这才好容易唱'红'了。我这部作品,就是写凤霞这个不平凡女子童年和青少年时代的一段传奇的生活的……"笔者问写到何时结束?先生笑答:"只要我一出现就结束了。我不能自己写自己呀!后面的时光,虽然是凤霞最辉煌的岁月,留给旁人去写吧!"我唯唯,知道劝也无用,这便是刚直的吴祖光!

这部电视剧剧本,吴先生从1991年秋天写起,到1997年7月杀青,历时6年,共13集,22万字,全部发表在本刊上。按原定计划,这部巨作,本来要在1993年年底结束,可是竟往后拖了4年,难道是该计划不切实际?还是先生年老体衰?非也!原来中间出现了一件十分讨厌的"大事",严重地影响了这部煌煌巨作的进程。

写作这部电视剧剧本之初是非常顺利的。到1993年年初,吴先生已经发表了6集,也就是说,差不多写完了一半了。可以后的4年多,1993年春节后这一年中,不见写出一集;1994年至1997年四年中,有时一集,有时空白,最多时仅为两集。原因何在?人所皆知,吴先生摊上了官司,第一次成了被告。当为了替两名被搜身的女大学生说了两句公道话而要与"有的是钱"的官商国贸惠康超级市场对簿公堂时,本刊同仁对75岁古稀之年的吴先生登堂受审均感愤愤不平;于是本刊先是为先生介绍京城十大名律师之一的王耀亭担任他的法律顾问。而耀亭先生出于正义,也是分文不取,立即应允。之后,本刊又以较大篇幅刊发了笔者所撰写的《吴祖光公案记》,表达了本刊全体同仁的一点心声。

这么一场正反胜负显而易见的官司,竟然前后拖了两年之久,终于以吴祖光胜诉结束。当笔者予以祝贺,吴先生却说:"有什么

可祝贺的！把国家的脸都丢尽了。国贸名誉受损，对我有什么好！可是耽误了我多少宝贵的时间和精力。这两年，为了凤霞这部电视剧，让你打了多少电话，跑了多少道，左催右催费唇舌，真对不起！"面对这样一位耿直不阿的长者，我还有何话可云。只好在心中祝祷：以后这样以大压小、无视人的尊严的事情再不要发生了。然而笔者这种祝愿至今也没有完全实现：超市对顾客搜身的事还不时发生，但自吴先生振臂一呼之后，人们却懂得了为维护自身尊严而诉之于法律的途径，迫使这种丑恶现象有所顾忌、有所收敛，吴先生在维护人权方面做出了极大的贡献！

电视系列剧《新凤霞》是吴祖光先生自20世纪90年代至他逝世前最重要的剧作，也是他唯一一部长篇电视剧剧作。这部剧作人物不多，但个个形象鲜明；文字优美，而且极具个性，闻其声知其人，呼之欲出，充分展现了这位戏剧大师驾驭文字举重若轻的功力，为后世留下了一部经典力作。

本刊还刊发了吴先生的几篇文章，其中最为珍贵的是一篇题为《我和京剧〈三打陶三春〉》的妙文。该剧国内国外一共演出四五百场，是新中国成立以来新编历史剧破纪录的数字。由于该剧虽是历史题材、塑造的历史人物，却运用了许多民间语言，甚至包括一些北方地域的歇后语、谚语等通俗语言。另外，特别引起争议的是一些唱词的写法。过去称京剧为国剧或京腔大戏，唱词讲究古奥蕴藉。还有一些剧作者，无论什么题材什么人物，一味追求文字的典雅深邃、堆砌典故，似乎不如此便是不会写京剧。这篇文章的可贵之处即在于吴先生让从事戏剧创作的作者明白了一个道理：即无论是念白还是唱词，怎样来写要从特定的人物身份、人物性格出发来下笔。《三打陶三春》的两个主要人物：陶三春和郑恩，一个看瓜女，一个卖油郎，想必两个人都没读过什么"四书五经"，要他们文绉绉的是不符合人物身份和性格的。所以吴先生敢于在唱词中也运用了大量的民间语言，这一创作性的理论和实践，使该剧有了巨大的生命力，产生了强烈的舞台效果。

虽然仅仅是一篇四千字文章，但他教会了我们如何写戏，怎样写念白和唱词，澄清了剧坛中一些谬误，该文何其珍贵！

本刊在20世纪80年代末90年代初曾邀请一些资深作家赴外地去开"笔会"。一次远赴四川自贡市开著名剧作家魏明伦剧作研讨会，一次赴江苏盐城市，还有一次是去江苏省泗阳县，后两次都是为当地的业余剧作者的剧作开的研讨会。那时的交通和交通工具远没有现在先进，而本刊的经费也并不富裕，去外地的条件是比较艰苦的。比如去几千里地的自贡，虽然乘一段飞机，却是联航的小飞机，并且在成都市下飞机后，要立即乘汽车走七百多里的坑坑洼洼的公路，饱受颠簸之苦。而到江苏北部的盐城市和泗阳县，既要坐火车也要坐汽车，没有点牺牲精神是不敢问津的。当然如今这些地方的交通状况大大改观。而在这数次的笔会中，我们第一位考虑的知名作家，便是这位担当中国剧协副主席、全国政协委员的吴祖光。这是一块响当当的金字招牌呀！打过电话去，吴先生答应得特别痛快，即使有别的活动，吴先生也总要想方设法和本刊同仁一起同行，所以常常让我们感动得不知说什么好。

每到目的地，那里的剧作家或者业余爱好者，听到吴先生也来了，都高兴得不得了，而且一定要吴先生讲话，说得越多越好。吴先生从没有拒绝过，而且每次都是长篇发言。讲先生自己从事戏剧的经历，讲自己作品的分析并指导大家的业余创作。然而谈个人经历，先生却从不谈"反右"和"文革"时他所遭受的委屈和迫害。原来吴先生是怕给当地负责文化的官员和本刊领导招来非议所以隐忍不讲，先生爱护他人的良苦用心，能不令我辈感激涕零？！

他每次讲话，总要谈到老友曹禺对他的提携。先生说：七七事变后，他从南京辗转来到四川江安国立戏剧专科学校任讲师。当时

他把不久前创作的以抗日义勇军英勇抗日为题材的话剧《凤凰城》交给了他的四姑父、时任剧专校长的余上沅先生。可这位四姑父竟没有当回事,往抽屉里一放了事。时隔多日依然如同泥牛入海,吴先生一天和任主任仅比他大7岁的曹禺先生提到这个剧本,曹先生立刻从抽屉中取来看了,并大加赞赏,还立即自任导演排演是剧。演员都是剧专的学生,其中就有后来成了名演员的耿震。此剧一经演出,立刻引起了轰动,成为国内外都争先上演的剧目。所以他认为曹禺先生是他从事戏剧的引路人。

吴先生常常说年老以后,记忆力再不如从前,过去的事忘了不少。笔者曾试着提过几件吴先生出头露面的事,但先生眨眨眼睛说:"忘了……"可是对曹禺当他伯乐这件事却念念不忘。这又是吴先生的秉性。

在盐城笔会结束后,大家都知道吴先生还是一位著名的书法家。他的书法遒劲有力、流畅飘逸,有浓郁的书卷气,所以该市上自市领导、负责文化的政府官员,下到众多的业余作者,都想得到一幅吴先生的书法墨宝。当组织者提出这个要求时,吴先生没有丝毫犹豫,立即颔首应允。于是利用散会后的一个下午,吴先生吃完午饭,稍微休息后,就立即按照递过来的一叠叠求书的人名条书写起来。笔者在一旁负责铺纸和盖上吴先生的图章。我算了算求字的有四十多人,我担心先生的身体状况,建议先生一律书写他最常写的"生正逢时"四个字,这样可省时省力些。但先生却坚决不答应,而要给每人写一句或两句唐诗。只好由着先生,于是他伏案挥毫。笔和纸都是现买来的。本不趁手,先生也都全力以赴一丝不苟写下去。到了掌灯时分,我数了数地下和床上写好的条幅只有二十多张,尚差一半未写。已经数次来请先生用餐了,我劝他饭后再写。先生勉强答应了,匆匆吃过饭后,又抄起笔来。我再一次提出余下的每人只写那4个字,但依然被驳,照样如饭前不变。直到夜深了才将求字者全部满足。虽说先生当时身体尚健，可我盖章的都觉得很累了，嘴里不住抱怨，然而先生无半句怨言。先生以能满足他人要求为快乐，古人之高风亮节，我于此见之。

再说一件小事。每次吴老师参加我们《新剧本》的活动，必然是我和吴老师一个房间。可见当时我们单位还是很穷的。连这样的泰斗级的大作家都不能给他老人家要一个单人房间……这样的普通房间，一般是有两张床，当然我与老师各睡一张床。说点秘密的事：我睡觉算是比较老实的，不会打把式卖艺似的乱动。但是我每天早上起来，看吴老师在这床上一动不动。盖着被子依然是非常的整齐。虽然白天老师是生龙活虎，但一入梦乡，却是纹丝不动，这也非常令我钦佩。

还有一件事是挺有意思。每次离开宾馆以前，吴老师都会把旅店给宾客预备的牙膏和牙刷整理好，然后拿给我。还说如果我们把这些给人家留在这里，反倒让人家觉得我们看不起他们这小宾馆，所以我们还是一定要把这些简单的东西带走……这些小事也足以表现出老师为人的不平凡……

本刊曾一度办刊经费不足，吴先生、新老师帮助我们成立了一个董事会。新老师任董事长，吴先生任董事。新老师把她联系的所有企业家都介绍做我们的董事，在本刊登他们企业的广告以能汲取到一些广告费。吴先生虽然不爱沾"钱"字，但每有董事会活动，吴先生多忙也要参加，为本刊站脚助威。这也是吴先生夫妇支持戏剧刊物的高义所在。

吴先生吴门有后，哲嗣吴欢、女儿吴霜都是文笔出众的作家，也都曾赐稿给本刊，是父一辈子一辈的交情。吴老寿非不永，又赶上了最好的时代。人虽已去，但先生留下的数百万字的作品和他一生刚正不阿、不打诳语的浩然正气将永留人间，常存天地！

贰 文史名流

我和张伯驹先生的三见面①
——兼悼宋振庭部长

提起这三见面,那可是四十多年前的往事(若以当下算,当有近五十余年矣)。但是倒退三四十年前(今五十余年前),我对这些往事可是守口如瓶,噤若寒蝉!那时我以戴罪之身,与家母、小妹三口人共栖身于一间9平方米之斗室内蜗居。每日伙食以靠舍妹微薄工资和我母子画灯笼片和糊纸盒以及亲友们的赞助勉强糊口。当然,那时很多人都有同样的经历,据说武生泰斗王金璐大师也是靠画灯笼片儿与糊纸盒为生的。彼时,余如丧家犬,惶惶不可终日,何敢再给自己平添一宗大罪。

语云:十年河东,十年河西,且看今日乾坤朗朗、笑声扬扬、海晏河清、阳光普照!昔日"斗争、抄家"之风早已被历史无情地抛弃,而这位有功于国、有利于民的张伯驹先生,也逐渐擦去头上的污秽,抹去脸上"丑行"的"豆腐块",又恢复了本来圣洁的"大老生"面目。

---

① 这是一篇旧作,发表于2006年《中国京剧》第4期,这次宅居在家,特拣出该文并略作增润,并以此奉献读者。

张伯驹先生何许人也？

下面，还得说说这位张伯驹乃何许人也。眼下许多年轻人大概一问三不知，笔者只好再唠叨几句，做一简单介绍。

张伯驹出身豪门，与窃国大盗袁世凯沾亲带故，其父张镇芳与袁世凯为表兄弟。故此，张伯驹先生与袁世凯是近亲。这位先生，青年时与少帅张学良、袁大头二公子袁寒云、逊清宗室溥侗将军等人被誉为民国四大公子。20世纪30年代末，张伯驹投身银行界，曾在盐业银行担任很高的职务，新中国成立后曾任燕京大学国文系中国艺术史名誉导师。他组织了中国书法、绘画、古琴，特别是京剧等艺术社会团体，从事这些优秀民族传统艺术的继承和发展。1958年被错划为"右"派分子，1979年平反。

张先生为后人津津乐道的有两件事。其一，一生痴迷中国文物，先是为使珍稀文物不流落国外，而以重金收购，最后又全部捐献给国家，其中至为贵重，堪称国宝级的有八件：如西晋陆机《平复帖》卷、隋展子虔《游春图》、唐李白《上阳台帖》，杜牧《张好好诗》卷等书画珍品，每件均是价值连城。特别是到了"盛世藏古玩"的今天，其价值完全可以超过头几年前中国保利公司以天价赢回的被八国联军抢去的圆明园那二只铜猪首和猴首。倘张先生有幸能活到今天，亲眼目睹如今这么多流失海外的国宝得以回归祖国，不知他会多么兴奋雀跃呢！

其二，张先生一生酷爱京剧，达到了痴迷甚至疯魔的程度，前半生一掷千金学戏，票戏，成为技艺精湛连内行艺人均极倾倒的名票。此外，20世纪30年代，张先生邀请梅兰芳、杨小楼、余叔岩等艺术大师组织北平国际学会出版了极有学术价值的《国剧画报》《戏剧丛刊》等期刊杂志。培养出像刘仲秋、郭建英等许多有水平有文化的京剧演员，这是伯驹先生对京剧艺术的一大贡献。张先生

曾多次与梅兰芳、余叔岩、杨小楼、钱金福、王长林等京剧大师同台演出，但最令张先生念念不忘，且被梨园界传为美谈的是1937年年初的一次空前绝后的演出。张先生与余叔岩交谊甚厚，情逾骨肉，1937年恰逢张先生四十整寿，余叔岩提议，恭集当时的名伶与张先生合演一出京剧《失空斩》。打的旗号是为"河南灾民募捐赈灾"演出，实际是为这位名票祝寿。演出地点是在东四隆福寺胡同东口路北的福全馆（后改名为长虹电影院）。主演诸葛亮自然由张伯驹担当，而所有的配角都是当时剧坛上最顶尖的人物。余叔岩饰王平，杨小楼饰马谡，王凤卿饰赵云，程继先饰马岱，钱宝森饰张郃，名丑郭春山、王福山饰二老军，唯一遗憾的是没有把上海的"十全大净"金少山先生请来饰司马懿，而以名票中的名净陈香雪担任。这可真是极一时之盛，经典的珠联璧合，以后菊圃再也凑不起这堂人来了。因为没多久日本人来了，张伯驹不再唱戏了，杨小楼、程继先和余叔岩也都相继撒手道山，广陵散绝矣……这是张伯驹一生中最露脸的一桩事，也是京剧舞台上不再会有的一桩盛事。

说罢介绍文字，下面说说我与伯驹老大人的"三见面"。

先说这第一次见面

我与伯驹先生第一次见面是在1957年上半年，我还是一名18岁的高中一年级学生，当时我有一位忘年交：德胜门内甘水桥瑞应寺内一位僧人宝林禅师。那时他大概不足40岁，有很深的古文造诣，写一手好字，诗词歌赋皆精，而且还是位有营业执照的中医大夫。医术也是很精卓的，又经常看病开方不收费，因此登门求医者甚多。他还很喜欢京剧，爱好交往，与许多京剧名演员如谭元寿、黄正勤、马长礼以及吴素秋、姜铁麟等皆为好友，有很深的友谊。我自初中二年级与元寿、长礼诸兄稔熟，均是这位和尚大爷给介绍的。这一年和尚大爷为了实行仁心仁术，也是为了糊口吃饭。他要悬壶济世，开诊所接待病人挂匾行医了。诊所里要挂一些字画，就如今天的医室内挂些患者赠送的锦旗一样。我虽然年龄小，却也送了一副旌表的大字，以示祝贺，因为我所在的学校北京六中有一位善书法的老师李克非，此人是京华一大名士。其父李晓东与昔日大总统袁世凯是亲戚，此公在北洋政府时，曾任北平卫戍区司令，与张伯驹先生的父亲张镇芳是表兄弟。伯驹先生称李为表叔，与克非先生当然也是表兄弟了。克非老师学富中西，交际广泛，善诗词、京戏、书法，曾拜名师谢无量，所书魏碑一绝。同时他又喜苏东坡之文人字，他写苏字也是非常有成绩的。1986年李师出版了散文集《京华感旧录》，张伯驹为其书作序，当时影响书坛。当然这是后话。我虽与克非师有师生名分，但交非泛泛，介于半师半友之间。

我去找他求字，他却说："我表兄张伯驹有一个书法研究社，里边集中了许多善书法的大家。我介绍你去找他那里的人，会比我写的好。"他写了个条子给我，要我星期天去找他表兄张伯驹社长办这种事。

这个社在北城鼓楼一个胡同里，大概是宝钞胡同吧，年深日久记不清了。是一个四合院，我进社以后直接去了上房，当时屋里有许多人，一个工作人员接到条子后，便领我见一个人。中等偏高的个头，50岁年纪，面白，削瘦，但显得很干净，很潇洒，他看过便条，便对周围的人说："克非又拿我做人情了……"然后对我笑了笑，问："你有纸吗？"我交上了预先在荣宝斋买好的4尺洒金绿地的宣纸。再问："写什么？上下款如何写？"我都一一作答，又交上一个预先写好的纸片，那人又微笑说："下个星期来拿……"我揣度此人便是张伯驹先生了，道过谢，便告辞，一星期后我去拿，这次没有再见到张伯驹，拿到手的书幅，横写，赵体，字书："治

病救人"。灵通洒脱,隽秀遒劲,但未落下款,不知出于何人手笔。遗憾……

1972年宝林禅师因心脏病辞世。谭元寿、马长礼等故友都参加了追悼会,我当然不便露面,因那时依然待罪,还没有落实政策。这也是后话了。

二见张伯驹先生

二见张伯驹先生是在四年以后的1961年严冬的长春。我那时被马长礼兄介绍去了长春的吉林省京剧院(以下简称省京)做编剧。有一天外面飘着大雪,长影的一个酷爱京剧的演员金力来找我聊天。他一边喝着烧酒,一边给我讲了发生在不久前的一桩奇事:长春文物商店里来了个青年人,卖一幅字画,年轻的业务员打开一看,眼前一片金黄,吓坏了,马上去请店内最有经验的老师傅。几个老头再仔细看了半晌,商量了半天,还是拿不准是什么朝代的,但知道是珍宝,要留住!跟青年人说初步给他100块人民币,可否成交?青年人很快就答应了。老师傅一手给钱,一手按他的户口簿记下了他的住址,画很快就送到了吉林省博物馆来鉴定,到了当时任业务副馆长的张伯驹手中。原来张先生1958年戴上了右派帽子,吉林省有个爱才若渴、学富五车的省委宣传部部长宋振庭。他知道张伯驹是有用之驷,于是将张先生及其夫人潘素调来长春,摘掉帽子,还给以副馆长职务,这一招弄不好可是有掉纱帽翅风险的!可是人家宋部长就敢干……

这且不言,经过张先生慧眼,断定这是一幅金朝人无名氏画的《昭君出塞图》。并告诉人们:金国画流传下来,至今只有三幅,其中两幅在故宫博物院,只一幅下落不明,今日重见,太不容易了,不啻珍贵异常。宋部长一听，亲自坐上汽车按地址找到这个卖画的青年人。据其人讲：他爷爷辈在溥仪的长春皇宫内当过差，不用说破，当是从皇宫内流传出来的……来源查明了，后经研究：省博物馆再送 2000 元人民币给卖画人作为奖励，希望能有更多的古董重见天日，可惜只有这一件宝贝，其他再也没有了……

我在省京编写的京剧剧目有《绿林姻缘》和《红衣侠女》，其实总编剧应该是热爱京剧、肚中有货的宋部长，我只是把宋部长的策划完成了。一天，在春城剧场看排戏，我按捺不住，向宋部长微露想看此画的意图，宋部长立即待我驱车去省博。于是我再见到了张先生。

张先生迈着轻捷的步伐来了，后面紧跟随一个个子矮小却清俊的他的夫人潘素。两个人都彬彬有礼，面上露着微笑，张先生依然是那样干净、洒脱，但却老了……多了一些沧桑和皱纹。

他打开那宝贝，原来是很长的手卷，绢本。一千多年了，绢已极黄，中间有许多裂纹。画中绘乘马的昭君。左右簇拥着戴大帽、穿皮衣、身背弓箭乘马的异族士兵。工笔，下笔极细腻，只是颜色不太鲜艳了。昭君穿的是红衣，已经变得有些暗黑。面对着屡遭改朝换代、天灾人祸的嬗变和侵蚀，居然完好无缺保存下来的古画，大家不免唷叹一番。接着张先生又取出省博物馆馆藏的珍宝：清代的四王、吴、恽的画卷，即王时敏、王鉴、王原祈、王翚和恽寿平、吴历这六大名画家的极品画作。我们也不太懂，我只知道这些大画家善画元明的仿古画。对这些大名头，我当然气也不敢多出，自然也不敢议论。接着张先生又取出他夫人潘素的仿古的青绿山水新作，我们边欣赏、边聆听张先生细声慢语的讲解，令人受益匪浅，临行张氏夫妇冒酷寒亲送至大门外。

第三次也是最后一次见张伯驹

上文所述拜访观画半年之后,一天在宋部长家讨论可否将川剧《拉郎配》为省京剧院移植成京剧事,忽然振庭部长说:明日下午张伯驹先生在省戏校示范演出《打渔杀家》,你可去看看。第二天欣喜前往。宋部长和省里一位管财经的王副省长,还有省京剧院的众唱老生的全部演员也都已经到了,去学习、去观摩。这出《打渔杀家》,由张伯驹先生扮演主角萧恩,省戏校的老师们助演。荣春社的著名男旦青衣演员崔荣英扮萧桂英,名票下海专攻侯派花脸、原东来顺饭庄经理丁福亭扮演倪荣,二路老生泰斗张春彦之子张少彦扮演李俊,名丑贾寿春扮演大教师。这堂人也算整齐,张先生饰演的萧恩,扮相、身段都极漂亮俏美。有个动作我至今仍留下极深印象。萧恩在和大教师交战之前,有这样几句道白:萧恩问大教师:"娃娃你当真要打?""当真要打!""果然要打?""果然要打!"这时萧恩怒了,高喊一声:"也罢!待老夫将衣帽留在家中,打出个样儿来给你们见识见识啊!"说罢!伯驹先生扮演的萧恩,瞬间摘帽脱老斗衣放在抬起的一条腿上,那身段又快又稳,帅极了!他的唱腔余味十足,吐字甚为讲究。只是声音小,如果那时有今日之小话筒带在身上,那可就如虎添翼了!言菊朋、奚啸伯二位大师,嘴里也是讲究的,也吃亏嗓门小、音量弱,那时如果有了这科技的玩意儿,那成就可就更不用说了……戏完了,我陪同宋部长、王省长以及众位老生演员去后台看伯驹先生,道辛苦。张先生不安地说:"献丑了!献丑了!老不唱了,生了,唱得不好,诸位多包涵……"其实张伯驹的余派技巧并不比有成就的专业演员差……

这是我第一次也是唯一一次看张先生唱戏,也是我最后一次,也即第三次与张先生见面。

其实张先生这出戏,陪许多旦角名演员都演唱过。比如说民国期间，宗梅的陆素娟曾经希望能够与余叔岩先生共唱此剧，余先生虽然没有答应，但是他介绍了张伯驹先生，两个人共同完成了这出好戏，也留下了菊坛的一段佳话。

转说我党大才子振庭部长

"文革"中张先生受难，宋振庭部长当然也难以幸免，他是吉林省第一个挨批斗的"走资派"。因为他做了很多保护知识分子的事情，自然首先"挨刀"……十一届三中全会以后，宋部长调中央党校任教务长，在批判"两个凡是"的斗争中冲锋陷阵，写了很多犀利的文章，不愧为我党的杰出人才！1979年7月我与几位同志创作的北京曲剧《张志新》排练完成，当时的团长考虑这个戏比较敏感，怕被市委宣传部审查时通不过。我就提到了宋部长，团头们一听非常高兴，让我去颐和园东边不远处的中央党校拜访宋部长。于是我便去党校了，当门卫问我是谁时，我就说我原来在吉林省京剧院，和宋部长有过一段交往，于是门卫打电话过去，我听到话筒那边的人哈哈大笑，并且说："哎呀，我的小记录员来了，快快请他进来。"我再次见到了宋部长，我们谈话非常愉快，而且宋部长还把他的夫人宫敏章女士请了过来，共同畅叙离别之情，中午还请我在食堂吃了一顿饭。

该剧彩排审查那一天，宋部长是下午六点多一点就来到了演出的西单剧场，见到了剧团的各位领导和主演，宾主谈笑甚欢。当晚戏演到即将结束，宋部长起身离座，我急忙追了出去，问宋部长这个戏怎么样，能否上演？宋部长悄悄地对我说："此戏可以演，我已经和坐我旁边的刘导生同志打过招呼，可以上演……"当时导生同志任北京市委宣传部部长。其原任辽宁省委宣传部长，和宋振庭

部长都是好朋友。第二天果然被批准上演。

非常遗憾,天不假年,20世纪80年代中期,才华横溢的振庭部长,因癌症病逝……惜哉!痛哉!今借《中国京剧》贵刊一角,说伯驹先生兼悼念我们最敬爱的宋振庭部长。

我与北京评书大家连氏父女之友谊[①]

小时候我就爱听评书,大概从未读小学开始。我家是开买卖的,家里环境不错,那时家里有一个高装的无线电,又称话匣子的玩艺儿。电台经常播放评书节目,最初收听到的是王杰魁的《包公案》、陈荫荣的《隋唐》、陈荣启的《说岳》,后来才收听到连阔如先生的《东汉》《三国演义》《水浒传》等书。我一听就兴趣盎然。因为连先生的嗓门冲、中气足,一到两员大将交战,说到"胯下马,掌中刀,撒马过来"等,口风快,丹田气足,听着就特带劲;特别是连先生学马疾驰之声:"哇……"更觉得棒之极也!我们小孩儿好奇,也跟着学这个马嘶、马跑声,但总也学不好,常被同学嘲笑,但还是学着玩……

那时每晚12点左右,电台又播送一档评书节目:赵英颇先生的《聊斋》,说鬼道狐。虽然故事都很吓人,但赵先生慢声细语,娓娓道来,似于鬼火祟祟之处,冒出几声女鬼啾啾,好不害怕。我和舍姐妹,都是先睡一觉,届时起来,躲到西厢房,和我们的大姨妈凑到一起听。记得那时听了赵先生说的《荷花三娘子》《小翠》等,听着直起鸡皮疙瘩,可是还想听。但不久就被父母发现了,不但严

[①] 本文初刊于《北京纪事》2017年第11期。

禁我们几个小孩儿深夜听"鬼话狐"的聊斋,而且殃及大姨妈,也明里暗里被"温柔"地说了几句。

当然,连先生的评书不在禁听之列,而且颇受老父的嘉许和鼓励。他常对我们说:"听书就要听《三国演义》,不是要你们听热闹,而是懂点儿历史,学点儿接人待物的知识。连先生的评书有文化,没有那些乱七八糟的东西。"家严不但支持我们孩子听书,而且他自己也听。有时候他从柜上回家,赶上我们正听话匣子里的连先生讲《三国演义》,他必然要听完才恋恋不舍地离去。遇到第二天有事耽误了听书,再见到我们时,还会问什么结果,拴的那个扣儿是怎么解的。其实《三国演义》这本书,他早都看过并熟悉,但还是要问个明白。您说,连先生评书的魅力有多强!

中华人民共和国成立以后,我们听《三国演义》更积极了,因为连先生加强了评书的"评"。他常常在说到某一重要关目时,这样说道:"咱们先把'书'放在一边,就历史唯物论和辩证唯物论观点,做一点分析。"下面就是精彩地道的书评了,这可真让听书的人长学问。记得有一次,先生说到"华容道",诸葛亮明知重然诺、讲义气的关云长会释放曹操,为什么还要派二爷而不派三爷,若张飞去华容道不就把曹孟德逮来了吗?连先生分析道:"这个时刻如果捉了曹操,天下只剩下强大的东吴和兵微将寡的刘备,那刘玄德集团必被孙权吃掉。所以必须留下更强大的曹魏集团,孙刘才能联盟,才能逐渐走向天下三分,完成诸葛亮未出茅庐对天下大势的预料和走向。"

这个时间段,能有这么高水平的评论,连先生的理论和见识太不简单了,这是大学历史系教授的水平。唯其如此,是因为连先生有文化积淀。连先生,满族人,虽然年少学艺,但颇重视文化的学习和探索。他年轻时便创作了有关介绍在北京有"平民乐园"之称的天桥杂耍场的种种谋生之道并揭露其中形形色色骗术的文学作品

《江湖丛谈》。一经发行，便受到雅俗各界读者的重视和欢迎。还有，为大家津津乐道的是连先生对古代哲学名著《易经》的关注。一个不具有高学历的艺人，而能对《易经》进行掌握和阐发、释读，老人家固然有极高的天赋，更主要的是旁人难以做到的刻苦努力。而我父亲也正是通过《易经》，而与连家结缘的。家严喜读古书，尤其独钟《易经》，但由于自幼做买卖，文化水平不高，因而经常去连先生的工作室西琉璃厂广告社和他切磋这本高深的哲学著作，有时父亲也带着尚是幼童的我去。记得那是一个方砖墁地的小院，不记得是三合还是四合院了，进到屋里，连先生起身相迎。室内陈设古朴，最令我这幼童感兴趣的是，室内有一白色鹦鹉，羽毛漂亮，来客便发人声，呼喊："大哥哥！"十分惹人惊喜。连先生曾为极少的熟人、朋友，根据《易经》的爻词、卦词，推算未来。他署名"乐天居士"，在一薄薄小红册页上书写，字迹宗隶，遒劲工整，骨气内含。这些小红册页，惜全部毁于"文革"。但有关我的文字，我却还记得几字，如说我步入中年时，"大厦将倾，一木难支"。推算年代，即"文革"兴起之1966年，几乎家破人亡。此外，还有数字，大意为老年生活好过以往。如今看来，他所预言甚是。改革开放后，所经所历，繁花似锦，蒸蒸日上。

1957年以前，我曾在曲艺界大会演中看到过连先生说的评书，共两次：一次是《水浒传》，武松紫石街会兄武植；一次是《东汉》，刘秀头请姚期。这两次是听音看像，赏心悦目全了。连先生出场，不但声若洪钟，贯口一气呵成，而且颇似京剧人物出场自报家门性质的"数板"，动作性、节奏感都强，很有京剧程式化动作的范儿。说白时，刻画武松、姚期，描摹其口吻，创造性地运用了京剧武生、架子花脸的咬字发声方法，从而更加绘声绘色。这是因为连先生家住在所谓京剧"戏班窝子"的前门外棉花八条附近，与萧长华、金少山、徐兰沅、马富禄、谭富英、叶盛兰等都是街坊。另外，连先

生与住在崇文门外奋章大院的名净郝寿臣、郝德元父子皆为好友，必然受京剧名伶的影响。因此，连派评书中蕴含着许多京剧元素。

1957年以后，连先生不能在电台说书了，便参加了宣武说唱团，到书馆去说书。20世纪60年代初，我在花市青山居书馆连续听了好几天连先生说的《水浒传》之《三打祝家庄》。刀枪并举、战马嘶鸣，刀枪架儿、人物赞儿非常丰富，比听电台的播音更扣人心弦。可惜好景又不长，1963年以后，连先生因病退出评书舞台，提早谢幕。随后，大家都明白的原因，不仅传统评书，几乎现代评书也都销声匿迹了。

春雷一声，阴霾尽散：庆贺连门有后，庆贺连派京味评书绝地生还。连老女儿连丽如先生跃然而出，一炮打响后，立即红透书坛。连老的《东汉演义》《三国演义》《东周列国》等拿手活，丽如女士不负众望，全部继承下来。更可喜的是，既有继承，更有发展。丽如女士又比其父多说了好几部新书，特别是一般老评书艺术家不太爱动的清朝大书。因为从时代来说，距离当下很近。太异，则没有说服力，不可信；太似，与生活离得太近，拉不开距离，那又有啥听头儿？犯了所谓"画鬼易，画人难"的忌讳了。但丽如女士大胆开拓，着意创新，接连说了《康熙私访》《雍正剑侠图》《刘公案》，甚至还有极难讨好的《红楼梦》《鹿鼎记》，等等。丽如女士不但完全继承了连先生说书的京派评书技巧，有书评、有分析、有历史、有外延，人文情怀、文学掌故，均囊括其中；同时，传统评书讲究的贯口、人物赞儿、刀枪架儿，均是老爷子的风格，气势凛然、气场磅礴、口齿清脆、一气呵成。还要大大点赞的是，丽如女士在说新书，例如说《红楼梦》时，在继承的基础上，叙述手法有了很大突破。笔者认为，其糅进了一些朗诵的语气、语式，在刻画人物时，借鉴话剧塑造人物的技巧。这一大突破，使丽如女士的评书更具有时代精神。

丽如女士不仅在电视、电台说书，更多的是坚持在书馆说书。她主持的宣南书馆，至今已经演出十年了，不仅保留了评书这一古老艺术、这一非物质文化遗产的火种，而且把这评书之火越烧越旺。之所以这样讲，笔者认为有以下几方面原因。

一是丽如女士在创造性转化方面做得更突出，这主要表现在她对国粹京剧的学习及京剧与评书的交融。在这方面，她是一以贯之的，可以说是几十年的努力与积累。35年前，她就和北京电视台合作了《听书看戏话三国》节目，在诸多三国名剧中，她主持串场。近年来，丽如女士又与京剧艺术家孟广禄、于魁智等人合作三国戏。有一次在长安大戏院，她与北京京剧院合作《群英会》。在这出大戏中，她先讲了评书《智激周瑜》这个名段，分别描摹诸葛亮、周瑜、鲁肃三人的不同口吻，化用了京剧马派老生、叶派小生和谭派老生说白的技巧，但又不完全像京剧，而是借用了京剧的魂，也就是京剧的美学考量。在似与不似之间，这正是北京连派评书的魂、北京连派评书的根，具有明显特色。接着，丽如女士又一口气背诵了曹植的《铜雀台赋》，音节铿锵，气势恢宏，连批带讲，听着真是过足了瘾。在《横槊赋诗》一折中，丽如女士又用异于京剧曲牌的音调，讲解了曹操的"横槊赋诗"。丽如女士大胆将京剧与评书相融合，大大拓宽了评书艺术的表现力。

第二点，在当下各种新文艺、新样式层出不穷的今天，在互联网一日千里发展、妇孺老少人人低头玩弄手机的当下，丽如女士坚守评书家园，在宣南书馆演出，风雨寒暑不辍。是为了钱吗？区区几两"银子"，我想还不足以让她忙上一下午，毕竟"话过千言，不损自伤"，主要是为了让评书这门艺术的火种不会熄灭，甚至星火燎原。这种坚守无疑是令人感动，令人大大点赞的。何况书馆说书，同在电视台对着摄像机、在电台对着话筒是不一样的，身上的动作不但可以尽量发挥，而且面对众多观众可以"把点开活"，也就是看观众的反应,及时调整卖点,进行互动,抖包袱儿。关于"把点开活",我过去写文章介绍过,曲艺作艺人都要会这手儿,其实就是"看人下菜碟儿"。不同的观众,不同的文化,不同的需求,应该要什么给什么。理解了这一点,观众才能欲罢不能,下次还来听书。

再说第三点,努力培养北京连派评书接班人。京剧流派的建立,需要三个主要条件:1.建流派者,本身必须有精湛的技艺、深厚的中华美德,即德艺双馨的艺术家方有资格开宗立派;2.必须有自己独有的剧目;3.必须有弟子传人,接衣钵,传薪火,流四海。没有流就没有派,所谓无流不派。丽如女士深知此理,故开门收徒传艺。北京连派评书,如果以连阔如为第一代,连丽如为第二代,弟子王玥波、李菁、贾林、梁彦等为第三代,再到徒孙张硕,连派评书艺术已然四代相袭。丽如女士既传授连派评书的技艺,更调教弟子们如何让连派评书与时俱进,常谈常新——这是非常非常重要的一环。评书作为"非遗",这一古老艺术能够传承下去,特别是北京连派评书常说不衰、薪旺火燃,这是丽如女士的心血,功莫大焉!

我与丽如女士初识于上世纪90年代初,北京电视台请她担任《听书看戏话三国》的评书串场人始,后我与清史专家阎崇年学兄俱多次倾听其评书,参加其参演的《听书看戏品三国》的盛会,既听书,又看戏,一大乐事。最近又蒙丽如女士推荐,笔者为西城区文化委撰写北京曲剧《B超神探》,讴歌医德高尚、医技高超、医风高廉的北京儿童医院B超科名誉主任贾立群大夫。如今,剧本已然杀青。今年11月该剧即将演出,余邀请丽如女士做该剧串场嘉宾,今年76岁高龄的丽如女士慨然应允,这无疑又为家父与连阔如先生创建的两家百年友谊平添一曲佳话。

必须说说欧阳中石的师生情[①]

这也是旧事新提。欧阳中石是京城最著名的书法家之一,同时他还是一位书法教育家,曾任首都师范大学教授,博士导师,中国书法文化研究所所长。在第二届中国书法兰亭奖中曾荣获特别贡献教育奖、终身成就奖。此外中石先生在中国文学、逻辑学、音韵学等领域也造诣颇高,而且他还是一位顶尖级的京剧票友,是奚派老生艺术最著名的继承人。

近年来中石先生在中央电视台戏曲频道栏目中,曾多次接受特邀演唱奚派老生的许多名段。2005年中央电视台戏曲类春晚节目,我曾担任总撰稿,就邀请了中石老师到台里录制了一段奚派《珠帘寨》的"数太保"唱段,我这是第一次听到中石先生演唱京剧唱腔,想不到他嗓子那样圆润浏亮,而且奚派老生的咬字切音、气口尺寸都掌握得相当精准,无怪乎他在奚派老生的继承人中有那么高的威望……

然而让人最为感叹的是欧阳中石先生对老师和学生的执着,以及他一直被传为佳话的拳拳师生情、乡友情。欧阳中石的学生多,老师也多。中石是山东泰安人,生于泰安脚下,大概是受自然锦绣

[①] 本文初刊于《北京晚报》2003年5月31日,有增润。

之恩惠，中石自幼聪明异常，在学院一直名列前茅。20世纪50年代初，在北京大学攻读哲学，受益于冯友兰、张岱年等名师，尤其深得有逻辑大师美誉的金岳霖教授的青睐。这几位可都是中国顶尖级的名教授、特级名师，特别是金岳霖教授，他和北京大学的季羡林、张中行被人称为燕园三杰。可是当我与欧阳中石先生提起这一段在北大的校园生活时，中石先生总是不安地说："惭愧惭愧，我辜负了金老师的栽培，没有一点成绩……"

欧阳中石先生在北大还有一位半师半友的要好老乡，这位就是大名鼎鼎的季羡林先生。季羡林是山东临清人，二人不但是同乡，而且还沾亲带故，按说应该过从甚密，可是由于季先生忙于授课和著述，二人欢聚的时候并不多。"文革"后的一天，中石先生突然收到季先生来函，信中说："过去常常疏忽友情，只忙于案牍，今后我要改正，要走亲串友……第一家便是你那里……"中石得信大喜过望，不久季先生果然来看他，相聚交谈，不亦乐乎？此后二人走动愈加频繁，中石在学术上受益颇多……

中石先生有许多老师，所谓转益多师。但是其中对他影响最大的，当属在书法上无与伦比的吴玉如（字加琭，晚年自号迂叟）老师。吴老师在书法界威望甚高，曾任书法协会主席的启功老师曾这样评价吴玉如："三百年无此大手笔，自董其昌后无第二。"吴玉如曾任南开大学中文系主任。其在南开中学就读时，曾与周恩来总理是同班同学，而且后来一直保持着学友关系。新中国成立以后，周总理一是念旧，二是怜爱吴老是难得的人才，故对于这位老同学是爱护有加。把吴老安置在天津文史馆做馆员，每月有工资，能够吃一碗安乐茶饭……

北京大学名教授吴小如，天津戏曲研究所著名戏曲评论家吴同宾，均是吴玉如老先生哲嗣。吴玉如老先生的诗、书、画超凡脱俗，堪称泰斗。于今的人如果能够收藏一幅吴玉如老先生的手书，那是无比珍贵的。然而吴玉如老师为人落落寡合，但他却特别器重中石这位学生。吴老曾为一位友人书写了他精心所作旧体诗五十首诗集。一日中石来到老师处学书，见此书艳羡不已，立刻借去欲临摹这盖世书法……言明以半月为期。后吴老师致书给那位友人："……半月后，设未送来，可至东四前拐棒胡同十三号访之……中石五十左右，人甚诚笃，可以交往亦益多也……"

当笔者向中石先生提及此事，这位老先生感动万分，说道："老师对我期望甚殷，倾囊相授，可我有负先师，未能成为先生最好的学生……"

中石先生之谦虚一向如此……可以说，在吴玉如老先生众多的学生当中，欧阳中石先生实际上是极出众的，而且对于吴门书艺多有弘扬，应该说是最好的学生之一。

殷殷师生情

中石先生酷爱京剧，9岁便在山东济南登台演唱，15岁时，四大须生之一的奚啸伯在济南演出，偶然看到中石的串戏，十分震惊，立刻觉出眼前的这个青年，天赋好，又甚开窍，可以雕琢成器，便破例收下这个未出校门的中学生为徒，希望他将来能够继承奚派艺术并发扬昌大。

师生二人，一个在北京，一个在济南，但两地虽遥，却隔不断中石学艺之心，师徒二人便以频繁的书信形式展开交流。二人都用毛笔书写，当时中石先生写王羲之体，以行书为主；啸伯先生写赵孟頫体，以小楷为先，老师的功力深厚，也是一位当之无愧的书法家。中石先生一举两得，既学了戏，又学了书，1951年中石先生考入北京大学后，师生才共聚北京。奚啸伯老师将奚派艺术悉心传授，学生如鱼得水，刻苦磨砺、进步飞速。1957年，奚啸伯老师排演了当时尚无籍籍名的汪曾祺创作的京剧《范进中举》，赢得了各界好评。

数年后为了把这出好戏磨练成精品，中石先生受老师委托修改剧本。经过一番呕心沥血，中石先生不仅重写了两个唱段，而且深化了该剧的主题。该唱段流传至今，成为该剧中脍炙人口的名段，在改编者的名字上，老师坚持要把学生的名字写上，可中石先生却婉拒，说："这是我应尽的弟子之道。"这一回答虽然甚为得体，不想奚啸伯老师竟然动起气来。据中石先生讲，这是老师第一次，也是唯一的一次生气。后来老师拗不过学生，还是依了他。

"文革"期间师生二人数载未能见面，连过去彼此隔三差五的书信往来这一传统也被迫停止……但是1976年五月的一天，中石实在思念老师，于是豁了出去，悄悄地登上了前往石家庄的列车。二人终于相见，师徒相拥并都流下了热泪……第二天，奚啸伯老师将他的孙子，眼下已经是红遍南北的大武生奚中路唤来，要他拜中石为师。这是托孤啊……欧阳中石先生自然明白这层意思，所以含泪收中路为徒。转天中石与奚老师撒泪分离，谁想竟成永诀！

中石看到的老师给他的最后一封谈艺术的信，竟是老师逝世的前一天所写，可见师徒之情之深之烈！中石先生每每谈及奚啸伯先生对自己这个徒弟之深恩，总是说："奚老师待我如己出，深恩难报。老师希望我能继承他的事业，但我始终未能'下海'唱戏，未能在舞台上为发扬奚派艺术，尽我拳拳之力，深感内疚……"

款款书友情

中石先生门人弟子，桃李满天下，其中尤以书法弟子成绩斐然。如曾为北京市书法协会副主席的张书范就是其中佼佼者，近十年来，与中石老师请益较多的门人,是中央电视台戏曲频道青年导演李纯博,现如今也是主任级的领导了。这位弟子自幼酷爱书法,童年时即握管临帖,寒暑不辍、昼夜奋笔。九岁时即荣获北京市青少年书法比赛第一名,而给他发奖的也巧了,正是中石先生。于是李纯博认识了这位书法耆宿,以后遂成为欧阳门下弟子。中石先生喜欢这位年轻弟子,还有一个重要的原因,那就是李纯博酷爱京剧,是京剧名票,而且拉得一手好胡琴,经常为名家和票友伴奏。师徒爷俩爱好相同,性格相近,都属于谦恭温良类型,所以感情甚深。学生不停地书写磨励,进步与日猛进。光阴似箭,日月如梭,转瞬之间,时光到了1994年,李纯博先生在京举办个人书展,说明书上的题字,自然非其师莫属。中石先生以他帅美流畅、骨气内含的行草,一气呵成写下十六个大字,"过需通博,务求真纯;纯而且博,可以立矣!"题词不仅文字漂亮、书法精卓,而且将弟子纯博的名字嵌入其中,同时深入浅出地诠释了艺术的规律。那年李纯博先生正值三十岁,而立之年。老师的题词,巧妙得连学生的年龄也写了进去,

近年来李纯博先生工余写了不少佳作,并准备搜集成册,他兴冲冲地去找老师中石先生,想请老师给该书提上"李纯博书法集"的书名。没想到,老师沉吟片刻后说:"题签我是一定要给你写的,但我要跟你商量一下,我想给你改两个字,改成'李纯博书作'……你觉得可以吗?"老师一言提醒,李纯博先生顿时恍然大悟:"自己年纪轻轻,自己的作品还不够精纯,如何可以称为书法集呢?"纯博忙着说:"老师说得极是,一字改动,意义深远!"中石先生看学生有所悟,接着说:"当然,也有比你还年轻的作者,只要出书,就称某某书法集,咱们不去管他们……"

中石先生对于艺术的理解曾写道:"可贵的新是旧的结晶,旧是新的基石;新非全新,旧非全旧。孕育化合,提纯升华,是发展的必然,文、理、哲、艺,莫不如斯!"说得多么精准呀!辩证地

说明了文学艺术传统、创新和发展三者的关系问题，不仅文采蹁跹，而且更重要的是极富哲理性，说明了文学和艺术的规律。

［补文］欧阳中石先生于2014年去济南筹办个人书展，不幸突患脑溢血，经山东省集中全省最优秀医护资源抢救。那时虽然从死神手中为欧阳先生抢回宝贵的生命，但终因年岁过大又是第二次脑出血，所以未能全面恢复，终不能再握管写字，惜哉……

前不久又传来噩耗，中石老人在其夫人离世仅十天之后，亦撒手道山，享年九十三岁，与寿享九十二岁的老妻驾鹤共西……鲐背之年仙逝，亦可谓长寿星君，升遐天界，可与其几位名师共研国粹，从此当无烦恼也！

阎肃和他的著作及其哥们儿[①]

文职将军阎肃戎马生涯五十余载，著作也可谓"等身"。如今虽然年过七旬（写此稿时为2003年），但他的创作激情丝毫未减。眼下"八一"临近，这位老军人更是忙个不停。作为空军政治部歌舞团的编导，他一边为团里的舞剧《红梅赞》入围国家舞台艺术精品工程演出忙前跑后，一边还为歌舞团"八一建军节"下部队慰问演出创作新歌。《云中漫步》《当你飞行的时候》等讴歌部队官兵奉献精神，展现空军飞行员雄姿和风采的歌曲，即是阎老刚刚完成的新作品。

词句深奥的并不一定就是好歌

阎肃先生1953年入伍，至今已有50年的军旅生涯。别看他总说善写老北京的故事，一口京腔京韵，俏皮话满嘴跑。可他并非在北京土生土长，他生于河北省保定，十来岁时随父母远走巴山蜀水，就读于重庆南开中学，后考入重庆大学。不久因为党的需要，毅然

---

① 本文初刊于《北京晚报》2003年7月26日。

离开学校而未曾毕业,只拿到了一张肄业证书。新中国成立后参军到了部队文工团工作,先做演员,又当队长,最后干上了创作员。这时他创作了话剧《破除迷信》、独幕歌剧《牛》等,同时还以惊人的毅力、过人的聪明,阅读了大量的中外文艺作品和文艺理论,特别是熟读唐诗、宋词和元曲,就为他以后创作大手笔的佳作奠定下坚实的基础。

半个世纪以来,他下连队走营房,写出无数脍炙人口的军旅歌曲:《我爱祖国的蓝天》《军营男子汉》《长城长》等。不仅在部队而且在社会上广为传唱。这些歌气魄大、感情浓,叱咤风云,壮怀激烈,充分反映出作者对祖国,对党,对人民子弟兵的热爱!除了相当一大部分军旅作品之外,阎肃创作的京味歌曲,同样佳作甚多,比如《唱脸谱》《故乡是北京》《前门情思大碗茶》《北京的桥》《雾里看花》,等等。这些歌的歌词写得漂亮准确,流水行云,帅、美、俏,而且情浓似家酿,令人陶醉。

阎肃有个老乡也是个名人,这个人就叫苏叔阳。他也是保定人,哥俩交情很深。可是人一熟又说得来,不免彼此就爱开玩笑。苏叔阳先生曾对我说过:"只要我到保定,有些老乡就问我认不认得阎肃啊?我明白他们的意思……我就装傻充愣说:我不认识啊……问的人很惊讶,说这么大的名人你不认识?谁信呀?""我当然认识,有什么事吗?""那我问你,你们俩谁的能耐大?你们哥俩到了一块,谁的名字放在前面啊?"爱诙谐的苏叔阳一脸滑稽地说:"当然是我啦。我比他年轻啊,他不就是写歌吗?歌词是比我写得好,可是我还会写话剧呢。这点他不如我!"老乡们也知道他是姑妄说之,从而引来一场大笑。

说到写歌词,苏叔阳先生对老阎肃有很精准的评价。他说:"阎肃弄出来的歌词,大白话的居多。但他的大白话里,俗中见雅、耐人寻味。既不是白开水,又不是装腔作势,这也是一首一首的诗啊。

让人不得不服。"阎肃认为歌词深奥的并不一定就是好歌，而一些大白话的歌，却往往蕴含着深刻的哲理。好歌不是凭空而造的，它源于几十年的生活积累，也植根于博大精深的中国传统文化，包括京剧等姊妹艺术之中。

另外还要多说两句，阎肃的京歌多是由姚明作曲。这位姚爷对北京的小曲，对北京的曲艺非常有研究，所以他的曲谱里有浓郁的北京曲艺如琴书、单弦等的味道，配上老阎肃的地道京白歌词，所以一首一首的歌都让人觉得是地道的京腔京韵，令人赞叹不已，因为京味儿实在太浓了。可惜这两位大师今天都过世了，当然这是后话了。

爱戏曲尤爱京剧

阎肃写歌，声名显赫，其实他还是几出现代京剧的作者。阎肃创作的歌剧《江姐》《党的女儿》，党和国家三代领导人都亲临剧场观戏。他爱戏曲，尤爱京剧。创造过几个颇有影响的京剧现代戏。当年成立"样板团"后，阎老被调来搞剧本创作，并真捣鼓出一个颇具特色的京剧现代戏《年年有余》。这出戏不大，但很有特色，就是这个戏一句念白都没有，全是唱词，可以发挥阎老写唱词、歌词的功力。但是这个戏没有留下来，什么原因呢？内容不行？写什么的这个戏？写人民公社的。您听听，不用查内容情节了，没人喜欢这东西。可老阎说了：我是奉命写这戏的，我有什么辙？虽然内容不行，可是唱词写得帅气。把大白话弄成诗一般的语言，在这方面大伙儿给叫了好。这出小戏儿别看内容浅薄，但是参加演出的都是大演员：马连良，张君秋，李韵秋。就这三个角色……这要搁着往日，哪一个都是挑班的大腕儿。可惜的是内容真不行，虽然唱上能让观众大饱耳福,但是戏还是留不下来,多好的演员也是白搭……看来戏好戏赖,内容是太重要了。

后来阎老师又弄了一个现代京剧《红色娘子军》。这个戏倒是站住了。京剧旦角艺术家杜近芳,马派传人冯志孝,还有许多有名的演员参加主演。这个戏现在有时候还能够在舞台上看到。阎老对其中的一些唱词儿有感情……他曾经跟我念叨。说有这么两句唱词儿,至今他念念不忘。这就是:"为什么不把五指握成拳,打死南霸天!"这两句词是够形象的,而且力有千钧!

此外,阎肃与汪曾祺、杨毓珉等一伙老哥们,还创造过现代京剧《红岩》和《敌后武工队》。为这两个戏,他们可是没少受罪。要演好革命现代戏,一定要去体验生活。演《红岩》怎么去体验生活呢?他们这些创作员还真带上了镣铐去坐牢,体验狱中的生活。阎老师和汪老师两个人私交不错,可是两个人一肚子苦闷,谁也不敢向谁倾诉透露,当然心里都明白。两个人都爱喝点儿小酒,但又都喝不多。所以便经常凑在一块儿,抿着点儿小酒,吃着点儿小菜儿,嘴里边说点儿不招灾不惹祸的事儿。至于创作上的问题,两个人都不敢交流说说心里话。老阎肃很佩服汪曾祺老师写唱词的功力,汪曾祺同样也很欣赏阎老师写歌词的那份能耐,所以两个人是惺惺相惜、互相钦佩。这两个戏虽然都没有留住,但当时还都是演出了。演员也都是最顶级的,当时的主演是谭元寿、刘秀荣、马长礼等一干好角儿。我在写这篇文章的时候,阎肃老师和我讲了一些掏心窝子的话。他说:"创作这两个戏的时候,在当时的政治气候下是搞不好的,整天改来改去!作者受累,演员受罪,真是一言难尽……"不过其中也有一句半句的好唱词,说到这里呀,阎老师精神来了!他竟然把他写的《红岩》中的两句唱词唱起来。这是许云峰在"赴宴"时对敌特唱的:"这杯中红红的不是酒,是千家血泪万家仇!"阎老师唱这两句的时候,不免有些得意,对我说道:"这两句唱词虽然来自关汉卿《单刀会》周仓的念白'这不是水，这是二十年前流不尽的英雄血！'"阎老师接着又问我："你觉得我化用得怎么样？"我因为和阎老师也是非常熟的好朋友，我们经常做中央电视台和北京电视台"戏曲部"的策划和评委，老在一起见面，所以也不见外。我就说："您化用得真地道，但再好也是戏词不是？您不是还留下戏了吗？1976年打倒'四人帮'以后，您不是和吕瑞明院长一起写了一个京剧《红灯照》吗？"

我一说这个，老阎肃来劲了，兴奋地说："那不假，咱这戏演员是杨秋玲、刘长瑜、张春华等好角……这戏演出的场次还真不少，可惜也是内容不太好，此戏也没留住。"说到此，阎老师不免有些遗憾……

但是有一个戏可是留住了，就是阎肃老师写的歌剧《党的女儿》。在2018年和2019年这两年时间内，北京京剧院的著名张派表演艺术家王蓉蓉改编了阎老的这出歌剧为同名京剧，演出大受观众欢迎。两年多时间，不仅在首都，而且到全国巡演。这出京剧现代戏演了五六十场，现在还在不断地演出。当然这是后话了，是可以告慰阎老师了……

半生心血塑江姐

20世纪80年代初，阎肃老师创作了歌剧《江姐》。此戏于1964年公演，立即引起了举国的轰动。那一曲"红岩上，红梅开，千里冰霜脚下踩"的《红梅赞》，成了家喻户晓、人人天天传唱的经典歌曲。老一辈党和国家领导人毛泽东、刘少奇、周恩来、朱德，都亲临剧场来看戏了，并给予很高的评价，到今天已经有快六十年了，歌剧《江姐》是经受住了历史和时间的考验，换了一批又一批观众，但获得的始终是掌声和赞美，一直久演不衰，而且被许多地方戏曲移植，最近还被搬上京剧舞台，由著名程派表演艺术家张火丁演出。一曲京剧曲谱的《红梅赞》同样受到观众热烈的欢迎，而且还被拍成了京剧艺术片，赢得热爱国粹的观众一片喝彩之声！

　　这个戏如此成功，阎肃老师坦诚地说：此戏他半生都在边演边改并且得到许多人的帮助。许多领导人，还替他改过唱词。阎肃老师说，有一次罗瑞卿同志来看戏，该剧第7场剧中"绣红旗"的唱词："线儿长，针儿密，含着热泪绣红旗，热泪随着针线走，说不出是悲还是喜？"罗大将看完戏上台接见演员时，把他叫到身边说："《绣红旗》那句'说不出'应该是'说得出'嘛！这一句词儿我想替你改一下，改成'与其说是悲，不如说是喜！'你看好不好？"于是从第二场起，这句词儿便照此样改了……开始阎肃说："我倒是有些说不出，后来我才觉得改得好，这更符合以江姐为代表的全体难友的心声。"

　　阎肃老师于2016年因病逝世。

践行四力的史学大师①
——恭记与大学长、清史专家阎崇年先生一夕谈

我与著名学者——精研清史、北京史超大专家阎崇年先生,交非泛泛。先生与我同毕业于北京六中这一名校。崇年先生高余三班,大学长无疑矣。毕业后,时事变化异常,各奔东西,晤面机会较少。但自改革开放之后,崇年先生供职于北京社会科学院,我就职于北京市文化局《新剧本》杂志社,接触的机会便与日俱增。尤其是 2000 年后,虽然我与先生都退休了,可是退而不休。随着文化艺术界对学术研究更大的开展,我们接触反而更频繁起来,几乎数日一见。我与崇年先生本应是师生关系,但是先生坚决不受"老师"二字,尤其在大庭广众之中,先生常称我为永和兄,故更汗颜,只好变成半师半友的关系。最近些年,余编剧本之暇,也记录了一些与在下有关的师长和挚友的人物文章。一些老师辈分之人如周师贻白公、张师中行公、吴师祖光公、黄师宗江公、汪师曾祺公、翁师偶虹公、欧阳中石公等。还有六中的一些授我语文知识的师长;与我接触密切的挚友,如姜纬堂、高宝贤、杨晓雄、谭元寿、梅葆玖、李小春诸兄等,均曾撰文介绍。唯崇年先生,接触频繁,问艺日久,竟尚无一文恭颂恭记。前日与崇年先生同观拙作京剧《风雨同仁

---

① 本文初刊于《北京纪事》2019 年第 7 期。

堂》，并于第二日择一茶室请教先生该剧发生在庚子年中，大栅栏被火烧殃及各商店的情况。趁此机会，余与先生促膝而坐作一夕谈，华灯初上，共品香茗，恭聆教诲，受益匪浅，也是一种艺术的享受。谨记数则，已成小文，记录了崇年先生做人的特点和治学方面的成就，当然不过是沧海一粟而已，然而终于开了头，得到了先生允许，假以时日，再做学习后的文字记载。

著作等身　史界翘楚

在茶室，我很冒昧地问崇年先生，这几十年您都有多少作品？崇年学长笑着说："你问得真好，这两天因为一个出版社也要我谈这个问题，所以抽空我算了一笔账，因此我可以准确地答复你。我从1955年，到北京师范大学学习历史开始，到2018年，这63年中，大小文章我一共写了568篇。超过万字的重要论文118篇，各种版本的著作95种，不重复的、独一的一个版本的著作57种，为自己作品作序的63篇，为他人作序的75篇，主编的作品15部。其他讲话、讲座、答问、诗词等没有统计。"学长没有更详细地具体解释他写出了哪些著作和论文。根据我与学长数十年的交往，以及学长每出一部重要的著作，都会亲笔签上名字送给我，故我大都有所知，他的主要的作品，不妨说一说。

他的专著有《努尔哈赤传》、《清国开国史》（上下卷）、《正说清朝十二帝》、《明亡清兴六十年》（上下册）、《康熙大帝》、《大故宫》（三至五册）、《清朝皇帝列传》（上下册）、《袁崇焕传》《中国古都北京》《中国都市生活史》《合掌录》和最近两年的力作：《御窑千年》和《森林帝国》；论文方面有《燕步集》《燕史集》《袁崇焕研究论集》《满学论集》《清史大事编年》《演讲录》，等等。至于学长所主编的论文集，我就不在这里细细道来了。我以上所列的专著和论文集共27部。可以说这都是学长的经典之作，而且其中大部分都在中央电视台十频道百家讲坛播放过。字数逾千万，而且通过电媒的传播，受众又何止千万，故而说崇年先生著作等身、史界翘楚，名实相符，毫不过分。

发奋读书　问心无愧　善于利用一切可利用的时间

我问学长，您这么多的著作，而且又非小说、散文、诗词歌赋、戏剧戏曲剧本，可以挥洒自如，虚构想象，学长的作品都是有关中国古代与现代历史之或专著或论文，必须言出有据，符合史料记载，是要从故纸堆中爬梳钩沉来核对，没有时间是不成的。这短短的几十年中，您是从哪里挤出时间？怎么完成这些大部头的？学长笑道，这其中还确实有个如何挤时间、延长时间、延长生命的方法。应该说我的条件并不好，怎么条件不好？我的天赋并非绝顶聪明，也非诗书世家，所以写出这么多书来，我总结起来，原因固然有一些，但主要有四条：一、努力；二、毅力；三、心力；四、合力。先说我这个努力。

学长讲他的努力

从1963年开始，到2019年，这五十七年中，只要条件允许，我清晨四点起床，到清晨七点，这是第一个单元；吃完早点以后，八点开始到十二点，这是第二个单元；中午休息：吃饭，午睡。从下午二点始，到六点再休息，这是第三个单元；吃晚饭，看中央电

视台新闻联播,八点钟开始,到晚上十一点结束。这是第四个单元。上下午4个单元共14个小时,都用来写作和读书。这就等于一般人两天的工作时间。我周六周日两天,也是这样,不休息。一年55个双休日,每天4个单元工作,这样又出来220个单元,770个小时。我就是用这个笨办法,挤时间延长生命。条件有利时努力如此;条件不利时也努力如彼;劳动时的闲暇时间努力,下放锻炼仍然努力,利用一切条件,读书写作。逢有考察必拿小本把所见所闻记下,以备后来查用。

80年代兴起下海潮,单位办了四十几个公司,领导让我带头兴办公司,我答:公司不是人人可办的。领导找我谈了三次,我婉拒了三回,坚持不办,仍然坚持读书和写作。后来私人公司都垮了。商品大潮坚持读写、下放劳动坚持读写、搞运动休息时还要读书写作。"文革"十年,学校不上课,工厂不做工,那时我正在学校图书馆做管理员。图书馆关门不接待任何读者,我八小时都是看书。比别人多了十年,下放三年我不偷懒依然读书,又多三年。三年四清,我又不停地读书,这样就比旁人多读了十六年书。我深深体会,历史这门学问,和文学艺术不同,文学艺术需要天才,而历史只有用笨功夫,勤奋读书、努力笔耕。"文革"结束后许多人这些年没有写文章,而我却不停地写,我有文章,便拿出来一篇篇发表。《努尔哈赤传》就是在看瓜棚写成的。

总结一下,星云大师说,一个人寿命百年。我通过这个笨法子,拼命挤时间读书写作,这样就比别人的时间延长了一倍或者两倍。所以能够写出来一些东西,这是我努力的结果。

永和谨按:一个人一时努力,或较长时间努力,逆境时努力或得意时继续努力,历史和今时都有之,似亦不足为奇。然如崇年先生,六十载中,勤奋努力一以贯之,其人其事,古人今人是不多见。

故才能有此卓越的成就，老天不负勤奋人，信矣！

崇年学长讲毅力

我请大学长再讲他的第二个力，即毅力又作何解释。答曰：努力必一贯，读书须恒久。否则三天打鱼，两天晒网，一曝十寒，这是不能够出成绩的。我1956年入门北师大学历史，六十年就凿在一个眼儿上，这个眼儿，就是历史。不论天冷天热。白天晚上、寒暑假、节假日，这么干了六十年，就做了学习历史、研究历史这一件事。我要干六十件事，可能一件事也会做不成。这六十年这一件事，我从没有动摇过。六十年我研究了三个史：清史、满州史（满学）、北京史。

先说第一个清史，我写清史出了十本书以上。重点是《清朝开国史》，共120万字。古今中外，我是第一人。第二个满学，六十岁开始，我创立了满学，这个学科过去没有过。我倡议建立了北京社科院的满学所，这在全世界是第一个建立的满学所。满学是一门研究什么学问的呢？满学侧重于研究满洲八旗的建立和它的种种历史，满洲文化的源流和发展，再有就是有关满文的一些常识和运用的历史。满学所一共出了7本满学论文集，每两年出一本，满学论文集出了我的专著，全世界我是第一个。连着就满学召开了5次国际研讨会。满学研究在北京，开创了一个新学科。我们的满学研究，超过了日本和美国对满学的研究探讨。

第三个就是北京史的研究。在北京社科院历史所的领导下，我出了五本有关北京史的书籍，其中的《中国古都北京》，翻译成英文、法文、德文、俄文等各种不同文字刊行。

这就是我所说的毅力。数十年我一心一意、心无旁骛地就做历史研究这一件事儿。正所谓专心致志金石可镂,所以,我在历史研究上,方能创作出些许成绩。

永和谨按:人之一生,漫漫百年,能就一件事,义无反顾,毫不动摇,不改初心,始终如一,如崇年先生,始终与历史结缘。无论风雨阴晴,逆水顺流,皆一步一个脚印去做,很难。而人之天赋有不同,广有天赋这本来是极好的事情,但也有高智商的人,绝不肯做一件事,往往见异思迁,广泛涉猎,史上不乏其人。比如明末清初的大知识分子张岱,诗词歌赋、吃喝玩乐、小品散文,无一不能,无一不精,甚至可以串演角色,登台演戏。但他传世之作不多,而且完全是在清军入关之后,他披发隐居山林,始立志发奋著书立说,于是留下《石匮书》《西湖梦寻》,特别是《陶庵梦忆》这部大书。如果他开始便能踏下心来,肯努力,有毅力,而做一件事,或文或史,那就绝对不止留下这几部文史俱佳之书,可能还不知要为后人留下多少经典著作。绝顶聪明,本来是难得的事,用崇年先生自己的话说,他并非绝顶聪明之士,只因为肯努力,有毅力,因祸得福,反而留下了诸多史学经典之作。

大学长继续讲心力

我问大学长,这第三个"心力"又作何解释?我们写文章谁不是用心来写呢?崇年学长笑答:我所谓"心力"不是指用心不用心,谁写文章不用心、不用脑,难道还能用别的什么?头两年我参加北京电视台《春妮的周末时光》节目,她问我搞历史什么最难?我说了四点:

第一点:说别人没有说过的"义理",所谓"义理"就是观点。

搞历史研究，切记不能东抄一点，西抄一点，要用心开创，说别人没有说过义理。读史料、看前人的记载，史料是没有观点、没有见解的。你读后，没有观点不行，那就是没有灵魂。对读到的史料，要有见解、有理论、有思想，写出来的文章，文字还要漂亮。抄别人的东西，自己没有观点，学问做不大。

第二点：用别人都没有利用过的史料，而且要用得对，用得准，要恰到好处，这是比较难的。大路货不行，别人没有利用过的史料，你把它找到，经过分析，得出你的观点，这就是很好地利用了你所发现的新的史料。

第三点：做别人没有做过的"阐释"。光发现新的史料还不行，更要对这一段史料经过你的独特的阐述和解释，这必然是新的观点，新的发现。

第四点：补前人没有取得的成果。综合这四点，归结为一句话，就是学术创新。即你对史料的新的义理（观点）、你新发现的史料、你对新的史料的阐释、你新取得的成果。学长讲完后，因我不是学历史的，所以，我还不是理解得很透彻。我请大学长能否举例来说明？于是崇年先生又为我简单地举了三个例子。

一个是《张吉午与〈康熙顺天府志〉》，一个是《清郑各庄行宫、王府、城池与兵营考》，还有一个是《于谦〈石灰吟〉指疑》。在这三篇论文中，崇年学长对于昔日史书对这三件事的结论有怀疑，于是费尽心力，奔走万里，搜寻新的史料，终于在此基础上，得到了新的结论。崇年先生完全是用心力来做这些事情的。限于篇幅和我的学养，对这几件事情，我不能讲得很详细。先说这个《张吉午与〈康熙顺天府志〉》是怎么一回事。20世纪70年代中，崇年先生去位于文津街的北京图书馆（今国家图书馆分馆）查阅《顺天府志》时，觉得该书重要，随手抄录原文，阅读中，同管理人员聊天时，提及此书，可能是孤本，第二天，图书馆以整理图书为由，不能借阅。

崇年先生索然失望。先生告诉我,下决心定要考证其作者及其版本。经二十余年,学长国内外访查与求索,终于考证出该书修纂者为谁及该书有何重要史料价值。

首先,这本书经过阎崇年先生去国内诸多知名图书馆查询,均无此书,属海内孤本。但先生又考虑到,海内孤本并不等于海外无藏本。于是,先生不避辛劳,在1989年至1990年赴美讲学期间,亲赴美国国会图书馆,同中文部王冀主任、居密博士查询此书,该馆确未收藏。崇年学长后又在哈佛大学、耶鲁大学、哥伦比亚大学、印第安纳大学、夏威夷大学、加州大学等图书馆及其他图书馆查阅中国地方志目录,亦概未著录《康熙顺天府志》;在欧洲,学长讲道:通过其他途径查询,亦未见著录《康熙顺天府志》;在日本除有人以查阅日本的中国地方志联合目录外,先生于1987年赴日本,曾在东洋文库看书,并查阅日本收藏中国地方志的目录,未见著录此书;在中国台湾,除有人已核阅台湾公藏地方志联合目录外,先生于1992年赴台湾,在"中央研究院"史语所图书馆、台北故宫博物院文献处和台湾"中央图书馆"等地进行查询,均未见此书。此外,大学长对香港大学、香港中文大学和澳门大学图书馆均做过查阅,亦未见收藏此书。故大学长对余说:这样可以说了,《康熙顺天府志》不仅是海内孤本,而且是世间孤本。

崇年大学长,根据这次国内国际不平凡的调查,查阅多种史料后,终于得出此书是康熙年间顺天府尹一代名臣张吉午所编纂。查阅张本《康熙顺天府志》,记载史料极为详实,讲顺治帝和康熙帝的御制文,全文著录于卷八《艺文志》之首。又将触碍时讳的奏疏,原文著录于卷八《艺文志》之内,即将康熙年间旗人圈地圈房之弊政也写于本书之中。"此其两举,突破实例,体现了张吉午极为可贵的民本思想。在书成之后,引起朝廷官宦异议。"故呈于宫中,即留中未发,自然也不能雕刻,后流出于民间。于是,此本《康熙顺天府志》便成为世间孤本。因此也正如阎崇年先生所说"张吉午纂修的《康熙顺天府志》,成为中华古籍中的一颗珍珠,也成为人类书库中的一块瑰宝"。

第二个例子,学长举了于谦的诗作《石灰吟》。于谦的《石灰吟》世人皆知,这是民族英雄于谦的著名诗作,而且被收入中学语文课本。21世纪初,杭州于谦研究会第一届学术研讨会,邀请阎崇年先生去参加,并提交论文。崇年先生曾对于谦为这首名诗作者有所怀疑,曾本着一个史学工作者需认真对待存疑史料之精神,遍查海内外有关于谦的诗文集,从明成化到清光绪年间以来,三百多年来海内外现存所有各种善本、稿本、抄本、孤本,考证这首名诗作者到底为谁。查阅多种版本之后,于谦这首名诗,在清刻本《于忠肃公集》中收录了《石灰吟》,但没有注明出处。而所有记载此诗作的版本,无论明、清各版本均未注明源自何处。即或偶有,也语焉不详而最后终未找到。

《石灰吟》现在能见到的其最早的出处,是明人孙高亮的《于少保萃忠全传》。而这本书是一部歌颂于谦精神德业的章回体历史传记小说,乃一家小说之言。小说之言,于史无证,何况诸多正史有关于谦资料中均未曾收集《石灰吟》,故崇年先生最后得出结论,指出《石灰吟》诗作非于谦所撰。但崇年先生又认为"于谦是杭州人,也是中国人,于谦是杭州的骄傲,也是中国的骄傲,历史不会以《石灰吟》不是于谦所作,而对于谦评价有丝毫影响,《石灰吟》借于少保而传颂四海;于少保以《石灰吟》而更加辉煌。"

崇年先生举出的第三个例子,便是通过《清郑各庄行宫、王府、城池与兵营考》这篇论文,清晰地考证出当今北京昌平区之郑各庄平西府村之温都水城为清朝行宫和王府所在地。1958年崇年先生在北京市文物普查时,发现在郑各庄平西府村内仍留有一座古城墙的残垣,还有上写楷书"来薰门"的白玉匾额。城墙外是护城河,东、南、西三面护城河基本保留。2006年该村施工时又出土一口鎏金铜井，制作相当精美，依然能清晰地看到井口雕刻的云龙，威严之气魄，不失皇家风范。

郑各庄平西府村究竟在什么地方呢？在北京5号线地铁终点天通苑北站再往北行一站地，地名为平西府，有"533路"等数条公交车在此设站。由此站西行里许，便可见一座雕梁画栋的建筑群，此处便是近年来由村民修筑起来的集体企业——温都水城。打开这里的地图看，此地为平西府村。据此地老人讲，这温泉所在就是当年的平西王府。这就奇怪了，清初只有叛将吴三桂被封为平西王，而吴三桂从没有在北京开过府，叫此王府称谓，可算是驴头马嘴绝对对不上号。崇年先生为弄清这个问题，在赴台湾讲学的过程中，多次去台湾故宫博物院查询大陆没有的满文资料，与该院的周功鑫馆长及冯明珠博士交朋友，并为该院讲述康熙和雍正两朝的历史，因此得以多次查阅康熙和雍正两朝的满文档案，方看到康熙六十年（1721年）十月十六日建造郑家庄行宫与王府工程郎中尚之勋等满文《奏报郑家庄行宫用银数折》。折中奏道"康熙五十七年十二月内，为在郑家庄地方营建行宫、王府、城垣及城楼、兵丁住房……"可见此处不但曾建王府，还建过皇帝的行宫。崇年先生从台湾返京后，又在中国第一历史档案馆郭美兰研究员的帮助下，查阅到康熙五十七年（1718年）此项工程清宫的满文档案奏折。译文为"清郑家庄行宫与王府等工程，于康熙五十七年开始动工……""共计建筑住房当在一千一百六十四间"。经过崇年先生如此辛苦努力，谜团终于解开，水落而石出。原来这里曾修筑成康熙皇帝的行宫。这是板上钉钉，毫无问题了，那么又是给哪一位王爷修建王府呢？人们都知道北京二环路以外，从没有任何王爷的王府。后又经崇年先生反复研读资料：康熙六十一年（1722年），《清圣祖实录》载："朕因思郑家庄里已盖设王府及其兵丁住房，欲令阿哥一人往住……"是让哪一个阿哥去住呢？康熙也没有说。但又是崇年先生据在台湾故宫博物院，查满文档案中发现的《朝鲜李朝实录》载：康熙帝临殁时的遗言："废太子（胤礽）、皇长子（胤禔）性行不顺，依前拘囚，丰其衣食，以终其身。废太子第二子（弘晳）朕所钟爱，其特封为亲王。"这说明，胤礽虽被康熙两立两废，但父子舐犊情深，故此这位老皇帝，才在临终时留下这样不寻常的遗言，从而也便毫无疑问地说明该王府理应为废太子胤礽之第二子弘晳的理王府。

郑家庄王府从康熙五十七年（1718年）七月始建，到康熙六十年建成。康熙皇帝在行宫住过一天，而于康熙六十一年即病逝。雍正继位后，于雍正初年便按照其父康熙皇帝的遗言，封二阿哥（胤礽）子弘晳为多罗理郡王，并在数月后，雍正又下旨"……今弘晳既已封王，令伊率领子弟，于彼居住，甚为妥协……"弘晳于雍正元年九月二十日（1723年10月18日）乔迁郑家（各，"家"与"各"通用）庄，于是这里便正式成为弘晳的理王府。但十五年后，清乾隆四年（1739年），乾隆还是对弘晳不放心，怀疑他有阴谋不轨的行为，对弘晳作出革除王爵迁出郑家（各）王府的处理。又经二十几年，乾隆令看守王府的数百兵丁全部调往福州当差，亲属整户跟随。于是王府尽数迁出，人走房空，最后"其空闲房屋，毁仓空地"。但是偌大王府岂能没有留有痕迹，已出土的残破的城墙，匾额以及护城河、金井……说明有清一代，只有郑各庄王府是皇宫与王府同在一处的。否则，哪个王府能够设备有城墙、护城河、金井等只有皇帝才能有的设施？再有，头些年，崇年学长去福州讲学，会后，尽管大家都已散去，但尚有10余人，围着崇年先生问长问短，而且所讲之话都是北京口音。学长觉得很奇怪，便问他们怎么说这样一口京片子？这些人说道，他们都是过去从北京来的八旗驻军的后代。大学长一想，说不定就是当年看守理王府，后来因为弘晳被革

爵而迁出京城去往福州的那些兵丁的后代。一代传一代，所以到今天，仍能保持北京的京音。当崇年学长和我讲这一段故事的时候，神情也不免有些激动。沧海桑田，三四百年过去了，这些当年迁出北京的八旗兵丁的后代，今天依然生活在福州，生活在今天幸福的新时代，也不枉他们历尽艰辛、长途跋涉，如今虽在闽地，却也过上了好生活。

诸事皆已明白，最后我问崇年先生：为什么这个地方又叫成了平西府了呢？学长又笑答：原来平西府为弘晳府的音转。平西与弘晳发音极为近似，平西通俗易记，弘晳字难认，读起来又拗口，故久而久之以讹传讹，弘晳府叫白了便变成了平西府了。年深日久，这个地名也就不用再改了。

永和谨按：为了这个皇宫和王府，崇年先生用尽"心力"，终于把这桩公案，弄得一清二楚。说来这与我还有些关系。我的女儿张田，曾随崇年老师一起到平西府村那个温都水城踏勘故址，聆听那里的领导和老乡讲出土文物情况而受益匪浅。后又经崇年老师亲自指导，遂写成《北京平西府从无有平西王》一文。而我原在平西府有一个工作室，每次去工作都要在平西府车站下车。我一直弄不清这个平西府是怎么回事儿，现在终于弄明白了，原来是弘晳府，这也可以算作一段学人佳话。

学长最后讲合力

最后崇年先生又说到这个合力。"无论在什么时候，要做成一件事，往往不是凭一个人的力量能够做成的。"他面容严肃，意味深长地说，"小的时候我最爱吃家乡的千层糕。现在想一想，要经过多少人的努力，才能够付诸实践做成这个糕。首先要由农民种麦子、收获后再磨成白面，还需要植物油、甘蔗等调合面粉，最后再经由技术人员的手艺加工，方能制成这个好吃好下咽的千层糕。"接着，崇年先生又讲了一段数百年来一直为人传颂的佳话。

话说清代康雍年间有一位读书人，江苏金坛人蒋衡，此人是个老贡生，科考场屋多年不利，但他并不想撂挑子什么也不做了，他是一位书法家，写得一手好毛笔字。有一年他旅游到西安碑林，看到字迹不同的石刻的《十三经》，他便产生了一种要重新书写《十三经》的念头。于是他下决心到扬州的榴花庵住下来，从此便在此庙里以楷书书写《十三经》。这时他已经是六十岁左右的老人，他心无旁骛，每天坚持抄写，这样日以继夜，抄写了十二年。《清史稿·蒋衡传》这样写道："键户十二年，写十三经。"也就是关上门，抄写《十三经》，终于把这个大工程完成了。继之，需要合力了。扬州大盐商马曰琯知道这事了，出资二千锾，合白银一万二千两，替蒋衡把抄写的《十三经》装裱成三百册、五十函。乾隆时候的名臣，河道总督高斌也知道这件事了，就把这装裱成册的《十三经》呈上给乾隆皇帝御览。乾隆帝看后非常高兴，先将这装裱成册的《十三经》藏于大内懋勤殿。后来又下旨，将这抄写的《十三经》刻于石上，摆放于太学之内。现在蒋衡这手抄的《十三经》，收藏于台湾故宫博物院。

崇年老师笑着对我说，你看看这样一桩事情，如果光凭着蒋衡一个人的奋笔疾书，再豁出性命也难以完成这伟大的系列工程。这就是合力的结果。

永和谨按：崇年老师为我出版的传记文学《王致和》写的前言中道："人生道路千条万条。哪条通达，就走哪条。"而要想通达，

四个力似乎缺一不可。阎老师在大学或中学讲这段故事，往往能得到阵阵热烈的掌声，莘莘学子明白了，人生之路多条，不仅仅是上大学，甚至最后还要考取硕士、博士、博士后这样的一条路。人生的路，千条万条，宽阔得很呐……灿烂辉煌的许多条路在等着你。

［补文］另，最近崇年学长的大作《故宫六百年》由华文出版社出版并热卖。该书讲述了明朝故宫、清朝故宫、民国故宫和新中国故宫共六百年故宫的历史，即从明永乐十八年（1420年）至2020年的今天。大学长在这本书中讲了这六百年当中，故宫的人、故宫的事、故宫的故事，不但史料详实，为他人所难寻觅，而且充满着故事性、可读性。华文出版社也尽了最大的努力，装帧精致，其中插入许多罕见的照片，真是图文并茂，为崇年学长近年的一大佳作。

四十六年挚友的相聚和相离[①]
——回忆北京史专家姜纬堂

余喜交友，真朋友，假朋友，数不胜数，沾过朋友的光，也倒过朋友的霉，至今年过八旬而无悔，交友如故。我的最好的朋友之一便是相交长达四十六年之久的研究北京史卓有成绩的姜纬堂学兄。纬堂兄于 2000 年 3 月 2 日，病殁于积水潭医院。病初起他是独自乘公交车去往医院的，仅 3 日便猝死于救死扶伤、以治疗大面积烧伤而享誉一时的三级甲等大医院的一普通病房内。医家言死于心肌梗死……人，固难免一死，缘何其速？享年 64 岁，在今日医学昌明时代，犹如昔日中年弃世！悲哉，按交情，按受恩，我应早将悼文及回忆文章写就，但至今已过 15 载。未写一字。2006 年 2 月 2 日，纬堂兄未亡人，贤嫂王佩兰女士，再次猝死而去，我仍无一字悼念，无他，每逢提笔，泪如泉涌，难以成文。今当拙文即将收集成书，又适逢改革开放 40 周年、十一届三中全会召开 40 周年，这是我们这些人转折命运的大时代的开始。只有改革开放，方使我等死里逃生，枯木逢春。如再无一字追忆，岂不令天下交友者心寒，故，排涤余悲，闭门追思。定要努力完成这迟到的回忆文章，以慰逝者与生者。

[①] 本文初刊于《芳草地》2019 年第 1 期。

青少年时，我与纬堂兄同就读于北京南长街之北京六中，初识姜兄于1954年，那时，我刚升入初三，姜兄却升入高三，故我们属大同窗。本不同班同级，况且彼时校规甚严，何以相识？缘分也……六中是老校、名校，原为华北中学，北大老校长蔡元培，也曾任母校校长。可能因为老而名，校舍虽然无高楼大厦，均为平房，硬件甚为一般，但彼时市人皆知北京普通中学，向以二、四、六、八等中学教员及学生水平最高，所以校园虽陈旧，校舍虽皆一般的平房，却不影响优秀学生踊跃而来。

六中教室虽系平房，但还是玻璃窗明，桌椅结实，也算说得过去。但位于后院的数间平房，则更为低矮简陋，却是母校的图书馆，破虽破矣，却藏书甚丰，管书的老师，姓段名德懋，个矮消瘦，人还和气，并透出一股干练劲。我自升入初三后，便不再去书摊租郑证因、还珠楼主、王度庐、宫白羽等所著之著名武侠小说。而终于发现母校的破旧图书馆内，尚有如许众多藏书，于是去借。我看书极快，观其大略而已。二三日便换一本，时不久便和段老师混熟了，脸上总挂着微笑的他，承蒙青睐，特许我不必翻卡片，径可到里边一排排书架间去挑书，因为那房的狭窄湫隘，两书架间仅容一人，这时还有另一人也得到优待，我们常常相逢于那散发着老旧书霉味的书架中。显然此人要比我年长，高高的个子，五官英俊，一头黑发。有时彼此几乎相撞，馆内不许交谈，只好互致抱歉的微笑，但不久我们终于在馆外攀谈起来。这位师哥对于书之一道，知之甚多，于是极为倾慕，问及姓名、班级深记于心。一日中午放学后，我径去他班上寻他。其也淡淡。恰巧彼此同住南城，我家住东珠市口，其居观音寺，只有我有进口崭新自行车，其途步，我宁愿步行送他到前门珠宝市南口再登车返家。所谈，大抵是书，是文学，开始，我话多他话少，然有问必答，从此几乎每天同行。后来变成他话多我话少，他要我可以转看一些外国名著，于是我便按其介绍，先后阅读了俄罗斯、法国、英国、美国、德国诸文豪大家的名著，反正母校图书馆内所有的外国小说、名著，大都可借阅赏读。不仅如此，逐渐聊京戏也是我们之间攀谈的重要内容，其看戏也不少，而且熟知伶人生平、梨园掌故，彼此更是一拍即合。半年后，我们已是交情匪浅，经常穿家过户。他家住观音寺西口路南，有一鼎新昌油盐店即是其家。店不大，两间门脸儿，掌柜的即是姜老伯父，不过只有一位管账先生兼伙计。姜老伯一家是山东牟平人，一嘴的胶东话，但轻易不开金口，姜伯母是个俊秀的人物，面白体胖极热情，笑口常开，赶上饭口必留我吃饭。姜伯母厨艺甚佳，尤其是其包的鲅鱼馅儿饺子，鲜美无比，至今未得再尝。我则常于节假日时，请纬堂兄看京剧，以去中和、民主、庆乐、华北等戏院为多，下小馆儿，以一瓶啤酒佐餐，酒足饭饱泡澡堂子，洗热池，汗透腑胺。以去前门外鲜鱼口兴华园澡堂最多，洗毕必去隔壁天兴居饭馆，找熟人——闫大厨闫大师傅，要炒肝儿两碗，热腾腾一个肉丸儿大的包子每人各三两充饥。而所有戏票钱、饭钱、酒钱及泡澡钱，均由我付，纬堂兄既不争让，也从不言谢，我也习以为常。盖我每日有家中所给一元人民币的饭钱，每月从中抠出四五块钱尽可够这些花销了。

假日再一活动，便是姜兄带我去开眼界。那时的首都图书馆尚在天坛公园内，我随他前去借书读书，也就是在这时认识了朱英、张玉环等研究古籍的老图书馆人。还有便是与他同去东安市场和琉璃厂去淘书。周贻白恩师的四卷本《中国戏曲史》、黄裳著《旧戏新谈》、张聊公著《听歌想影录》等均是此时淘得。惜诸书均"殁"于"文革"。还有便是我们常去茶座品茗侃山，最常光顾的是中山公园"来今雨轩"，偶尔也跑到昔日窑台今陶然亭公园内的"抱冰堂"去探古寻幽。说些陈年旧话，那时余尚年幼，听姜兄讲述国故旧史、雅士逸文，其娓娓道来，每每让我如醉如痴，似如白头宫女听天宝旧事一般。为昔日之一大乐事。

　　转瞬二人均毕业，姜兄考取了南开大学历史系，我考入本校高中，此时有两件事当述。我曾问其我将来高考考文考理？因我当时文理均佳，视高考如探囊取物一般，他建议我还是学文，学养已有一定基础，又是性情中人，与他一样，不是条分缕析之学理之人。一锤定音，高中数年我更留意于文学和戏剧创作，高三毕业时我已有十几篇文章在报刊发表。然而谁知数年后，唯才是举的时代，已一去不复返矣！又一件事，便是我入高中半年后，我校学生会领导下的全校文学组织文学组，由我任组长，而前任组长，便是姜兄纬堂。原来我俩均被全校的语文老师熟知，所以姜走张接，事非偶然。一年后"阳谋"发动，我校语文组教师有近三分之一在劫难逃。

　　与纬堂兄在京书信往还，每封信至少十页以上，涉及文学、历史，尤其是看戏后的观剧感，二十年后我之所以一年内能在北京市的报刊、杂志上发表103篇文章，和这些长信的书写有莫大的关系。盖提前做了试笔、练笔。寒暑假为纬堂兄一年四次接来送往，我都风雨无阻，乐而不辍。这时我最喜欢听他的大学生活，他讲的最多的都是他崇拜的老师的故事，经常提到的是郑天挺、雷海宗、杨翼骧等诸历史系教授，而每一述及并满脸恭敬之色的则是谢国桢先生，这也是他唯一可以穿门越户到家中拜谒并直面授业的恩师。我羡慕他有这么多良师，也更加深了我对大学的向往和憧憬，同时也加深了我对授业师长的尊敬与爱戴。到1957年的上半年，除去他在天津读书的日子，五十天的暑假，我们几乎每天在一起，因此我还相识了他的一些南开学友，如闻性真、马铁汉、何斌龙、张镯等。

　　这时，他已然在一些刊物上发表文章，如发表在《旅行家》杂志上的《明大将军袁崇焕墓》，可能是50年代较早提到五十九中校园内的袁墓及佘姓守墓人。另一篇妙文是在我家看到一本拓片，据此，他写了一篇《苏老泉非苏洵辨》，不久，文章发表了，可是好景不长，"阳谋"发难，张网捕雀，大鸟小雏，纷纷落入天网。1957

年暑假纬堂兄返京时，报纸上已鹰啄燕雀，形势相当紧张。姜兄却说尚无大碍，说他不曾贴过一张大字报，只贴过几张小字报，心中尚为他庆幸。哪料学兄开学再去津沽便如泥牛入海，再无半点消息，心知大不妙，也不敢打探，只暗暗祝祷他平安保命。半年后实割舍不下，便去他家中探听，姜伯父面色苍白，哆哆嗦嗦告我，已被处理：劳动教养。并要我速离。我几乎吓个半死，暗想纬堂兄不知如何苦度残生？又数月后，我的另一好友，谭派著名老生高宝贤兄给我送信来了：不久前北京京剧院小团到天津汉沽军粮城演出，有人到后台找高宝贤兄。宝贤哥在京经我介绍是认识纬堂兄的，当然，高君此时是不知道这人已是戴罪之身，还很高兴居然在此地碰到故友。纬堂学兄来访的目的是请高兄转告我，他还好，不必惦念。当时我几乎掉下泪来，他是怕我担心他的安危，而用此方法报平安的。想不到他居然还能出来看戏，说明问题并不是很严重，我也便放下心了。

时光飞速，又是三年过去了，我与纬堂兄未见过一面，也没有一字一句文字的联系。但事情终于有了变化：那是 1961 年的 11 月，我已受聘于位于长春的吉林省京剧院，任编剧。一晚屋门外突然人影晃动，而且有极熟悉的声音传来，难道是他来啦？急开门迎出来，不禁心中狂喜，果然是久违四年的姜纬堂兄，岁月不长，纬堂兄苍老许多，尤其昔日的一头黑发，如今竟白如秋霜。我稍有悲哀，即迅速转为高兴，他告诉我，今在天津郊区板桥农场工作，是头一批摘掉"右派"帽子的职工，每月 42 元工资，朝出晚归，种小站稻，虽是重体力劳动，却还吃得消，为我终于加入剧团圆了编剧梦而高兴。我自然要留他吃晚饭，但他说离京数年今日方回来，要和父母吃顿团圆饭，我只好放行，惜惜话别。

我从外地剧团回京，1964 年参加了北京新燕京剧团（风雷京剧团前身），改编了京剧《南海长城》《节振国》和《龙马精神》等。

剧场是大栅栏的庆乐大戏院,距姜兄家很近,他每月可回京休假四天,因此有机会把这些戏都观摩了,看后他竟未置可否,我发现他对京戏已无昔日的热度。如今他的家,鼎新昌小油盐店还开着。姜伯父胃切除了2/3,因此总是弯着腰,姜伯母也因患糖尿病病重经常卧床,鲅鱼馅儿薄皮儿饺子,和总是上面飘着黄黄的鸡蛋丝的大馅儿馄饨,是连提也不要提了。我和姜兄,常常对面枯坐半晌,却无一言交谈。夜深了,我告辞,其默默送至门口,仅挥手告别,是啊,我能说什么?他又能讲什么?但总还是见面的。可他再也没有来过我家,我拜访他的次数也越来越少。

一场更大的灾难,终于照在我的头上,"文革"兴,四妖疯,红卫"英雄"无法无天,打砸抢,越来越来劲,横行无忌,我却敢挫凶焰,胆敢冒犯,结果几乎丧命,幸被送至有司衙门,就在我银铛入狱20余日后,就在万贯家财一朝被抄尽扫光、家母弱妹几乎断炊之时,纬堂兄从天津赶来,也不知他用何法打听到我家现住址后,竟冒血海干系出现在家人面前,见此景况,长叹数声,寥作数语,便掏出40块钱人民币,转身离去。要知道当时他只有42元工资。竟能够挤出几乎全部饷银济我,若在今日不过一餐之资,而在当时却是我母亲娘儿三活命之资。此后达五年,逢年过节,纬堂哥必来家中,每来必有资助,这些高义直到五年后我重返社会,才知晓一切。古人交友,向以"桃园""羊左"做为楷模,纬堂兄与朋友交何逊于古人?永和得此良友,万里挑一,何其幸也?

我与纬堂兄再度相逢,是在我阔别京都五载后而于仅能栖身于两块木板之上的小东房内,再度弟兄执手,恍如隔世,但毕竟均活于世上,喜悦胜于悲伤,他知我眼下无钱无粮,便从兜中掏出30块人民币、15斤面额的全国粮票,要我垫补着花,并于数日后,邀另一六中好友胡君厚诠,同游香山,说是让我散散心,并力挽我登上香山"鬼见愁",一览众山小,给我去去秽气。第二天,三人再游北海，返回时，再到隔壁的北京图书馆门前照相留影，以纪念我等昔日风华正茂时常来读书之处。

时光流逝，纬堂兄纵然一表人才，学富五车，却年届不惑，而仍孑然一身。不久，终于有一位海淀区卫生局防疫站的女大夫，属于大龄青年，待字闺中。经人介绍与姜兄相晤。一见倾心，女医生不念男士曾经是"右"字当头，很快便由相恋而论婚嫁，吉期订在转年的春节，新房在万寿山脚下一平房内。吉期那天，尽管路程遥远，但我还是蹬着一辆破旧自行车，从前门外狂奔到京北海淀。嫂夫人不美，却朴厚，人也极热情，新房纸糊的四白落地，还贴着红色窗花，虽无几件像样家具，倒也喜气洋洋。贺客只有我和厚诠兄，屋小也不觉冷清，喜宴很丰盛，我为纬堂兄坎坷半世，今日终有良人相伴，从此人在天涯，有巢可居，为他五内喜极。虽然我与胡兄也还都打着光棍，可也来不及为自己惆怅。

终于霹雳一声，阴霾尽扫。阳光灿烂，春风再度。1979年，改革开放的伟大时刻到来了。伟大的十一届三中全会召开了，全国人民，无不欢欣鼓舞。而尤其像我等这样的知识分子，重沐阳光、再披春风。纬堂兄和我几乎是在同时刷掉身上的一切污垢。我到了北京曲艺曲剧团任编剧。纬堂兄凭着手中恩师谢国桢先生一封言辞恳切的推荐信，又有我的大学长、纬堂兄的同班同学，睿智而肝胆相照的清史专家阎崇年的鼎力相助，纬堂兄从天津板桥农场径直调往北京社科院历史所任研究员。这个落实政策，真是落实得相当彻底了。既圆了姜兄苦读诗书、苦研北京历史，传承国故的专业梦，同时又与夫人再不劳燕分飞。从此我们见面的机会又多了起来。其家也由海淀昆明湖畔迁至西直门内一大杂院内。虽然我第一次拜访新居，料不到北京居然还有这么多进院子，这么多低矮的、小鸽笼式的房子的大杂院，而姜先生则住在最后一进院子的一间旮旯处的北房内。入室则见处处皆书，桌上桌下床上床下皆被书占满。这时我有两个问题。第一，这一家三口人（其时他已经有了可爱的儿子），在何处吃饭？第二，怕爱抽烟的这位"爷"把房子给点了。每次我来都见他伏案疾书，而我又总是中午下班正逢饭口时到，于是我们便去大街上一家庆丰包子铺去吃包子，而且吃完了就得走。姜大兄没有工夫陪我聊天，他说赶上了好时代，要把过去丢失的时间抢回来。既然如此，后来我也懒得再去打搅了。

姜兄终于又要搬家了，这次是单位给他分的楼房，在北洼路，两居室，要我去。看到他终于住上楼房，并且当时觉得很宽敞（其实今日看来是很不宽敞的那种没有厅的狭窄居室，不过，当时已经很不容易啦）。大间作起居室，小间是书房，这次有了两个大书柜，把他所有的书都装了进去，小屋也就满了。这次是请我到外边去喝各种各样的粥，说是味道各异，又不占时间，喝完又轰我回去，说：正在给出版社赶稿子，抱歉了，你走吧！我真想扇他一个耳刮子，难道你就不会喘会儿气儿，我来一趟就那么容易？哎，理解万岁吧！

请他看我任编剧的北京曲剧《烟壶》和京剧《风雨同仁堂》。这两次姜兄却赞赏有加，并参加了中国剧协召开的《风》剧座谈会。说了些好话，只是对我把义和团火烧大栅栏移为八国联军所为表示异议，认为历史岂能篡改。我心中暗想：啊！纬堂兄啊，你怎么还是这个脾气秉性，难道我不晓得这些吗？可是你叫我怎么说呢……

我们其时正编着一本《王府井大观》，写王府井老字号的，我任主编。我还是请他来作序，因为王府井那个口井位于何处，便是他据史料准确地指明并见于报端的。他是这方面的专家，当然要请他执笔，后来他写了一篇近万字的长序：《王府井的700年》，和翁立所著的《北京的胡同》的短序，同样考证翔实，文笔老辣，不愧为研习北京故实的专家。后来我又一次去他家拜访，是为我创作电视连续剧《天下第一丑》，即写京戏名丑刘赶山的，去找他讨要资料。当时正值酷暑，我排闼直入后，见桌前一人银发蓬乱，赤臂挥扇,又在疾书。我心中一凛,这不是以生命做赌注吗?我说明来意,他便立即引我进书房。原来书房安装了一个一匹的窗式空调,说:待我打开空调,你先凉快凉快。我忽然想,你为何不在此书写?你难道花不起这点儿电费钱?你……我明白,他认为那就是挥霍,难道岂只他,我不也如此这般抠门吗?说明来意,他从书柜里拿出崭新的还散发着油墨香的八本书,说,这是清末学者平步青、李伯元、徐子岩等的著作。有关有清一代的典章制度、人物风情、时令节令等的随笔,你好好看看就全有了……我问他,又是阁下主编的吗?他说还有《北京日报》的理论编辑部主任李乔。看到他书桌上摆得满满当当的稿件和一摞摞的旧书,我知道他又在呕心沥血,不便再多占用他总是宝贵的时间,我聊了几句要他保重身体的淡话后,只好极不情愿地再一次告辞。

  我的好运也随着国家的发展不断涌来,结婚生女,评正高职称,享受国务院特殊专家津贴,并且又被文化局分给了一套好房。文化局管分房的贤明的赵东明副局长,看了我由碎砖头砌的墙、上面吊着丝丝纸片的纸顶篷的居室后,面有戚色,只说了一句话:给你个好的,你等着去吧……只是一天后,就把亚北一套近120平方米的楼房分给了我,这可是副局级的待遇,当时是北京市文化局中最好的房子。余感激不尽,转年春节前装修完毕。春节中,纬堂兄带着一幅壁画来贺乔迁啦,这副壁画至今仍挂在家中墙上。这天纬堂格外高兴,破例竟话也很多。在我家吃了饺子,并又破例喝了点白酒,我仿佛又看到了四十五年前的他。走时,我送他到公交车站,他还说只要倒两趟车就可到他家,还笑着说,这家搬得彼此来往反倒方便了……他乘上车后,还从车窗探出头来要我回去。那时我真觉得路很顺,车很方便,房也很大,以后会多聚多见面的。哪料到,这竟是我和他的最后一面,从此一别,竟成永诀……

  那一年,我忙他更忙,竟一直忙到春节,即2000年春节。他

竟音讯渺然,我打电话约他,话筒那边传来微弱的声音,说,有一部大书正在校对,分不开身,过了正月十五再见吧!要我等他的电话,那就等吧,可是没过多久。我竟等来了噩耗!一天下午,接听打来的电话,传来一个陌生的年轻人的语音,告诉我,姜纬堂先生于今日病逝了……我先是怀疑自己的耳朵,后大喊:"不可能!我头几天还和他通电话呢……"电话那边沉默片刻,然后低声道:仅三天就死在医院里了……下面的话我都听不见了,只反复念叨火化时间……

那天,八宝山告别室内,我与舍妹到时已经有一二百人在等候了,室外挂满了白色的挽联,不久悼念的人全陆续来了,而且分成了几队,六中的老同学来了,南开大学的老同学来了,北京社科院历史所的老中青同事来了,还有风尘仆仆从天津板桥农场赶来的昔日的难友也来了,来了……在众人中,我看到了,我看到了六中的阎崇年,南开的闻性真、马铁汉、张镯、何斌龙……媒体来的人也不少,《光明日报》的肖黎、《北京晚报》的李凤祥、《北京日报》的李乔……大家自动地排好队伍进入灵堂,一片肃穆,一片哭声,我看到静静躺下的纬堂兄,仅穿着一身蓝布的中山装,头上戴着帽子,仅仅分别十余日,面目全非,消瘦异常,这就是和我患难与共、性命可托,相交四十六年的挚友吗?他再也醒不过来了吗?他永远地去了吗?永远地消失了吗?人固有一死,但他走得何其早呀?这时,我再也抑制不住我久蓄的感情,我在他遗体前,不住地鞠躬,不住地嚎啕大哭,一路大哭,哭出八宝山……纬堂兄半生落魄,改革开放以后,十一届三中全会以后,才得以发挥他的全部聪明才智,但已年届半百,所以,不惜劳筋骨,苦心智,他才终日忘我工作,希望在学术上有所建树,有所贡献,方能对得起这个改革开放的好时代。正因为如此,体力透支太甚,一病即逝!空负大好时代,少出多少煌煌巨著,哀哉纬堂!痛哉纬堂!苦哉纬堂!八十年来我交友遑论百计，而援我携我者仅纬堂等数人矣！良师益友，不可多得，盖命欤？纬堂兄，师承南开大学郑天挺、谢国桢先生，二师均为海内考据学大师，纬堂兄承师业专攻版本目录学，并以其读书万卷、功底扎实而折服圈内人士。而其为人方正朴厚，心口如一，数十年不改初衷，尤其为学人称道。纬堂兄从事史学研究，虽不足20年，但著作甚丰，其主编及与他人合编的有：《近代文学随笔选粹丛书》八本，《现代学人小品文丛》八本，140万字的《北京传统文化便览》，还有《北京妇女报刊考》《北京的宗教》《北京城市生活史》《维新志士　爱国报人彭仲翼》以及为其师谢国桢选编的《瓜蒂庵小品》，为叶恭绰选编的《遐安小品》等。个人著作或合著的有《逝日留痕》《读史谈戏》等多种。余得大多赠书，并有纬堂兄的亲笔题签，今重睹又欲泣涕。然由他主编的最厚重的约400万字的大书《仕宦箴规耳种》书稿已然三校，可就在斯时，姜兄驾鹤，是书仍未见天日。后也曾听姜兄哲嗣姜秋生云：已有出版社拟出版这套丛书，倘能付梓刊行，姜兄泉下有知，当可瞑目矣！

[补文] 这篇文章，初稿写成于2006年。当时因为觉得还有些话想说，故此文没有发表。现在又过去了14年，我们国家在习总书记的领导下，在习近平新时代中国特色社会主义思想的光辉照耀下，整个社会又发生了翻天覆地的变化，知识分子的待遇和生活也发生了翻天覆地的变化！我们这些过去受过苦难的知识分子，是怀着感恩、感激、感戴的心情迎接今天这一美好的新时代的！因此我决定在这个时刻，将这篇文章发表，以纪念我们赶上这样一个好时代，更书写我们对习总书记的万分感恩之情。

叁 梨园名伶

谭门七世　独步梨园[①]

要说梨园行，一门三代、四代都干演员的，不算新鲜，到了五辈上就很少啦。笔者在 1959 年，高中毕业前夕，在《北京晚报》上发表了千字文《谭家五世》，曾引起不少戏曲爱好者的嗟叹：瞧瞧人家，都五辈啦，积德积的……如今，三十五年过去了，弹指一挥间，又挥出了两代，七辈了，都干这个，绝无仅有，独步梨园，够得上世界一"最"。

谭门七代为谭志道、鑫培、小培、富英、元寿、孝曾、正岩。谭家门还有别的亲枝也是唱京剧的，且不谈，只说这都是唱老生的一枝。

打根儿上说说谭志道

老谭家上几辈做何生意，在下实在打听不出来，听元寿兄讲，他高祖父谭志道的爹，是湖北武昌府江夏县人，是个衙门口捕盗拿贼的"马快"。独生儿子谭志道，一不习文，二不练武，就爱唱湖

[①] 本文初刊于《北京纪事》1994 年第 4 期，有增润。

北的地方戏汉调，也就是早期的京剧。先是业余"票"着玩，越唱瘾越大，后来索性"下海"成了专业演员，主攻老旦，兼唱老生，就指望着唱戏挣钱了。

这可把老太太（他母亲）气得"火"窜上了房。旧社会谁看得起唱戏的，那是下九流！张嘴就骂老头子："你儿子可唱上戏了，都是你缺德缺的，报应呀！还不赶快辞了衙门的差事！"

后来，他爹到底辞没辞"马快"，无可奉告。只知道谭志道的戏越唱越好，还得了一个绰号："叫天"。

为什么叫"叫天"，有好几种说法。

一种说法，谭志道嗓子又高又亮，可是不宽，窄细，唱起来，叽嘹叽嘹的，类似一种名"叫天"的鸟鸣声，于是得此雅号。

笔者查过辞海，方得知这种鸟就是云雀。此鸟别名"天鹨""告天子"，鸣声嘹亮高亢，却也好唱，据此细思，谭志道艺名"叫天"实为褒词，并无贬意。

谭志道唱了半辈子戏，太平天国造开了反，老谭便携妇将雏——刚刚几岁的谭鑫培，向北逃难，一来二去，跑到天津落了脚。谭志道接着唱他的戏，并要他9岁的孩子去学戏。他大概万万没有想到，他为博大精深的京剧菊坛输送了一个"谭派鼻祖""伶界大王"。

天上掉下谭鑫培这么一颗星

京剧行名角灿若群星，但只出了两个"伶界大王"：谭鑫培之外，另一个是梅兰芳。

但谭鑫培受的苦，受的罪，受的挤兑是非一般人可以忍受的；而他的勤奋刻苦，他改革创新的开拓精神，又是非一般人可以比拟的。

若详说,两三万字打不住,只好略讲,择其有情趣,能令人莞尔的说上几段,以作茶余饭后谈资。

谭鑫培九岁坐科"小金奎"学武生。"小金奎"解散,又跑到开封搭大梆班。十九岁同他父亲到北京,爷俩双双加入程长庚的三庆班。不想,刚搭班,嗓子倒仓,不用说唱,连念白都困难,只好去当翻斤斗的武行。他老爹平时对他要求极严,甚至可以说苛刻,抬手就打,张嘴就骂。嗓子瘪了,这种责罚尤甚。有时爷俩碰到一起,在一个饭桌上吃饭的时候,老爹便指着他鼻子骂道:"看你将来成个什么东西!"看来这位谭叫天,真够挤兑儿子的,从他这语气里,可以体会出爸对儿子已经完全失望了。

谭鑫培不因老爸的挖苦与责骂而气馁,反成了他勤奋刻苦的动力。不分昼夜寒署,持之以恒,苦学苦练。

那时,他在三庆班主要唱武戏,什么《界牌关》《英雄义》《白水滩》《恶虎村》这些短打武生戏,还有像《挑滑车》那样的长靠武生戏,他都硬砍实凿,有真功夫,比别的人强。这都有赖于他受过押练。原来,他在三庆班当学徒效力的时候,白干活拿不着钱,就和唱花脸的何桂山偷着跑出北京去往河北东光、蓟州、遵化等地唱野台子戏。每天怀里揣着小米面贴饼子脚打地二三十里,夜里就在露天地里睡觉,唱武生兼武丑。越受苦越长能耐,落了个身手敏捷,武艺超群。

可是他唱老生戏有点先天不足。头样吃亏在扮像。他个头瘦小,脸庞也不大,比刀条脸宽不了多少;第二样吃亏在嗓子,虽说音色挺好听,可老事年间讲究黄钟大吕、实大声宏。他一琢磨,不能照老模子套,得走改革之路,自个儿创出一条新路来。

那时老生行分什么徽派、汉派、奎派;唱的剧目又分什么安工老生、衰派老生、靠把老生等,都有严格的界线,不可越雷池一步。谭鑫培决心不管这些清规戒律,抱定一个宗旨:你们哪一出戏好,我就学你哪一出。举例说：同是唱工戏，《碰碑》《桑园寄子》《打棍出箱》学前辈余三胜;《乌盆记》《上天台》则宗法王九龄，《文昭关》宗师程长庚，《空城计》就效法卢胜奎：而《探母》便径学张二奎。再看同是做派戏，《状元谱》学程长庚、《天雷报》宗周长山；至于靠把戏，也是这样，《定军山》法余三胜，《镇潭州》《战长沙》效程长庚……简短截说,谁好就捋谁的"叶子"(即偷学、化用别人的绝活)，一勺烩。这还不算，甚至连悦耳的青衣唱腔，苍凉的老旦唱腔，刚劲的花脸唱腔，以至连峭拔的大鼓腔都揉进他唱腔的旋律中，这就叫集众家之长于一炉，并逐渐丰富发展，于是在19世纪80年代初，在北京，一个崭新的京剧流派——谭派诞生了。

谭派区别于其他流派的，唱法上不以高音大嗓，声震屋瓦取胜，而讲求唱腔的婉转曲折，俏帅悦耳，有强烈的特性。做表上，一切服从于塑造人物，以准确地刻画人物鲜明性格为最高目的。

由此看来，谭派是由一位最富于改革和创新精神的大艺术家创造出来的。谭派是个大熔炉，倾注了多少原材料经过冶炼炮制而成。在当时，它最不保守，最富于朝气和活力。

但是，谭派也曾遭到许多人包括许多京剧前辈和顾曲家的责难甚至辱骂。例如谭鑫培的老师程长庚既爱其才又恶其不守成法，曾说他在艺术上是"不守绳墨，外造添魔"的"怪物"。在程大老板逝世的前几年，那时，谭鑫培已经小有名气了，程长庚还单独和他谈了一次话，语重心长地说：你过去唱武生戏所以不能大红大紫，皆因你扮像太苦，尤其光嘴巴不戴髯口(胡子)，更显着口大，今天你唱老生戏，戴上髯口，把嘴盖住了，好看多了，等于做了一次美容手术，再加上你嗓子越唱越好了，"当无往不利。惟子声太甘，近于柔靡，亡国音也，我死后，子必独步，然吾恐中国从此无雄风也。"

"声太甘"就是说他的嗓音音色太美太柔和，程认为是"亡国之音"，这话当然不对。可是说自己死后，谭鑫培必雄冠一时，成

为伶界领袖,还是有知人之明。

可是另一长辈艺术家,唱小生的徐小香对他则没有这样客气了,他认为谭鑫培只能唱武戏,不能演老生。有一回,管事的派了谭鑫培一出《文昭关》,徐大老板生气了,竟在后台的墙上大书"叫天儿本演黄天霸,他也要唱《文昭关》",简直近于挖苦了。

这时,他的艺名也叫"叫天",因为他爹叫"叫天儿",大伙就管他叫"小叫天儿"。

清廷王公贵胄没有不喜欢京剧的,可是大权贵恭亲王奕䜣就不看谭叫天的戏,还说:"要看他我还不如看青衣戏呢。"这也很恶劣了。笔者以为令恭亲王如此不快也许还有别的原因。或许因恭亲王与慈禧为政敌,慈禧喜看叫天戏,奕䜣便贬低老谭,这种政治因素或许有之。

然而老百姓对谭鑫培是十分买账的。

当时的谭腔"杨延辉坐宫院……""店主东带过了……",真是贩夫走卒都能哼两句,所以当年老北京流传两句话,叫"有匾皆书塝(大书家王塝),无腔不学谭"。

文人歌咏更是比比皆是。梁任公启超曾题诗一首,曰:"四海一人谭鑫培,声名廿纪轰如雷。如今老矣偶玩世,尚有俊响吹埃尘。"狄楚青也有诗曰:"太平歌舞寻常事,到处风点五色旗。国事兴亡谁管得,满城争说叫天儿。"虽是讽时之作,但也从侧面反映了谭鑫培影响之大。

谭鑫培大红后,对自己的要求更严,而对同台的演员要求亦严,有人出了错,一般他不给遮掩,反而当场指出,毫不客气,于是便留下许多趣闻。

说有一位名净陪谭老板演《失空斩》,这位名净演马谡。要斩马谡时,谭老板扮演的诸葛亮念到最后一个"斩"字后,马谡就该下场了。可这位爷不知犯了什么病,走了几步快到下场门时,突然一转身他又抹回来了，而且冲着台下来了个三笑："啊哈，啊哈，啊，哈哈哈！"然后又跺了一脚，说声"走"，才准备下场。谭老板一看，这是怎么一档子事，成心开搅呀！想溜？没门儿！立即拿扇子一指，冲着刀斧手说："招回来！"那位一听，老西跺脚——坏了醋啦！没辙，回来吧。就听上面问下来啦："马将军因何发笑哇？"那他哪儿答得上来呢！愣在台上了，台下"哇"一声，来了个敞笑。谭老板接着又问："为何发笑呀？"这位一想：我不能老没词儿呀，可这么一说，那台底下非飞茶壶不可！干脆，胡说吧："我笑我该死呀！"这一下，不但台底下，连台上的全都"喷"了——哄堂大笑！打这儿起，这位不敢再在台上开搅了。

有人说，这些地方谭鑫培未免有失厚道，未免过于尖刻。其实不然，惟有如此不护短，同台演员方能心存戒心，不敢懈怠。也有人说，谭老板对于那些初学乍练者，尤其是小孩子在台上作艺时，他是多方照顾，百般维护，可见他也是区别对待，因人而异。

再讲个谭老板让大轴的实事儿

在谭鑫培做同庆班班主时，武生泰斗杨小楼还是个小青年，在该班里做武生演员。按照谭的地位、威望，自然"大轴子"戏永远是他唱。可他见杨小楼学艺刻苦，技艺日臻完美，便几次要把"大轴子"让给他唱几回，可小楼不敢抖这个机灵，始终不接。谭记在心中，暗打主意。

有一年农历三月初三的头天，谭对杨说："明天是蟠桃会，我要去东便门外蟠桃宫赛马。唱完大轴再去准赶不上了。嘉训（小楼别名），咱爷俩换换戏吧！"杨小楼这时也不好再说什么，只好硬着头皮答应下来。临走，叫天又说了："那咱们一言为定，明儿你唱《铁

笼山》，准炸窝儿！"

第二天，谭鑫培唱完《洪洋洞》就走了，下边就是小楼的"大轴子"《铁笼山》。事到如今，他只好豁出去了，使出了浑身解数，结果很圆满。戏散了，小楼一进后台就有人"递"给他：谭老板压根儿没去蟠桃宫，而是躲在台帘后边，偷瞧了一整出《铁笼山》。临走，还又夸又赞。杨小楼这会儿才明白：去蟠桃宫赛马是假，拉帮自个儿是真，这老爷子真是用心良苦呀！心里一阵热乎，赶忙洗把脸，然后一路小跑就奔了前门外大外廊营一号谭宅。

一进门，谭鑫培就笑着对杨小楼说："嘉训，我准知道你会来，正等着你哪！唱得不错，往后，咱爷俩倒着唱'大轴'，好好努力！"他还把杨小楼今儿演得不到家的地方，又给说了一遍，直到杨完全领悟为止。

您说，谭老板厚道不厚道，提携后辈，可谓不遗余力。

还有令人想象不到的，是谭叫天唱过现代戏。有位朋友说，太玄了点儿吧！现代京剧不是新中国成立后六十年代的事儿了吗？不然，京剧从发轫时起，就演现代戏。例如，著名的武戏《铁公鸡》不就是咸同年间的现代戏吗……那么，谭鑫培演的到底是什么现代戏？且容在下慢慢道来……

老谭演的现代戏，名为《惠兴女士》，时间是1905年（清光绪三十一年）旧历十二月，地点为北京鲜鱼口内天乐园，共演出了三场。

事情的始末根由是这样：惠兴女士实有其人，她是杭州贞文女校的校长。她曾为了兴学筹募基金。要募捐当然先要找政府要人、商业大亨，可当她向清廷驻杭州的将军瑞兴募款时，竟被这位盛气凌人的武夫当场羞辱一番。惠兴不甘受辱，以自杀抗议。

这件事影响极大，全国舆论大哗，国人共愤，也引起京剧界同仁的义愤和同情。当时，由具有维新思想的梨园会首田际云发起，并在谭鑫培的积极支持与参与下，决定一要为惠兴女士的惨死呼吁，二要为贞文女校募捐。于是他们请来贾润田执笔，以极快的速度，把惠兴女士的事迹写成了一个现代京剧，并立即付排。由名旦响九霄即田际云饰惠兴，老生泰斗谭鑫培演清廷将军瑞兴，全部现代服饰，京白京腔。议定义演三天，张扬正气，以助惠兴未完成的心愿得以实现。三场演出，观众满坑满谷，一为向惠兴女士致意，更为一睹老谭演现代戏风采。老谭着旗装、顶带、补褂，举手抬足，俨然满清恶吏，极为成功。这主要归功于谭老板曾于内廷供奉，整日与清廷王公大臣接触，故饰演清室将吏惟妙惟肖，成竹在胸。

三日义演收入颇丰，除必要的花销外，所余二千四百五十两白银，全部捐助杭州贞文女校。从而在戏曲史上留下一段佳话。

老谭的趣事雅事乐事，实在太多，再说就絮烦了，到此打住，换个题目，说说他们家的谭老五。

承上启下谭小培

谭鑫培儿女甚多，共有八男二女，简直和山后磁州金刀杨令公他们家一样：七郎八虎外带八姐九妹。

这哥儿八个基本上都干梨园行，可平时养尊处优，特有出息的，还真不太多。倒是五爷嘉宾，艺名谭小培的，也唱老生，虽不能克绍箕裘，却也不失为一代名伶。

谭小培自幼坐科于北京小荣椿社科班。在富连成科班以前，这个科班是有名气的。班主是唱武生的杨隆寿（杨家至今也是四五辈都唱京剧）。这个科班培养出不少人材，像杨小楼、程继仙、水仙花、郭春山、许德义、钱金福、蔡连贵、叶春善等，都是这个科班培养出来的。而谭老五也是这个科班的高材生。

要说谭小培嗓子算不错，身上也还顺溜，虽然玩艺不是顶地道

的,可如果仗着他们老爷子的福荫,插鸡翎组班挑大梁也不是不行,可咱们这位谭五爷高就高在:一,有自知之明;二,这位爷为人恬淡,按现代流行语就是潇洒走一遭,不愿意活得那么累。所以,不论搭谁的班,都给"角"挎刀,挂二牌。经常合作的是尚小云和程砚秋两大名旦。唱的戏,多是谭派本门的唱工戏,像《卖马》《碰碑》《失街亭》《天雷报》以及一些生旦对戏《武家坡》《战蒲关》《乌龙院》,等等。可是谭门最赢人的靠把戏,像《定军山》《战太平》《宁武关》《珠帘寨》等,他是一出没有,这也是谭五爷明白的地方。他在武的方面,没受过罪,没下过二五更的功夫,即使演了,也不像样,倒捅娄子,还是藏拙的好!谭小培的聪明就表现在这里。

可谭小培仍然是谭门的一大功臣,因为在培育谭门优秀接班人谭富英上,可谓耗尽了心血,使他成为发扬谭派艺术的栋梁之才,所以,谭小培是承上启下的枢纽人物,功不可没。

谭小培四十岁以后,基本不搭班唱戏,一门心思都用在儿子富英的身上。当谭富英还在科里学习的时候,便是"科里红"。毕业出科后,更是大红大紫起来。谭小培操办谭富英一切演出活动,使儿子得以全身心地钻研艺术,而谭小培在剧团管理上,也呈现出特殊的才能,是个出色的剧团团长。

有这么一档子趣事。20世纪30年代北京有一家《戏杂志》登载了这样一则花边新闻:说在北京大外廊营一号正房内,谭小培指着墙上挂着的谭鑫培大照片,对垂手侍立的谭富英说:"你父(即指自己)不如我父。"然后又一指在院里练功的其孙谭元寿说:"你子不如我子(即指谭富英)。"这两句话真是妙语惊人。意思是,我谭小培在艺术上,虽然上不如父,下不如子,可是我的命好,上有好爸爸,下有好儿子。

这两句妙语,不知是出自好事的文人杜撰,还真是出自谭五爷之口,无可考。但起码谭五爷没有打名人官司,不像现在有些闲得没事干的人，动不动就告别人侵权。

从这件事情上，可以看出谭五爷心胸之豁达，是个既乐观又幽默的雅士。

还有件事可大书一笔。新中国成立后，谭小培被中国戏曲学校请出山，做了十大教授中的一位。1951 年，戏曲界为支援抗美援朝捐献飞机大炮举行盛大义演。中国戏曲学校的十位老教授主动请缨演戏捐款。一台精彩绝伦的京剧晚会在鲜鱼口大众剧场演出。"大轴"戏为《法门寺》，年逾古稀的郝寿臣、萧长华都剃去胡须参加演出，而剧中一号人物赵廉，便是由六十九岁的谭小培扮演。这位久不登台演出的老演员，凭着他对新中国的热爱，演唱起来，满宫满调，台下掌声不断，而他也激动异常，认为自己宝刀不老，尚可一试锋芒。

1953 年 8 月，谭小培病逝。其子谭富英当时不在北京，正在朝鲜慰问中国人民志愿军，闻讯后匆匆赶回北京。谭家为谭小培大办丧事。那时还没有进行殡葬改革，出了一个极其隆重的大殡。在京的京剧界同仁几乎全体参加了送殡的行列。队列排行长长的，总有千人之多。许多京剧爱好者，也都上了街，排列在前门大街到永定门沿线，一为谭门第三代传人送葬，更为瞧瞧他们心目中崇拜的名伶在台下的庐山真面目，而走在最前面的便是其子富英和长孙元寿。

四大须生之一的谭富英

谭门第四代出了一个挂"帅"的人物，他便是谭富英。

他 12 岁即入富连成科班学艺。谭小培要求科班的老师：不要考虑他是谭派鼻祖、伶界大王谭鑫培的孙子，而有所照顾，要和对待一般学生一样，严格要求，不能有丝毫偏向。所以，谭富英在科班里受到近乎苛刻的训练，文戏、武戏都砸下坚实的基础。难能可贵的是他有一条又宽又亮又好听的嗓子，一般人绝难有如此好的天赋，又加上他为人规矩严谨、刻苦自励，因而在富连成科班时，就是台柱子。18岁出科后，先是搭四大名旦的班子，挂二牌，几年之后，便自组同庆社，异军突起，成了顶呱呱的挑梁大老生。

谭家门的戏他都能唱，甭管文戏、武老生戏，都是上乘。尤其是《定军山》《战太平》《南阳关》这些谭门的拿手杰作演来更是十分精彩，成为自谭鑫培后，演靠把戏最出色当行的好"角"。

谭富英第一次外出表演是在十里洋场的上海，头一出打炮戏便是《定军山》。他的老黄忠，红遍上海滩，那些个珠光宝气的沪上太太小姐们，同样喜欢这个耍大刀的青年"老头"。

谭富英中年便与马连良、杨宝森、奚啸伯等人合称四大须生，名驰中外。

笔者特别要讲讲谭富英的戏德。他人品高尚，从不争牌位，讲条件。为了演好一出戏，屈己待人，甘当配角。1956年以后，当时的北京京剧团有所谓马、谭、张、裘、赵五大头牌。到了五十年代末，京剧上座率已经开始下降，为了赢得观众，剧团经常请几大头牌演合作戏。谭富英在合作戏中，来配角时不少。如马连良演《四进士》，他扮演二路老生毛朋；张君秋、裘盛戎演《秦香莲》，他扮演陈世美；张君秋演《状元媒》，他来宋玉；名剧《赵氏孤儿》中他也只来二路老生赵盾……甚至在1959年与中国京剧院合作演出的《赤壁之战》中，马连良扮诸葛亮、李少春饰鲁肃，他扮演只有一场戏的刘备。可他绝无怨言，而是认认真真执公执令地演好。这是多么难能可贵呀！观众一方面看到好戏，一方面对具有美德的谭富英更热爱更崇敬了。

哪像现在有些演员，能耐不大，毛病不小，唱二路不干，偏要来头路。于是光有诸葛亮，找不着王平了。还有什么"我不能给他配戏啦""台上我不能跟他见面了!"虽在一个团里,都是你鼓着,我瘪着,跟乌眼鸡似的,这戏的质量能上得去吗?老埋怨京剧没观众,能多得了吗?再不团结窝里掐,京剧不完也差不多啦。

所以笔者特别希望大伙都学学谭富英先生一心为戏不讲其他的精神。

文武兼备的祖孙三代:元寿、孝曾、正岩

谭元寿也是富连成做科,文戏武戏两门抱。出科以后,又拜李少春为师,所以除了谭家本门本派的老戏都拿得起来外,李派的《打金砖》《智激美猴王》他也唱得相当精彩。

1964 年开演现代戏,谭元寿在《沙家浜》中扮演的郭建光脍炙人口,展示了他多才多艺的品格。

如今,元寿已然 65 岁(此时为 1994 年),却是老当益壮,不减当年。仍能演出《定军山》这样吃重的靠把戏,腰腿灵便,神采奕奕,说明幼工极深,才能英气犹在,祝愿元寿兄永葆艺术青春。笔者与元寿兄交谊深厚。最近(2019 年)我有一长文专门介绍这位已逾米寿却老当益壮的梨园老寿星。

孝曾是元寿的长子,自幼入北京戏曲学校学文武老生戏,正当学业精进时,"文革"兴,戏校"战云"翻滚,学业大受影响,幸家学渊源,得到老辈的精心点拨,艺术上不断前进。目前是北京京剧院二团主要演员。文戏如《赵氏孤儿》的赵盾;武老生戏如《战太平》的华云,都给观众留下深刻的印象。

目前(2020 年),由于孝曾多年苦学苦练,艺术上的精进可谓突飞猛进,与昔日不可同日而语。现在他已是北京京剧院九大头牌之首,全国政协京昆室副主任,并开山门授徒传谭派艺术,又成为

谭派艺术承上启下的又一代表人物。

谭正岩为孝曾独子,今年 14 岁(此时 1994 年),目前在北京市戏校学习,也是文武两门抱。他天赋很好,嗓子又冲又亮,武戏也气度不凡,开打勇猛俏帅。目前,文戏能演《探母》《黄金台》《二进宫》《文昭关》;武戏能演《白水滩》《蜈蚣岭》,很受观众喜爱,对他报着殷切希望。

眼下正岩已达而立之年,艺兼文武,唱、做、武俱精,而且在传播京剧艺术上,在电视台现身说法,不遗余力。不久前,又和其父孝曾合作拍摄了谭门本派最拿手杰作《定军山》的戏曲电影,他既扮黄忠,又扮赵云,前文后武,继承了谭门数代的绝技。今年(2020年),正岩又在北京京剧院的新剧《许云峰》中,扮演一号人物许云峰。他在剧中的四段主唱中,发挥得极好,高亢激昂,遒劲有力,既符合人物性格,又充分展现了谭派唱腔的特色,从而受到京剧观众的热赞:"谭门有后!"

拉杂闲扯,可视胡云,只是希望谭门在京剧舞台上,更多代地传衍下去,这是笔者掏心窝子话!

九旬老人对京剧壮心未已[①]
——我与谭元寿老大哥的友谊

我与谭元寿大哥六十年友谊，至今往来如初。身为京剧耆宿、梨园世家、全国政协老委员的谭元寿大哥是谭门第五代传人。今年91岁，已是鲐背之年，但身体健壮，精神矍铄，思维敏捷，这位京剧泰斗可称是梨园长寿星。我与元寿大哥相识于1957年，至今已六十二年矣（其时为2019年）。数十年如一日，交往未曾有变。去年也就是狗年，元寿大哥还派遣他的儿子谭立曾先生来家拜年，立曾先生也是60开外的人了，令我惴惴不安，实不敢当。今年猪年立曾先生家事较多，未能抽出时间来家拜年，但仍打过电话来，代表他们老爷子问候新春。当然我是兄弟，我先要向老大哥在电话中拜年，这个礼数不能错了。我们互致拜年以后，立曾老侄说，你们老哥俩这么多年了，中间有很多的故事，您能不能够写一些？许多票友和后生晚辈，一定都是很愿意看的。我二话没说，当即便答应了，其实我也早有此意，想把我和元寿大哥这些年的交往友谊写出来。说实在的，我认识那么多的京剧演员，最初相识的梨园界朋友，就是谭门三兄弟，就是谭富英老爷子的一个儿子和两个徒弟。除去谭元寿大哥以外，还有马长礼三哥和高宝贤大哥。这是我最初认识

[①] 本文初刊于《人民政协报》，又《芳草地》2019年第4期。

的戏班的朋友,也是一直保持深厚友谊的朋友,几十年都没有断交。这次我主要是说我和谭元寿大哥的交往。下面,我就说一说,我们是怎么相识的。

最初相识谭元寿大哥　介绍人是一位大和尚

那是1957年,我刚刚上高中一年级,因为是世交,我认识一位大和尚,他在德胜门鼓楼外大街铸钟厂附近的瑞应寺庙出家,法名宝林。这是一位对佛学、儒学等学问很有研究的一位和尚。他年岁也不大,30岁多一点。能写会画,写一笔好毛笔字,尤其他还是中医大夫,有执业看病资格的大夫。他唯一的爱好就是京剧。他就在德胜门门脸儿一个中药铺坐堂看病(年深日久,这个药铺的名字我忘了),病人还是很多的。那时候的京剧演员,很多都爱交往大夫,因为演员唱戏就怕嗓子坏,万一嗓子出了点儿什么毛病,有自己知己的大夫看,心里便放心,也省事儿的多,主要是不耽误时间。所以宝林禅师有许多京剧演员朋友,最好的是谭元寿、马长礼,还有上海的黄正勤以及吴素秋、姜铁麟等。记得那一年,有一天,大概是暑假期间吧,我接到一封宝林大哥的来信,说要我某天的下午,到他坐堂的那个中药铺去,他要介绍给我一个朋友,就是谭元寿。那时的元寿大哥,虽然还不是如现在的大名鼎鼎如雷贯耳,但也是很了不起的京剧演员了。也许你们要问,这么点儿事儿还要通过写信吗?是的,那个时候不用说手机,连电话也不普及,只有通过公用电话来联系。其实这更麻烦,接电话送电话要很费时间,所以那时就是通信,头天写第二天就接到了。我当然非常高兴,便按信中要求准时到了这个在门脸儿的药铺。那个时候元寿先生已经先到了,我经过介绍以后,看见了一位个子不高,但是精神头十足,两眼倍儿亮带反光的这位我心仪已久的大演员。我那时候十七八岁，应该说还是个小青年，当时我是非常激动的。因为我那时是谭派的铁杆儿粉丝，所以那会儿的心情，做过票友的人，都会很明白的。我们都谈了些什么，我现在怎么也想不起来了。谈了一会儿，就到了下晚该吃饭的时候了。和尚大哥就请药铺里面的朋友买了切面，做的是炸酱面，但里面没有肉是鸡蛋的（因为得照顾吃素的宝林和尚），面码就是黄瓜，还有两头蒜。我有点尴尬，天呀！心说这么简单的饭，这位大演员能吃吗？没想到，面端上来以后，我们这位元寿大哥吃得很香。据宝林大哥介绍：每次元寿大哥到药铺来聊天儿，这位和尚大爷，就是以素炸酱面佐餐。最多就是准备二两二锅头白酒，两根洗干净的黄瓜下酒，而且据他讲，每次都吃得非常香。这在当时给我留下非常深刻并极好的印象。当然那时我还不会说他是一位平民大演员。

  我这里再补充一下，为什么元寿大哥和这位和尚大哥有很深的交情呢？固然因为宝林禅师是一个相当好的中医大夫，再有一个就是谭家和寺庙、和佛门有着很深的缘分。元寿先生的曾祖父，有着"伶界大王"美誉的谭鑫培就是和戒台寺的老方丈有特别深的友谊。每年的夏天歇伏，他老爷子都要去那里避暑。谭大王的墓地就是这戒台寺的老方丈送与他的。因为有这个渊源，谭门数代都与佛门有较深的渊源。另外宝林大哥之所以介绍我给元寿大哥，这里边还有一层意思。我虽然是一个高中的学生，但我已经在舞文弄墨了。在不久前，我为元寿大哥的师弟马长礼写了一篇文章，标题是《在世界联欢节上获得银奖的马长礼》，发在当时北京文化局办的一个叫《剧目演员介绍》的4开4页的周报上（当时的北京晚报也是这样大小），这份报纸是在各个剧场里边发行售卖的。那时的剧场很多，戏曲演出很活跃，所以发行量还是很大的，特别是在一些票友和观众当中是很有影响的。我当时一点没打奔儿就答应了宝林禅师，决定过两天，我再和元寿大哥聊一聊,我就动笔开写,后来又聊了几句,于是我们就趁着夜幕降临各自告辞了。我当时是骑着一辆自行车,非常高兴地回到前门外东珠市口我的家中。

贵客来到我家,正赶上我吃饭,窝头就臭豆腐

又过了几天,大概是一个星期天的中午。我家来了贵客,谭元寿大哥亲自到我家来了。这是很出乎我的意料之外的。大哥长我10岁,那年我18岁,他应该是28岁,是名副其实的老大哥,要拜访也应该是我这个小弟弟去拜访老大哥的。这时我家住的还是平房,不过是个独门独院,所以若有来客,便是找我们家的。当时我觉得门外有人影晃动和轻轻的敲门声,我打开屋门一看,竟然是元寿大哥,笑嘻嘻地站在门口,我赶紧请进来。这时候正赶上我吃饭,而且家中其他人都外出,只有我一个人。那天吃饭很惨,在饭桌上仅仅是窝窝头,还有北京的酱豆腐、臭豆腐和葱丝,没有其他的了。我很尴尬地说,这回算让您赶上了,我也没法请您吃。元寿大哥笑嘻嘻地说:永和兄,我已经吃过了,吃窝头有什么不好?我们家也是经常换换口味吃点杂粮。您先吃饭,待会儿咱们再聊。我赶紧把这简单的饭吃完,然后沏上了茶,我们两个人便聊了起来。元寿大哥主要谈了他们家的家事,还有他的业务情况以及最近演出的情况。说了大概有两个小时,元寿大哥便告辞了,我便亲自送到门外并非常抱歉招待不周,元寿大哥报以亲切的微笑并和我握手。这之后我便写了一篇千字的文章,题目叫《谭门有后》。不久就在《剧目介绍》上刊发了。当时这份报纸负责人有三个,主编叫郑攸之,是大诗人柳倩的爱人。两个编辑,一个叫胡宪曾,是个老报人。另一位叫刘建华,是老北大的毕业生,也曾经做过敌伪时满映电影制片厂的导演。20世纪70年代后期,建华先生被

调到北京市戏曲学校，协助佟志贤校长做文字工作。他工作极端认真负责，出了好几本有关京剧的书。我的这篇文章就是他负责签发的。文章发表以后，很快元寿大哥就看到了，他尚满意，但是我觉得很不尽兴，我还想为大哥再写一两篇文章，于是过后不久，我又写了一篇题目为《谭家五世》的文章给了《北京晚报》。当时晚报副刊管戏曲的编辑是黄亚昌先生，这是一位资深的老编辑，他看了我的文章以后，很感兴趣，说是提炼得不错，但需要有一张谭门的照片。但真是事情不凑巧，元寿大哥那时正外出巡回演出不在北京。报社又要得急，于是下面又有一个故事。这时我想到我的老恩师，中央戏剧学院周贻白教授。我去他家的时候，他屋中的墙上挂着两幅谭鑫培和王瑶卿的剧照，一幅是《汾河湾》，一幅是《南天门》。我为了救急，我就向周老师说明来意，借这两幅照片中的一幅照片。老师非常痛快地就答应了，让我拿走那幅《南天门》的剧照。后来报纸上发的就是这个照片。当然照片用毕我就给老师又送了回去。

  时光如箭，大概又过了一两年吧，我想给元寿大哥再写一篇更系统更详实的文章，主要想把谭门几代都介绍一下（这时候谭孝曾还在戏校学习）。我还想发在《北京晚报》上，这时候《北京晚报》管戏曲的编辑已经换了叫侯琪的女士（后来她调到了北京十月文艺出版社）。一天我们俩约好，我同侯琪就到了前门外大外廊营1号谭家老宅去采访。谭家有好几个院子，元寿大哥住在最后一个院子的厢房里。正房住的是谭富英先生夫妇。我们是下午3点到的吧，这时候元寿大哥正在睡午觉，见我们来了慌忙起床，并致歉意。当时我们谈得很愉快，准备写三篇连续介绍谭门的文章。可是这次这个文章却没有写成，因为不久我便由马长礼三哥介绍去了吉林省的长春，任吉林省京剧院的编剧而离开了北京。这三篇文章就黄了。我后来再给大哥写文章就是20多年后的1990年，为庆祝徽班进京二百年。谭元寿大哥和他的儿媳阎桂祥连袂演出了绝响舞台的《黑

水国》(即《桑园寄子》)。我在晚报上撰文介绍。但我尚觉得谭门七代这事,始终没有为元寿大哥写一篇很像样的文章,后来终于有了机会,我在1994年第4期的《北京纪事》杂志上,终于发表了一篇4000多字的文章:《谭门七世 独步梨园》,从谭志道老先生一直写到谭正岩,总算初步完成了我的心愿。

谭元寿大哥请我看的几出戏

我看谭元寿大哥的戏多了,怎么还有"大哥请我看的几出戏",是不是写错了?还真没有,有三出戏,是元寿大哥自己掏腰包花钱买票请我看的。哪三出呢?头一出是他主演的文武并重的《野猪林》。第二出是他主演的《群英会 借东风》,后面再演一出《三岔口》,前文后武。第三出是他主演的全部《失空斩》(《失街亭》《空城计》《斩马谡》的并称)。其实元寿大哥会的戏极多,文武老生戏,武生戏,猴戏等,大概有200来出。他为什么花钱请我看这三出戏,是有他的道理的。他的这出《野猪林》,宗的是纯李(少春)派!他在青年时是拜过李少春的。这出少春老师的拿手杰作,是他年轻时苦苦追逐的梦。他在上海挑班时,这出戏曾经连演过多场,常常客满。我看他这出戏确实有李派神韵,无论是前面的文戏,包括难演的"白虎堂",还有后面的"发配"。都非常精彩。最后的开打,一人打八人,武打技巧十分娴熟。所以这是他继承李派非常地道的一出好戏。第二出戏《群英会 借东风》,是和他的师弟马长礼合作的。长礼扮演孔明,当然也演得非常好,元寿大哥的鲁肃,克绍箕裘,谭家几代老生都是演鲁肃的,把鲁大夫的那种忠厚老实又不失机智的大政治家风度展现得活灵活现。后面他的武戏《三岔口》,和他富社的师弟翟韵奎合作。他扮演武生任堂惠,身上干净,腰腿漂亮，而且非常富有人物性格，也是李派风格。至于《失空斩》是谭门本派的杀手锏。那时候元寿大哥虽然只有30岁左右，还很年轻，但是他扮演的诸葛亮就很有分量，很有威严，就是一位汉大丞相。至于说他的唱腔，全是谭门韵味。再说元寿大哥的嗓子，高亢、浏亮、清脆、刚劲。全剧唱起来，嗓子富富有余，效果非常好，所以，这就知道他为什么请我看这三出戏，这是让我对他在艺术上有比较全面的了解。他其他的戏，我基本上都看过，这里限于篇幅我就不来介绍了，但是最后还要说一下，他60岁的时候，还能够演《打金砖》。这也是他学习李少春老师的杰作。前面的《上天台》，他的大段唱不说了。后面"太庙"那一折，他是又翻又摔，那时他已是花甲之年，一点没有勉强之感，而是帅、漂、溜，展现了他幼工的坚实。剧场里的掌声轰鸣般，一浪接着一浪。坐在台下看戏的我，激动得几乎心脏从腔子里蹦出来。

谭门家风老礼依旧令人钦佩

至今谭门家风依然保持着昔日老年的规矩。长幼有序，不废旧规。谭门七代，严于治艺，以孝治家。忆当年我在二十多岁去谭府的时候。在街上我碰到还是学生的谭孝曾，他骑着一辆自行车，见了我以后，立刻捏车闸从车上蹦了下来，规规矩矩地叫一声叔叔，然后侍立道旁，太有礼貌了，令我钦佩不已。现而今，每到春节，家人们对元寿老爷子仍然是磕头拜年，遵守老礼。习总书记提倡家风家教，"天下之本在国，国之本在家""积善之家必有余庆"。谭门本着家和万事兴的原则，所以才能够七代梨园。九十岁的谭元寿大哥，人，虽然不能到剧场去，但仍然关心着京剧的继承与发展。每晚中央电视台的戏曲节目，老爷子都要看。老爷子对京剧的发展

有很多的真知灼见,他每每发言,都是语惊四座,是非常非常珍贵的。最近,他看了我和北京京剧院的著名梅派青年演员王怡的在央视的访谈。又看了王怡主演的《穆桂英挂帅》,老爷子就有许多的想法,于是就让立曾打电话给我,要去了王怡的电话,说老爷子要给她点拨一下。而且在得到电话后立即就提了几点很好的建议。元寿老爷子虽年过耄耋,却壮心不已!关心着京剧的剧目建设,关心着京剧的人才培养,他本人又非常谦虚,常常说自己就是一个普通的演员。元寿大哥这种美德,才是一个德艺双馨的大京剧艺术家。

谭派大老生高宝贤这一辈子

京剧四大须生，著名谭派老生表演艺术家谭富英先生，艺术上是最棒的，但是收徒却不多。在北京有两个徒弟，还有一个儿子继承他的谭派艺术。两个徒弟是马长礼、高宝贤，后来都成为老生表演艺术家。儿子谭元寿当下更了不起了。今年92岁，耄耋之年，颇有当年伶界大王谭鑫培的范儿。非常值得骄傲的是，我在少年时就与这三位生行领军人物相识，并且成为好朋友。1957年我与马长礼结识，并为他写了一篇文章《第六届世界青年联欢节获银质奖章的青年演员马长礼》。转过年，1958年为谭元寿先生写了一篇文章《谭门有后》。同年结识了后来成为我最好的朋友的高宝贤。那天是1958年夏天的一个中午，元寿大哥在广和剧场演戏，他的大轴《定军山》，我当然要去欣赏。散戏以后我到后台去找他，遍找没有找到。一位个子不高的青年演员，就是刚才在场上扮演老严颜的，告诉我元寿有事已经走了。说话的语气非常和蔼诚恳，我知道他就是高宝贤，元寿先生的师哥。人没找到，我心中有些遗憾，但也没辙，我又在后台转了一会儿，然后出门去存车处取自行车。不想在那里又碰上了高先生，他也去取他的自行车。于是我们又聊开了。他问我是哪位，找元寿有什么事儿他可以转达。我就自报家门，说没事儿，就是来看看他。他听到我的名字后并不诧异，说："我知道您，您不是给长礼和元寿都写过文章吗。"然后他又说，"明天白天我在朝

阳门外朝阳剧场有场戏,是给赵燕侠的民营班儿帮忙,压轴儿是我的《战太平》,您要有空儿,欢迎您去指导。"

恰巧明个是星期日,我学校没有课,很愉快地就去了朝阳门外的这个小剧场。很出乎我的意料,这个平时只扮演二三路角色的大老生,今天这出本是谭、余两派的拿手杰作《战太平》,高先生表演得相当不错。嗓子很"赢人":逢高必起,没挡。这很不简单了,身上更是相当的利索。花云被绊马索绊下马来,扎靠走[虎跳]。干净漂亮。后面"大帐"一场,甩发带手肘,边唱边舞,几段[流水]相当流畅,而且甩发与手肘上的锁链的抛接边式都相当准确,一举一动都有准地方。后面持双刀与汉兵的开打也中规中矩,毫不含糊。看来是经过高人指点的,把这出唱、做、打兼备而非常不好演的戏,演成这样很不容易了。

散戏后,我在后台见到了他,对他演出的成功表示热烈祝贺。他邀我和他一起回家说会儿话、聊聊天儿。他家住在当时的崇文区南岗子李家坡2号。我愉快地去了他家,虽然是平房,但是却很宽绰。宝贤自述,他自幼学戏,宝兴社做科,学文武老生。50年代初加入谭富英、裘盛戎领衔的太平京剧社。由于长期随侍谭富英老师鞍前马后,甚得谭先生的喜爱,1954年与马长礼同时拜入谭富英先生门下成为谭派大弟子,从而得到谭老师更多的教诲。有一些谭门的骨子老戏,在他演出之前都要亲自面谒老师求教。就拿这出《战太平》来说吧,在演出前,谭老师把重点都给他说了好几遍,所以演出不走样,有老谭派的味儿。

我为他改编整理了三个骨子老戏

从此次之后一来二去,我们就成了很好的朋友。他从来也没要求我为他写稿子宣扬他。但是在20世纪60年代初,他第一次开口求我了。什么事呢?原来当时文化部要求各戏曲院团挖掘整理传统剧目,当时的北京京剧团积极响应。马、谭、张、裘、赵五大头牌自然不在话下,暂且不提。其他的一些主演也纷纷拉开抽屉,打开箱子,寻找可以搬上舞台的老戏。著名老旦表演艺术家李多奎,从箱子底儿下找出一个老剧本《漂母饭信》。这个戏,可是有几十年没有在舞台上出现过了。戏的故事倒是很多人都熟悉的,是说秦末韩信不得地的时候,连饭辙都没有,他在淮阴河垂钓的时候,受到一位以漂洗为生的老妈妈的周济,使他度过了生活的难关,并鼓励他从军立志。韩信非常感动,接受了老人的建议,立志投军去了。宝贤哥让我把这个剧本替他整理一下。原剧上人很多,除去漂母、韩信两个主演之外,还有村民、村妇、无赖、小混混,得要上十几个角色,改编本当然没有必要留这些,要精简,我只留下了漂母和韩信两个角色。在保留了漂母的主要唱段之外,我又替韩信写了两大段唱词。一段是说明他目前生活的艰难,另一段是他接受漂母的建议之后所表示的决心。由于年深日久,当初所写的唱词基本全忘记了,只记住了两句。一句是"一饭之恩永记在心襟",另一句是"到现在只剩下我孤苦伶仃、凄凄惨惨一个人"。当时为这最后的垛句,宝贤哥还设计了一个长拖腔。后来这个戏排了,就在20世纪60年代初,我即将去吉林省京剧院任编剧时,这个戏演出了,我去看了。宝贤哥唱那句长腔时,台底下还爆发出了满场的掌声。当时连李多爷也赞不绝口,我和宝贤哥自然都兴奋异常。

　　宝贤哥第二次求我办的事,是要我为他整理老戏《六出祁山》。这出戏又名《战北原》《斩郑文》。本来是马连良(马派)的拿手杰作,当年马连良和周信芳两位大师在上海合作时就曾演出过。此剧由马连良扮演诸葛亮,由周信芳反串郑文,但是该剧也久未上演了。宝贤哥联络了团里面的两位名净,由周和桐扮演郑文,由郝庆海扮

演司马懿,演员阵容是很硬的了。他要我在原剧开始,加一场诸葛亮出兵前去太庙拜祭先主(刘备)的戏,增唱一段[反二黄]。内容是把诸葛亮的《后出师表》化为唱词。这当然责无旁贷,问题是第二天我就要去往上海,去正在巡演的内蒙古新华京剧团做编剧了,火车票都已经买好了……于是我便连夜为高兄写了十二句[反二黄]的唱词。依然是年深日久,唱词只记住了第一句:"忆当年先帝爷龙归海葬。"还记得全段根据高先生的要求写成江阳辙,张口音便于演唱。这出戏于当年春节前演出,我自然也观看了,当然我特别关心太庙这一场。由于宝贤哥嗓子好,唱腔妙,在这一段十二句的[反二黄]中获得了几次掌声,我心里高兴极了。后面的戏,他和周和桐、郝庆海等名净也演得非常精彩。这出戏也算落住了。

  第三个要求,是要我为他整理改编唐韵笙(唐派)的著名剧目《刀劈三关》。这是一出好戏,文武并重,也是许久未曾在北京的舞台上出现过了。宝贤哥不但文戏好,武老生戏也出众,所以他要改编这出戏。时间大概是改革开放以后的20世纪80年代。我怎么改的也记不住了。大概有两处,一处是:戏中主角雷万春被奸相诬陷,在法场被处斩前唱一大段[反二黄],由我重填唱词;另一处,是雷万春和自己并不相识的儿媳达婆,在战场上邂逅相逢。两个人要有一段、一段的对唱,唱词要有浓郁的喜剧色彩,这两处的唱词要由我来写,但最后写成什么样子,这一回却是一点儿也想不起来了。不过,高先生的哲嗣高忠贤侄,说我改的这些剧本都还在,他很好地保存了起来,有幸还有痕可存。

我所看过宝贤哥的戏是有阶段性的

  1954年宝贤哥拜师之前,在北京京剧二团主要应二三路老生。

我看了他的戏如下：他和李多奎合作演唱《望儿楼》和《太君辞朝》。在这两出戏中，他扮演唐王李渊和宋王赵祯。虽然这两出戏不能作为轴子戏来演，但老旦和老生的唱都不少。李多奎嗓子又高又冲又响，这是京剧观众深知的。作为给老旦搭档的这两个皇上，嗓子差了也接不住，非得"倒好"不可！当时宝贤哥年轻、嗓子也冲，两个角儿上场就唱，一来一往，珠联璧合。

为他们老师谭富英配演二三路的角色很多。如《朱砂痣》的吴惠泉，《盗宗卷》的陈平，《打渔杀家》之李俊，等等；而为裘盛戎的《李七长亭》演陈唐，《姚期》扮岑彭等。虽然角色不大，但宝贤哥绝对全力以赴，一丝不苟。

到了20世纪60年代初，宝贤哥的技艺突飞猛进，远非昔日可比。他曾被借调北京青年京剧团，和中国戏校的毕业生——优秀程派大青衣张曼玲合作，演唱了《四郎探母》《红鬃烈马》等生旦重头戏。和罗长德合作演出谭派的《除三害》，还有生、旦、净合作的《二进宫》等。回到北京京剧团，他也演了不少主角戏，和小王玉蓉合作的《打渔杀家》，和李毓芳合作的《桑园会》，以及多次演唱的《辕门斩子》《二进宫》等。1964年大演现代戏，他在二团中演唱《沙家浜》，扮演郭建光，也演了相当多的场次。可以说宝贤哥身份变了，由饰演二三路角色一跃进入到头路角色中了。

20世纪八九十年代是高兄的演艺高峰

宝贤兄随着改革开放的步代，一路高歌猛进。在他五十岁到六十岁这十年间，也就是20世纪70年代末到80年代末，宝贤兄替代了他的因病而后逝世的老师谭富英先生的许多重要角色。如在北京京剧院最著名的新编历史剧《赵氏孤儿》中，他扮演赵盾；和

张君秋先生合演的《楚宫恨》，他扮演伍员（子胥）；《红鬃烈马》中，他扮演薛平贵；《状元媒》中由马连良先生扮演的吕蒙正这个俏活也归了他。80年代初，张君秋先生不顾年迈，再度粉墨登场，在他主演的《龙凤呈祥》中由他扮演孙尚香，张学津扮演乔玄，而刘备则由高宝贤扮演。另外。在张先生重新贴演的佳剧《状元媒》中，张学津扮演吕蒙正，而宋王则由宝贤兄扮演。这时候，宝贤哥的嗓子虽然没有过去那么高那么冲、丹田气那么足了，但是他谭派和余（叔岩）派的味道浓郁了，因他掌握了余派咬字切音的方法，"嘴里"变得非常讲究了，特别是在把控余派最难的四声和装饰音的"哦""嗖"和"疙瘩"诸方面，有了很大的进步，于是音色也变得更好听了。这主要得利于他的另一位老师，也就是曾为谭富英先生操琴的王瑞芝老师。

他向王瑞芝老师学习，达到了痴迷程度

原来"文革"以前，谭富英先生的身体就不太好了，于是谭老师就把徒弟高宝贤介绍给了王瑞芝先生，让徒弟好好向他学习。当年王先生曾给余叔岩先生操琴，并在香港为孟小冬女士操琴、吊嗓子多年。所以深得余派三昧。宝贤哥向王老师学习，一心一意，毫无旁骛，几乎达到了虔诚的地步。宝贤哥曾对我讲：当年谭老师郑重对他说，你去王老师家学能耐去吧，要好好学习，他的玩意儿真地道，那是得到你余师爷的真玩艺，我还要向他学习呢，你看最近我嘴里头好多了吧。宝贤哥和王老师这么一学，才知道王老师的玩艺儿是真地道、真高级，自己那两下子跟人家差远了，所以更加发奋用功，跟着王老师，一字一句、一腔一调地努力学起来。曾经有这样两件事可以当故事听。

有一个时期，宝贤哥每天晚上没有戏的时候就到王老师家里去学习，到深夜才回家。而每回路过我家时必然叩门（我家为他回家必经之路）。我也正在静候。那时家中有闲房，有条件接待。宝贤哥来了以后，非常兴奋地把他今天所学的给我复述一遍，也就是唱一遍，我呢，虽然也不太懂，但是我也学了能力又长了知识，何乐而不为？往往是快到夤夜12点，装了一肚子的酽茶高兄才告辞回家。我睡觉自然也早不了，第二天我常常起不来床，因此在中学，我的迟到率可以说是达到了巅峰。

再有一件事，我往往看戏回来已经是深夜了，有时候我骑着自行车走在东珠市口大街上，往往看见前面有一个人，蹬着一辆自行车，走得很慢很慢。摇头晃脑的，嘴里还哼哼着唱腔，我就知道这是谁，他这是奔我家去的，我紧蹬两轮超过了他，扭回头一看，果然不出所料就是宝贤哥，于是我们相视而笑，并且一同来到我家侃大山。

经过跟王老师多年的学习，到年老的时候，宝贤哥的嗓子，虽然没有年轻时那么高那么冲，但是我们觉出他嗓子宽了、厚了，而且非常有韵味，字眼儿也非常讲究，大家知道，这是和王先生学习的结果。宝贤哥曾经把王老师介绍给我，并希望我替他写两篇文章在《北京晚报》发表，但是这个任务我没有完成。因为王老师想把最难的东西掏出来，他讲的余派的"四声"和"三才韵"，这身儿里的东西我实在是搞不清楚，所以我写不出俏头，当时的编辑黄亚昌先生，看后摇了摇头，说太专业了，恐怕发在《北京晚报》不合适。我也只好做罢。

最得好评是宝贤哥的音配像

音配像让宝贤哥更火了一把。1985年音配像初始，天津市的领

导人李瑞环提出音配像的策划方案,又做了几年的实践,摸索到了一定的经验。1994年开始推出大批量的音配像。在此之前,北京京剧院排出了一个由当年的马、谭、张、裘四大艺术家的弟子们担纲恢复的新编历史剧《赵世孤儿》。由张学津、高宝贤、杨淑蕊和郝庆海分别扮演他们老师的角色,演出效果非常好。接着李瑞环同志又策划了一场名家荟萃出演的《四进士》,演员有张学津、高宝贤、薛雅萍、尚长荣、叶少兰、李庆春等。马派的张学津自然扮演宋士杰,而谭派的高宝贤扮演毛朋,因为原来马、谭合作《四进士》时,马连良的宋士杰、扮演毛朋的就是高先生的老师谭富英。这在当时可是最佳的阵容,受到观众热烈欢迎。这就为音配像工程做了良好的铺垫。

20世纪90年代起,高宝贤为其师做了许多优秀剧目的配像。其中有《红鬃烈马》的薛平贵、《十道本》的李渊、《战樊城》的伍员、《将相和》的蔺相如,特别是全部《龙凤阁》(《大保国》《探皇陵》《二进宫》的总称)为谭先生的配像,赢得了戏迷票友的一片叫好声。为什么呢?大伙儿说,不看不知道,一看吓一跳,高宝贤先生太像他师傅谭富英了。扮相像,身段像,一举手,一投足,一戳一站、坑儿坎儿麻儿杂儿都特像他老师。现在看录像哪儿找谭富英去,看高宝贤就仿佛是看见谭富英了。这话不假,主要的是高宝贤随侍谭先生左右时间太长了,而且对老师无比尊敬,老师演戏时,无论他是在台上还是在后台站在侧幕条都是全神贯注,一点不敢放松,所以谭老师哪个身段帅,哪句唱腔有彩,他都记在心坎中,因此他为老师音配像,就跟真谭富英出现一样。众戏迷票友才不约而同地给他喊了好了。后来他又自录了几出全本的谭派戏:《碰碑》《卖马》和《打渔杀家》。50多年学谭的心血、经验全都用上了,岁数到了,火候到了,对人物的理解也到了,可以说是得到了真传。所以大伙儿又一次齐声喝彩。

在生活上我们是最好的朋友

别看我年轻，高先生比我年长10岁。但我真像个小弟弟，他也真像个老大哥。比如说，1960至1961年，生活资料特别紧张，可我没少上他们家蹭饭吃。他们是回族，嫂子特别会做饭，最拿手的是打卤面。嫂子做的卤特别好吃，因为他们先要吊汤，就是先煮了牛骨头汤了才能打卤。所以有了汤了，宝贤哥就约我去吃饭。我要自己提出要去他家吃面，往往遭到拒绝，说今天没吊汤，你去没得吃。还有就是我经常去他们家喝豆汁儿，嫂子熬的豆汁儿，那是一绝。不稠不稀，刚刚可口。而冬天特别好，要在火炉子上咕嘟咕嘟的熬，够火候了那才能让你喝。去他家喝豆汁儿的除去我之外，还有燕守平、张丽雯等人。他也常请我吃回民大饭馆鸿宾楼。那时该店已经暂时迁到崇文门内新桥饭店的楼下，宝贤哥和那里的麻经理熟，有用，因为困难时期去饭馆儿吃饭都要拿票等座，但是我们能够走后门，等不了多久就能给我们哥俩安排上。我们吃的饭，多少回都是一样的：红烧牛尾、芫爆散丹和一个素菜独面筋。冷菜是一盘儿牛腱子，一瓶啤酒哥俩喝。去多少次不改样，是我们不想浪费。酒足饭饱大半是他付款。后来我在剧团工作了，我请他的次数也多了。有一次我们哥俩正在鸿宾楼吃饭，突然见宝贤哥蹭地一下站起来了，面色有些紧张，恭恭敬敬垂首侍立说："三大爷，您来了，一块儿吃吧……"我抬眼一看，原来是穿着呢子大衣、风度翩翩的马连良先生。只听马先生笑嘻嘻地说："你们吃吧，我后边有应酬。"

这是我头一次见便装的马连良先生，当然以后见的次数就逐渐多了起来。

时光转瞬，转眼就来到了改革开放的第二年，也就是1980年。

托时代的福我要结婚了。我爱人虽然不是剧团里的人，但岳父、岳母和她们的亲戚，都是剧团里的知名演员，因此喜事是要好好办的，喜宴是要吃的。我便找了宝贤哥，他蹬上自己车就去了当时已经搬到长安街首都电影院西侧的鸿宾楼饭庄，找了那里的经理马俊，定了好几桌海参席。但都给打了折，价钱是非常便宜的。这顿喜宴名人来了不少，但让我最激动的是与我家世交上百年的许家，我称为二哥的大画家许麟庐夫妇也光临喜宴，并且赠送了他精心绘制的花卉、虫、鸟均具的佳作。从而使这一顿喜宴吃得非常风光。

宝贤哥有了长孙，让我起名，根据这个"高"姓，我起名云霄，就是将来会高入云霄。眼下，云霄也是北京京剧院的老生演员兼导演，是很能干的一个优秀的人才。

还有一件事，我得说一说。人往往是优点和缺点相并着，大概逃不出这个规律。宝贤哥厚道仗义，尊敬老师，勤奋学习。小车不倒只管推，这都是他的优点。但是他脾气不太好，也就是他与人交际常常不能善始善终。但他和我近60年的友谊，从无一句话的隔膜，始终是那么好。说这些是为了说一件我在20世纪90年代为他做的一件事。那时他在北京京剧院下面的赵燕侠剧团，是该团的领衔大老生。人们都知道赵角儿的脾气也很大，少年得志往往都有这种现象。一次不知因为什么，两个人闹僵了，拍了桌子红了脸儿，宝贤哥一气之下甩手不干了。但事后，宝贤哥冷静下来，觉得这个事儿严重了，以后可怎么办呢，没有地儿唱戏去了。于是和我说了这件事，希望我能够替他做"说客"，让他重回剧团。我虽然和赵角儿是半熟脸，但是宝贤哥的事，我仍是责无旁贷。第二天一大早我就去了西四二条赵角儿的府上。我在那个大院里的大客厅里待了一会儿以后，赵团长才姗姗来接见了。我说明了来意，也表达了宝贤哥对这件事的歉意。最后我说了，他的希望是回归剧团。赵团听了，沉吟片刻，冷若冰霜的脸竟然转了笑容。说道："我真想不到高宝贤会有你这么一个朋友。好吧,看你的面子,让他回团吧,但是只可有一,不可再二,以后如果还发生类似的事情,你也就不必来求我了……"我真没想到赵团长给我这样大的面子。

我马上蹬车急奔了他家,告诉他这个喜讯,第二天宝贤哥就上班了,以后再也没有发生这样的事情。

往事如烟。2004年4月,宝贤哥因病逝世,我送他远行。此事距今又十六年了,我的一本写诸亲贵友的书就要出版了,如果再不把宝贤哥跟我的友谊写出来,恐怕就不是交友之道了。

梅葆玖先生,您就是大师,世界级的!

北京京剧院梅葆玖先生治丧委员会于 2016 年 4 月 26 日发出讣告:

著名京剧表演艺术家,京剧大师梅兰芳之子,京剧梅派艺术掌门人,第七至十二届全国政协委员,北京京剧院艺委会主任,梅兰芳京剧团团长,北京市梅兰芳艺术基金会理事长,梅兰芳纪念馆名誉馆长,京剧传承与发展(国际)研究中心名誉主任、中国戏曲学院研究生导师,国家级非物质文化遗产项目(京剧)代表性传承人梅葆玖先生因病医治无效,于 2016 年 4 月 25 日 11 时辞世……

张永和悼梅葆玖大师祭文

霹雳一声,噩耗终至!一代宗师,驾鹤西去!年过八旬,已逾古稀,虽非百龄,已登仙籍!未尝悲恐,一笑而逝!空遗大痛,洒向人世。在亲在友,在我在彼!痛彻心肺,泪眼迷离!领军遽失,梅派折旗!菊坛垂泣,梨园声低,幸有传人,不绝如缕——五十弟子,梅艺承继!领导关怀,频临问视!父子大师,哀荣备至!呜呼痛哉!

---

① 本文初刊于《北京纪事》2016 年第 6 期。

伏惟尚飨！

张永和三叩首于灵前。

梅葆玖先生遽然仙逝，犹如一声霹雳，震慑寰宇。不仅九州华夏，一片唏嘘；而且海外异域的朋友，也是悲从心来。可以说，凡有华人的地方无不同悲同憾，为中华文化艺术的重大损失顿足捶胸！

梅葆玖先生生前被称为著名京剧表演艺术家，自然是对的！但我认为是不够的！生前，许多人称梅葆玖先生为大师，他总是谦逊地说："我不是大师，我父亲才是大师，我就是一个干活儿的！"这是他为人方面一贯的谦和，一贯的低调。今日他远行，要重新总结他对中国戏曲、中国京剧的伟大贡献，从而要重新评价他，给予他一个合适的称谓。我觉得不能听梅葆玖先生自己之谦词，梅葆玖先生，您就是大师，世界级的！名实相符！道理如下：

一、您全面继承梅派而不守成。

梅葆玖先生作为梅兰芳大师的幼子，自己无论扮相、嗓音、气质、性格都与乃父相仿，于是梅大师叫他学戏，时年十岁。他十三岁登台唱戏，直到 1964 年，四十年唱戏生涯，皆陪侍父亲左右，同台献艺，边学边唱，自然技艺大进，何人能有如此条件？"文革"十年梅派颓靡，梅葆玖先生 14 年来远离舞台，与赵荣琛先生在吉祥戏院门前看自行车。玖爷表面嘻嘻哈哈，但对唱戏、唱传统戏依然"贼心"不死！夜深人静，在其蜗居的千面胡同的小楼上，一盏孤灯，窗帘密闭，玖爷与好友世交叶少兰打开唱机，偷听老梅先生和其他京剧名伶的珍贵唱片。君以为这些名伶后裔真的俯首帖耳，弃艺从工、从农，其实都在"山后练鞭"，等待重返舞台的那一天。14 年来梅葆玖先生未曾磨去爱戏的任何一个细胞，反而对梅派艺术更加挚爱了。

云开雾散之后，从 1979 年至今，又是一个 38 年，梅葆玖先生对其父遗留下来的众多剧目，无论是具有梅派风格的传统剧目，如《三娘教子》《玉堂春》《奇双会》等，还是梅派特有剧目，小型的如《麻姑上寿》《天女散花》《嫦娥奔月》《廉锦枫》等；还是大型剧目，如《贵妃醉酒》《霸王别姬》《宇宙锋》《生死恨》《西施》《太真外传》《凤还巢》《洛神》等，全都继承下来演出于舞台上。而且无论唱腔、念白、做表、身段、舞蹈，甚至一个眼神、一个手式，全是梅大师的精髓。至于服装、化妆等外表的东西，更是不在话下，全是标准的梅派。他的天赋是任何人没法比拟的。他的悟性，在60年的演艺生涯中，特别是到了晚年，对梅派精神的理解，旁人望尘莫及。他全面继承梅派的唱、念、做、打、舞，在众多的梅派剧目中体现出来。也只有这样，才能守住梅氏艺术的本体、规律，才能体现出中国戏曲的美学风范。特别是梅派艺术所强调的唯美、圆润；中正平和，不过不欠，无棱角、无怪异、无特点即是最大的特点。梅派剧目，尤其是具有梅派风格的新创剧目，无不恪守着"虚拟性、假定性、程式性"的美学原则。正是由于梅葆玖先生坚守着梅派，也即中国戏曲珍贵的美学家园，才能够使京剧或者说整个中国戏曲挺立于世界三大艺术体系之中，与西方的话剧、歌剧、电影等有所不同，而不被这些非中国化的艺术所同化！梅兰芳大师的功绩在此，而不遗余力地坚持并推行这一原则的梅葆玖先生功绩也在此！

那么，这不是光继承而没有发展吗？不是泥先人之古而不化今人之新吗？非也！看一看历史：梅葆玖先生在其父仙逝以后，有14年不能登台唱戏，到改革开放打碎人为桎梏、重新粉墨登场、再作冯妇时，已然四十四岁了。按一般规律讲，留给一个男旦在舞台上驰骋的时间已经不多了，这好似一方面；在另一方面，梅兰芳先生又遗留下大量的剧目等待恢复、集束演出；整个梅派艺术等待弘扬、发展。在这种情况下，玖爷睿智地选择了先把优秀的、历经千锤百炼的梅派剧目继承下来,以使梅派能在舞台上重新绽放。用梅葆玖先生的话说:"我何尝不想创作新剧目,但继承和发展也要分个前后。"

梅葆玖先生是这样说的,也是这样做的。他在1994年重建了梅兰芳京剧团,并自任团长。在1996年,长安大戏院新建院址修成,重张开业时,上演了玖爷策划的几个著名梅派剧目——《天女散花》《廉锦枫》《黛玉葬花》《霸王别姬》及《贵妃醉酒》等传统剧目,经过浓缩后,改编成为《梅兰香韵》(原名《梅韵》)。梅派弟子分演前面几个戏的精华。后面的《贵妃醉酒》,梅葆玖先生重施粉黛、再披蟒衣,领衔主演。剧中采用了西洋交响乐伴奏、以及舞台音响、灯光等现代手段,成为一出充盈着时代元素的新创剧目。但梅葆玖先生强调:不管如何引进西洋元素,京剧一定要姓"京"。京剧的本体不能变,京剧的审美特色不能丢。也即京剧的独特表现和鲜明特色必须坚持,这就是梅葆玖先生恪守乃父京剧要"移步不换形"的宗旨。京剧的根本不能撼动,京剧的灵魂不能偷换,京剧的"形"要牢牢地完美地在舞台上呈现!

正是梅葆玖先生遵循这一原则,又将梅派经典剧目一至四本的《太真外传》,根据现代观众的审美需求和时间观念,压缩成一本,汰其冗长,留其精华。但创新取得最大成绩者,莫过于2003年,梅葆玖先生与上海艺术界同志倾力合作,创作排演的大型交响京剧《大唐贵妃》。此剧也是在梅派经典保留剧目《太真外传》基础上,提炼其中精华部分,着力刻画杨贵妃的美艳形象。梅葆玖先生在最后一场"仙会"中出场,饰演死后成仙的杨玉环。虽然仅仅是一场戏,但他塑造的这个杨贵妃,到此时一切人间的荣华富贵、升沉荣辱皆化成烟。他刻画了一个美轮美奂的仙女形象,浑身充满了仙气,充满了角色与观众的间离感,浓郁的戏剧氛围深深感染了观众。另外,采用西洋交响乐的伴奏、歌队的烘托,一曲"梨花颂",优美

动听的旋律,婉转圆润的歌声,充分展现梅葆玖先生那任何人难以比拟的浑厚宽亮的歌喉,令观众沉醉,令观众赞叹!曲调是新颖雅致的,但又能一人唱众人和,是昔日舞台上不闻的新曲,但又是从京剧的各种板式中"脱化"出来的。每一句都能找到根据。观众心旷神怡,报以热烈的掌声。这段唱留下了!传开了!我们常常感叹新编戏那么多,如过江之鲫,遗憾的是没有留下一两段可以传诵的好唱儿,街头巷尾可以哼唱的京剧名段。"梨花颂"填补了这一空白。这次在梅先生的告别大厅中,播放的就是梅葆玖先生演唱的一曲"梨花颂",当人们又听到那亲切熟悉的佳曲时,莫不泪垂。

以上说明梅葆玖先生继承梅派,绝不是亦步亦趋,而是继承绝不守成,常有发展转化之举;梅派是非常讲究"唱"的,老梅先生无论咬字切音,行腔用气,都是非常有特点的。大方流畅、华丽圆通。小梅先生继承了梅先生的演唱特点,但仔细听来,其中又有不同。梅葆玖自幼向王瑶卿之侄——名旦王幼卿刻苦学艺,非朝夕之功,所以梅葆玖先生的唱功中,王、梅两派的特点兼而有之。除梅派之"媚",兼有王派之"脆",宽厚甜美,颇有嚼头,即颇可玩味。另外,梅葆玖先生自幼读洋学堂,唱赞美诗。青少年时,听过大量的西洋歌曲,并深深喜爱,后又与世界三大男高音——多明戈、帕瓦罗蒂、卡雷拉斯等均有着友好的交流。故此耳濡目染,性之所至,自觉不自觉地在他演唱的润腔用气、咬字发声中,对西洋音乐有所汲取,有所化用。所以有些行里人,评价玖爷的演唱,不仅柔、媚、脆、亮,而且又有一种立音,从而使梅葆玖先生的演唱更多呈现的是刚柔并济,圆润挺拔,好听而又耐听,我们说听梅葆玖先生的唱"上瘾",这是任何旦角艺术家所没有的。

综上所述,梅葆玖学老梅先生,不是邯郸学步,捆住手脚,而是阔步前行,登堂入室。这使他成为又一面京剧旗帜,又一位中国戏曲的标志性人物,又一位里程碑式的大艺术家。

二、不同平凡的"高贵"血统,却又是个平民百姓!

梅葆玖先生的曾祖父是曾任四大徽班之一的四喜班的班主,著名青衣,集花旦、昆旦于一身的梅巧玲。他是"同(治)光(绪)十三绝"之一,是搭建京剧的钢筋铁骨中的重要一根。这位梅巧玲不仅是京剧旦行的表演艺术家,而且是一位高明的革新创作家。培养出像余紫云那样顶尖级的弟子。继梅巧玲之后,梅葆玖的爷爷梅竹芬也是一位优秀的旦角演员,而且人品极佳,与人为善,任劳任怨。梅葆玖的大爷爷,是著名的胡琴伴奏家梅雨田,而且善创新腔新曲。梅兰芳早年演唱的《玉堂春》,其唱腔之新颖、优美,就是采用了他伯父梅雨田创作的新腔,而且由于伯父亲自操琴,于是有口皆碑,一炮而红。梅葆玖先生的父亲——梅兰芳艺术大师——更是一个既忠实恪守传统,又谨慎适度进行革新发展的大师。不仅是中国的,也是世界的,这是毫无异议的。梅葆玖先生出生在这样一个三代梨园皆大腕的世家家庭中。他的出身不平凡,甚至可以说其身体肤发流淌着"高贵"的血统,但他确实又是一个平民老百姓。据所有接触过玖爷的人反映,尽管到玖爷这代是四代梨园,而且都是大角,但他不管对什么人,从来没有摆过角的架子,而是彬彬有礼,温文儒雅。人曰:"谦谦君子,温润如玉,雅量高致,人淡如菊。"总结恰切。笔者与玖爷多年交往,甚感其品格高贵,无一事相求不应,无一日相见不满面春风。从不摆大角架子。他到哪里,便是一片温馨、和谐和真诚。其所以能如此,这不就是儒家的"温良恭俭让"吗?温和、善良、恭敬、节俭、谦让这五种美德不正是在梅葆玖先生身上的体现吗?当然,梅葆玖先生未见得认识到这一点。但略识京剧史的都知道这正是梅门的家风,以及梅氏几代团结文人学者说经论道所形成的带有儒家色彩的艺品。体现在梅氏剧目中,所以没有过火、突兀、激烈、暴力,正是体现了儒家的文品。而梅葆玖先生近些年所一贯奉行的言谈举止、所做所为,无不体现出社会主义核心

价值观的爱国、敬业、诚信、友善。

试举一例,2009年,上海的龚学平同志策划了请程派名演员李佩泓以程派风格演唱梅派代表性剧目《穆桂英挂帅》,当时请我改编剧本。因为这是梅兰芳大师在新中国成立后唯一一部新创作的剧目,是梅派标志性的佳剧。所以我对龚学平同志说:"必须得到梅派掌门人梅葆玖先生的同意。"我当时是没有底的。可龚主任说:您放心改吧,葆玖同志同意了。我喜出望外,方才动手。数月后,当这出带有浓郁程派风格的《穆桂英挂帅》在上海天蟾戏院首演时,临开场前,梅葆玖先生竟来到后台,要亲自为佩泓把场。大家见了梅葆玖先生都非常激动。那场的演出非常成功,而玖爷也一直站在侧幕条位为佩泓把场。最后谢幕时,梅葆玖先生上台和李佩泓一起向观众鞠躬致意。这就等于承认了这出程派《穆桂英挂帅》。当然也有"梅迷"对此有些质疑。玖爷说道:"这让程派又多了一个剧目,对程派对京剧都好,又有什么不可以呢?"梅葆玖先生正是怀着这种海纳百川的胸怀,对于魁智主演的交响京剧《梅兰芳》,对电影《梅兰芳》,对中国戏曲学院青年演员排演的《梅兰霓裳》都给予坚决的支持和指导。这代表了一种中国文化的高端品味,充分体现了习总书记所说的:"中华传统文化是涵养社会主义核心价值观的源泉。"梅葆玖先生正是将儒家文化的精粹与时代精神相结合的典范。

梅葆玖先生生前尚来不及对他人格及艺术进行总结;仙逝后对他的追忆,方体悟到梅葆玖先生是当代戏曲界一面高扬的旗帜!他毕生心无旁骛,所追求的梅派艺术,开启了青年观众心系传统文化的大门,灿烂的中国文化基因将熔铸于青年人的血脉之中!

三、广收门徒,悉心传艺,为梅派撒下了广泛的火种。

梅兰芳大师以其精湛的艺术、伟大的人格魅力,是当之无愧的艺术大师。他收徒过百,门人弟子传梅派之艺于海内外,使其成为最大的流派。梅葆玖先生逝世后统计共收徒55人。其中不乏知名梅派艺术家及优秀演员,如魏海敏、李胜素、董圆圆、胡文阁、张馨月、窦晓璇、田慧、王怡、郑潇、郭潇、白金等(恕笔者不能一一列举)。流派一个极重要的标识就是要能"流",不"流"焉有派。梅葆玖先生深知其道,特别是自张君秋先生身归道山后,虽然他已年逾六旬,但自知肩上的负担空前加重,他要挑起京剧旦角的大旗,尽管他从不向世人挑明,但实际上他就是这样做的。一种责任感、使命感,使他不辞辛劳终日奔波。开杏坛,设绛帐,授徒传艺。特别是他年纪越大,授徒越多。近年,以他为中心,又联合杜近芳、王志怡、李炳淑、李玉芙、马小曼等老梅先生弟子,举办"梅派学习班"。一年多的时间,他穿梭于大江南北,俱都亲临指导:口传心授、呕心沥血,时间虽短,但这些梅派传人都得到很大的提升。笔者在做评委,受梅葆玖先生委托验收这24个学员剧目时,深有所感。假如,天假以年,梅葆玖先生倘能享有米寿(88岁),说不定门徒弟子也能赶上其父百人之数!这是多么大的文化功绩,即使只有这五十余门徒,也是一支多么大的旦角队伍,可以使多少观众,特别是青年观众回归剧场!

梅葆玖先生继其父梅大师之后,毫无逊色地又把梅派的大旗插至20多个海外诸国,梅音梅韵,唱响海内外!

梅葆玖先生,其技艺之精,其人品之高,其门徒之众,其影响之远。正如他自己所立之志:"当年您(其父)一生为之创作的艺术,我也得用一生去守护!"梅葆玖先生做到了,而且有所发展,因此他曾欣慰地说:"我对得起我的老爷子、老太太的在天之灵,他们对我的嘱托我做到了!"

您,继承梅派而不守成!

您,学步梅派而阔步前行!

您,四代梨园出身不凡,却就是平民!

您，门徒过百半，使梅派流而不滞！

您，把梅派大旗继续插至海外诸国！

所以，您"既是一个干活的"，更是一个艺术大师，并且是世界级的！

缅怀天之骄子著名京剧艺术家李小春[①]

2018年是京剧表演艺术家李小春先生诞辰80周年，内蒙古文化厅和内蒙古京剧团要为小春先生冥寿做一个隆重的纪念活动。小春先生生于1938年9月，殁于1990年7月。属于英年早逝，享年仅52岁。小春先生工武生、文武老生，德艺双馨，剧技精湛，文武全才，昆乱不挡，是卓越的京剧表演艺术家。在当代京剧演员当中，是很难得的全面发展的绝佳人才。在京剧圈内很难有人能够望其项背。所以他的早逝，一是出人意料，因为他太年轻了，而且平时身体还不错，没有听到他患什么大病、绝症；二是由于他的技艺高超，太全面了，所以人们不相信天妒英才、天不假年，不相信老天不为京剧戏迷们留下这么难得的全才。可是事实就是事实，当小春先生竟遽逝于内蒙古自治区领导专诚送他来京看病的飞机之上，闻此噩耗的亲朋好友，先是惊愕不已，继而悲痛不绝！斯人之逝竟引起当时文艺界一片叹息之声！

我与小春先生相交莫逆。其逝后，我曾著有小文，在当时的《戏剧电影报》上，承蒙当时也是余之好友、该报主编杨晓雄先生立即发表，可惜晓雄先生，也于2007年告别人世而去。悲夫！今当小

---

① 本文初刊于《中国京剧》2019年第3期，又《芳草地》2019年第3期。

春先生冥寿80周年之际，余再著一文，既纪念小春先生，也顺悼晓雄先生！

我与小春先生，相识于距今55年前。那是1963年下半年到1964年上半年，我参加了内蒙古新华京剧团，任编剧。相识著名京剧表演艺术家李万春先生，当时的内蒙古新华京剧团团长，要早于这些年。那时与小春先生也只是有数面之缘，是在他当时北京的家中，即宣武区大吉巷胡同41号的家中。但彼此更加熟稔并成为莫逆之交，当然是在内蒙古新华京剧团共事时那大半年。那时，内蒙古新华京剧团刚从西藏自治区演出归来，而且成为改国营体制为民营体制的试点团。李万春先生任团长，由李先生率领李庆春、李砚秀及李小春几大头牌共同撑起这个剧团的四梁四柱。当时内蒙古新华京剧团来京后，即展开了一场长时间的对外巡回演出。因为李万春兄弟、夫妻、父子均阔别内地很久，所以大江南北、长城内外的很多京剧爱好者都想要一睹李氏家族的风采。故此他们每到一地的演出，都是场场爆满。当时剧团正在上海演出，因为要想排一些新戏，很需要有能够改编或创作优秀剧本的人，因此李万春先生电召我急赴上海参加工作。李万春先生是非常讲面子的人，所以我到上海火车站以后，万春先生以及砚秀老师携带小女儿双喜亲自到车站迎接，对我是给足了十成的面子。不久在上海的演出合同期满，我们立即离开上海，乘江轮赴武汉，在武汉人民剧场演出，而后又进行了大约20天的演出（包括汉口、武昌、汉阳三地）。

回想那时的巡回演出，每到一地的打炮戏，必然是全套的《龙凤呈祥》，包括《甘露寺》《回荆州》，然后接《丧巴丘》，再接《卧龙吊孝》。这一大出三国戏才算结束。然后剧场休息，幕再拉开后，大轴是一出武戏：《武松打店》。从全国各地的京剧院团的演出看，可以说在当时所有的京剧剧院团是没有这样唱的。小春弟在这"打炮戏"中，可是太不简单了。他一连担任三个戏的主要角色。在《甘露寺》中，他扮演乔玄，宗马（连良）派。一段"劝千岁"唱得是酣畅淋漓，"马"味十足。把一个老成持重、老谋深算的主和派的阁老的鲜明形象，刻画得活灵活现。接着他赶场大武戏《丧巴丘》的周瑜。青年周瑜装束停当，一出场，英姿勃发，神采奕奕，雪白硬靠，翎子狐尾，念白、功架完全宗杨（小楼）派，高亢挺拔、大气磅礴，和前面的那个潇洒怡然的乔阁老迥然不同。当周瑜率兵夺荆州，首战常山赵云。杨宗年先生扮演赵云。宗年先生也是世家出身，武生泰斗杨小楼先生的孙子，家学渊源，基本功扎实，手里头干净。与周瑜见面时的一通"快枪"，两个人打了个密不透风，非常激烈。后来见魏延、黄忠几个大将开打以后，周瑜被困沙场，见张飞时已然卸靠，仅穿着一身白箭衣、甩发。两个主将的交锋自然都拿出了全身的解数，也是周瑜的最后挣扎，所以交战时，两条枪上下翻飞，打得你死我活。在这当中，小春又学习了他父亲李万春的路数，表现了武技"三绝"。就是周瑜在濒临绝境时，小春先走了一个又高又漂亮的"吊毛"，再走毫不掺假的90度直挺挺倒下的"硬僵尸"，还有不走趋步（即不往前奔跑）插手就走的跟斗：虎跳、前扑，落地无声，又高又正，当他运用这些绝活时，台下总是掌声不绝。接下来，上鲁肃，上周瑜的年轻媳妇小乔，也就是几句念白过后，时间很短，由李小春扮演的诸葛亮又出场了，就好像变魔术一般，由刚才的英俊潇洒、不可一世的周瑜，变成了仙风道古般的诸葛亮，一脸悲戚之色，稳如泰山。读祭文时以及后面的追思周瑜周公瑾的大段［反二黄］演唱，完全宗言（菊朋）派，不仅中规中矩，而且吐字发音严格遵守言派的四声、尖团的要求，故而在腔、字、味上言派风格十足，而且非常符合人物心境，符合诸葛亮当时真正感到知音缺少的那种悲催复杂的感情。台下都报以钦佩的掌声。为什么能够有这样的好成绩？就在于小春的这一出《卧龙吊孝》，曾得到顶级言派专家言少朋先生的亲授。言少朋先生非常喜欢这个聪颖异常的学生,所以真可以说是在一字一腔地在给他讲,在给他抠。真是名师出高徒啊,他的这出《卧龙吊孝》,为小春贤弟争得了美誉。《卧龙吊孝》演完,中间有十分钟休息,大幕再度拉开,才是万春先生、庆春先生弟兄合作的《武松打店》。万春先生自然扮演武松,而庆春先生反串孙二娘。《武松打店》这出戏给万春先生助演孙二娘的人很多,但一般都是以武生反串的,而不用女武旦来演。最初是由名武生姜铁麟扮演,后来相当长的一段时间,又是由同样是名武生的毛庆来饰演,最后才是庆春先生傍他哥哥。之所以这样,我觉得是因为这两个人的开打相当激烈,而且,万春先生有一个绝活:武松在与孙二娘激烈开打中,有一个匕首剁孙二娘头的惊险动作,一把明晃晃的匕首,一下子就插入台板当中,而且还突突突地乱颤,如果扮孙二娘的胆子稍微小一点儿,躲得慢一点,后果真是不堪设想。不过,这哥俩剁的、躲的尺寸恰恰合式,真是千钧一发,每演到此,总是掌声如雷。

每次这个打炮戏演完了以后,或是这场戏卖个大"满堂",座无虚席,演员们都是非常兴奋!我记得我们总是立即聚在一起,一般是由小春请客,撮一顿。如我们在武汉演出,业务非常好!那真是场场一票难求。每次演出结束,我们就到武汉江边的一家饭馆儿去吃喝,在这个小型的宴会上,我们都非常兴奋,大家你一言,我一语,个个说得眉飞色舞!不过大伙讲的都是刚才演戏中成功的或不足的那些地方,说的听了都非常开心。有一次,小春先生应我之邀,讲了他从艺的经过。

李小春先生生于1938年,也就是在这一年,他的祖父李永利和他的父亲李万春成立了鸣春社京剧科班,地点就在原宣武区大吉巷的8号和9号。小春弟五六岁就参加鸣春社,和那些师哥们一起练功,包括窝腰、耗腿、跑虎跳、砸踺子,受到了严格的基本功训练。而祖父李永利，是有名的武花脸，在上海搭班唱戏多年，傍过许多名角，在上海滩是有名的"三利"之一。其他"二利"为上海著名武净演员李春利和王永利。李永利先生虽然为出生于河北雄县的一农民，但是他自幼练功，非常刻苦，武技惊人，以一出《收关胜》的翻打绝技震撼上海滩。他在最后梁山泊众英雄水擒关胜一场中，李永利扮演的关胜，身上扎大靠、头上甩发，手持大刀，从三张高桌"云里翻"（这是一种难度非常高的跟头，先头朝下，然后在半空中折腰翻一个空翻，再双腿着地），稳稳落在台毯上，不喘不晃令人咋舌！这可是一绝！他不仅本身武功绝顶，而且他教徒弟也特别严格，而对于小春这个孙子要求更严，毫不手软。所以小春幼年时，在武功方面无论是下腰、耗腿、翻跟头、打把子，都是受到严格的训练，所以武的基本功特别扎实。后来，他又受到父亲李万春的点拨。另外，小春的舅父是京剧大家李少春。少春先生和小春弟的母亲，姐弟关系特别亲密，少春先生和小春弟既有骨血关系，又见小春天赋极佳，无论相貌、嗓子、悟性都是上乘之驷，因而特别喜欢这个外甥，不惜艺无保留、倾囊相授。故小春先生兼得三李（李永利、万春、少春）之艺，得天独厚。小春又和其父相似，不但聪明透顶而且悟性甚高，一点即透。他博采众长，不拘一格。拜了许多老师，向许多有专长的老先生学习。所谓转益多师即吾师。李万春先生对于挑选小春的老师又是非常下心的。他在文戏方面，请了著名余派老生祝荫亭先生为儿子开蒙，同时又请著名老生表演艺术家雷喜福，以及余派专家鲍吉祥、朱家夔等，为小春进一步提升余派艺术、老生艺术打下良好的基础；同时在武戏方面，小春也是广经名师指点，由于他为人低调，厚道，受到很多大艺术家的喜爱，所以他又受到著名武生表演艺术家厉慧良、张世麟等大师的授业。他身上有这么多名家的技艺，所以，小春弟的本领能够错得了吗？后来又向言少朋先生学习。

这里讲一下小春先生向言少朋老师学习的一些故事。20世纪60年代初万春、小春父子俩从西藏归来以后,万春老师就想在《龙凤呈祥》后面加上武戏《丧巴丘》,在后面再加上一出言派的《卧龙吊孝》。这样在京剧舞台上可以说是独树一帜,其他的剧团可是没有这么唱的。这个任务呢,自然就落在了能文能武的李小春的身上。小春在父亲万春老师陪同下,会见了这位言派传人。说明来意后,少朋慨然允诺,当天就开始了授课。开始小春因为嗓子好,丹田气足,学言派反而很吃力,只要一放开嗓子唱就没了言味那种哀婉苍凉、如泣如诉的韵味了;不大嗓唱又使不上劲头。连去老师那里好几次,还找不到入门的窍门。小春有点灰心,想自己好歹也是著名演员了,唱什么戏都能叫座,何必受这个罪?转念又一想这叫没志气,知难而退,太没出息了,俗话说有志者事竟成,要知难而进,只要活着就要去学!小春又去老师家里学习了,只是改变了学习方法,不一味压细嗓子、单纯模仿言老先生的声音,而是着重掌握言派讲究四声和"三才"咬字切音的方法,和注重尺寸、节奏巧妙变化的奥秘。这一来,言派特点突出地洋溢在所有唱、念之中。只用了一个月时间,他就出色地学会了这出《卧龙吊孝》。

而内蒙古新华京剧团在武汉唱戏的时候,他又向关正明先生学习,把关先生最拿手杰作《浔阳楼》学到了手。我记得他在武汉的剧场演出《浔阳楼》的时候,关正明先生亲自把场,可见师生情谊。

我和小春弟共事这半年多,曾见他贴演的剧目就有武戏《野猪林》《林冲夜奔·火并王伦》《长坂坡》《挑滑车》《智激美猴王》《大闹天宫》《铜网阵》《三岔口》《蜈蚣岭》《丧巴丘》等;文戏有《将相和》《失空斩》《搜孤救孤》《击鼓骂曹》《定军山·阳平关》《浔阳楼》《借东风》《甘露寺》《卧龙吊孝》等;都有很高的水平,受到各地观众的欢迎。在此之前,我还看过小春不少的好戏,如《戚继光斩子》李万春的戚继光,毛世来的戚夫人,小春的戚印,珠联璧合，轰动一时。还有小春主演的《连环套》《杨六郎招亲》以及《走麦城》，等等。

下面我再说一些小春先生露脸的事儿，这当然很多，择其主要几项说明。1957年，19岁的李小春，参加了第六届世界青年联欢节，在莫斯科以一出《哪吒闹海》，用他的帅、美、干净漂亮的身段动作，高难的扔圈、耍枪的技巧，以及令人目眩心惊的开打，从而获得了金质奖章，曾经轰动异域。再有1978年，改革的春风刚刚刮起，小春参加了到美国的巡回演出。一出《大闹天宫》，征服了美国的观众。当时的美国总统卡特都亲自上台祝贺演出成功。他的这个猴可以说那是谁也比不了的，他的演技、基本功没得说，他的腰，他的腿，那简直是太棒了。而且更主要的是他演的是一个神猴，而不是人学猴，或者猴学人，他就是一个神通广大，颇有灵性的神猴！为什么能够有这么好的成绩？除去他的基本功太扎实，太地道之外，主要的是他有两位以演猴戏风靡一时的名师，这就是其父李万春和其舅父李少春两个猴王在他身上倾注的别人得不到的心血！这便是名师出高徒，话不虚传。这使我想到不久以后，他拍的电影《人猴》之所以那么好，绝对不是空穴来风。再有一个，小春弟曾四次到上海巡演，每一次扮演的角色都是一赶三和一赶四，全面的艺术水平，彻底地征服了浦江的观众。

小春先生还排演过大量的现代戏，如在《八一风暴》扮演方大来，《气壮山河》扮演王若飞，还有《年轻的一代》扮演林育生等。排演《年轻的一代》，小春可没少受挑战。这个本子是由笔者改编，由于当时我执业编剧时间尚短，可以说尚未掌握创作剧本的全部技巧，所以，剧本改编得很一般。尤其是念白，由于当时时间紧迫，要求交卷的日子仅有七天。所以，对剧本中的话剧对话，没有很好地"化"成戏曲式念白，是又多又长。可是想不到，小春饰演的林育生，非常有光彩，有激情，剧中人物的大段念白，不但背得滚瓜烂熟，没

有任何的错处,而且语气、语势都相当准确。这也很使我错愕,连小学都没有毕业的他,居然把这话剧的念白念得如此生动,毫无错别字,这也是奇迹、真是奇才降生。后面林育生读"血书"一段,他先是念得声泪俱下,十分感人。接下来,是一大段抒情的唱段,他演唱的不但唱腔悦耳动听,而且余派韵味醇浓,尤其是其中有一段[汉调],更唱得情真意切,悲怆感人,台下多少观众为之动容。

再一个露大脸的事儿。就是20世纪80年代初,小春拍了一个很出色的电影《人猴》,他在影片中担任主角。扮演一个擅演猴戏的武生泰斗梁胜春。影片的背景是在旧社会,影片既表现了京剧演员从艺的艰难困苦,艺人被有权有势的人——有男也有女——玩弄之命运的悲催,同时又写了这位身怀绝技的武生演员和几个女人的感情纠葛。这个影片有很大的一个特点,是在影片当中因剧情的需要,插入很多美猴王孙悟空《大闹天宫》的演出场面。比如戏中的猴王出场、猴王偷桃、猴王闹天宫的开打场面,唱、念、做、打及惊险的舞蹈等,特别能够展示小春弟在演出猴戏诸方面的精绝艺术。这部电影由昔日《大公报》社长王云生的女儿王芝瑜编导。她请了许多有名的演员加盟这部电影,比如许还山、谭宗尧、田春奎等,都是操一口京腔的老演员。戏曲演员方面,有著名武生——李万春的徒弟,小春的师弟——董文华,还有年轻漂亮的越剧演员朱碧云等参加拍摄。小春弟扮演的梁胜春,扮相极为漂亮,身上非常帅美,有一个大艺术家的风范。特别是在他演的孙悟空的场面当中,把戏和电影结合起来,演得令人拍案叫绝,美轮美奂。同时在影片拍摄当中,小春的人格魅力充分显示出来。几个著名的话剧演员都和小春先生结下很深的友谊,对于小春为人厚道、慷慨、心胸开阔,一心关注艺术等优秀品质赞扬不已。

"文革"后的90年代,小春在内蒙古地区频繁地演出,很少有来京的机会。我在北京市文化局的《新剧本》杂志做编辑工作,每日忙于文牍，我们见面的机会便越来越少，最后一次相见是在2000年初。当时内蒙古自治区领导，对小春先生对京剧的贡献，尤其是对内蒙古自治区京剧的发展，一一看在眼里，并给予很高的荣誉，推荐他为全国政协委员。他和万春先生，父子同为全国政协委员，传为梨园佳话。这次小春先生来北京是开全国政协会议的。我去香山饭店看他，我们谈到不久要举行的李万春先生逝世五周年纪念演出。他说，他要演三个折子，一个是《打虎》的武松，和三叔李庆春合作演《酒楼》中"醉酒"一场。我知道，庆春先生的这个酒保非常有特色，幽默滑稽，很有人物个性。小春的这个武松，彪悍挺拔刚柔并济。再一个是《火并王伦》中林冲大战杨志一场，我知道这一场，两个人的对刀步战，是非常激烈的，正好展示小春的短打技艺。第三个好像是《走麦城》，他扮演关平。小春的关平非常有特色，"劝军"一场的唱，和后面疾走雪地之中的翻跌开打都相当有水平。可以说这三个折子选择得相当不错。接着他说散会后，只在北京住两天，就回内蒙古剧团做准备。他一指肚子说："回去我得好好练功，肚子碍事了。"我当时只是以为他年岁大了，啤酒喝多了，有了啤酒肚，万也没有想到，他患了严重的肝硬变，更没想到，他不但未能参加纪念他父亲的隆重演出，而且一病不起，猝然逝世！所以这次相逢竟成了我们的最后一面。与他的永诀竟在蓝天白云、诗意盎然的香山上！悲夫！不久前我又参加了小春的女儿李蕊和儿子李继春来京为其父召开的追思会。我当然要参加，并在会上又见到了小春贤弟生前的许多好友，虽然18年过去了，但大家还是很悲痛。但又为有他这样一个好朋友而自豪，而骄傲，并且寄希望小春的哲嗣李继春，希望他能继承李氏一脉，以慰春弟在天之灵！

张门桃李红蓉蓉[①]

不久前,长安大戏院的"百人剧场",竟然排出了一个京剧演员"王蓉蓉演出月",即每星期六的日场由王蓉蓉任主演,在一个月内共演出4场,包下了这一个月的"百人剧场"。当时有很多人为王蓉蓉捏把汗,认为在当前民族艺术日渐凋萎的情况下,连续4场均由王蓉蓉担纲主演,能卖出多少张票着实令人担心。假如出现一个"台上唱戏的比台下看戏的人还多"的结果,岂不令人尴尬、气馁,那将对主办单位和王蓉蓉本人,都是很打击士气的不智之举。然而,决策者坚持此举,认为王蓉蓉有叫座的实力。他们认为近年来,京剧舞台上《骆驼祥子》《风雨同仁堂》《宰相刘罗锅》等优秀新剧目的问世;青年京剧演员于魁智、张火丁以及王蓉蓉等闪亮登台,已经为京剧艺术的振兴造足声势,奠定了很扎实的基础。因此决策者对王蓉蓉的叫座实力很有信心。结果是非常振奋人心的:前三场《诗文会》《西厢记》《金山寺、断桥、雷峰塔》都卖了八成座,而最后的《王蓉蓉演唱会》一场,竟上了个满堂。演出时,掌声此起彼伏,喝彩声不绝于耳。整个长安大戏院都沸腾了,刮起了一股不大不小的京剧热的旋风,一时各大新闻媒体争说

---

① 本文初刊于《中国戏剧》2000年第10期,有增润。

"王蓉蓉现象"。

这现实令一切热爱民族艺术的发烧友欣喜不已。看来包括京剧艺术在内的"国粹"艺术，热爱它、呵护它的观众越来越多了。

勤勉出人才

王蓉蓉的脱颖而出，由一般演员到主演再到能挑大梁，成为独当一面的颇有造诣的著名当红演员，关键在于"勤勉"二字。高尔基说"天才即劳动"。王蓉蓉正是用她付出的比常人多几倍的汗水和心血，才换来她头顶上的种种光华灿烂的桂冠，才赢来如许众多观众的认同和爱戴。

二十四年前，16岁的王蓉蓉高中毕业，就因为酷爱京剧艺术，只身从鞍山来北京报考中国戏曲学院。偏偏那一年该校没有招生任务。然而就凭着她对京剧艺术的执著和仅仅会唱两段样板戏，就深深打动了当时任戏曲学院院长的史若虚。他和几位老师一研究，竟破例允许这个热爱京剧几乎到达痴迷程度的中学生可以在学校内听任何业务老师讲课。这也许是王蓉蓉命中与京剧有不解之缘，因而才遇上这位慧眼识人、爱才如命的史校长，使这块璞玉得有被雕琢成器的机会。当然，一年后，王蓉蓉终于如愿以偿，被中国戏曲学院录取。当时她已17岁，年龄偏大，而且又是个不折不扣的"生虎子"。她既不出身于梨园世家，又不曾投过名师，访过高友，不过是能跟着胡琴唱两段《红灯记》李铁梅唱段而已。王蓉蓉自己说，她当时不知道什么叫"吊嗓子"。到校以后，她是从拉"山膀"、走"云手"，踢腿、下腰开始学起的。这些从孩提之年开始练还并不难"摆弄"的玩艺儿，可苦了已然17岁的蓉蓉姑娘。王蓉蓉学艺耻于人后，有一股韧劲，有一股拼劲，勤勉二字，贯穿始终。她的生活简单朴

素，似乎除了刻苦学艺外，再无其他。此外，她又有幸得到了一位诲人不倦、教导有方的良师，那就是她的班主任、主教老师，张派（君秋）优秀传人蔡英莲的青睐。不但手把手，一遍又一遍不厌其烦地说腔教唱，还向蓉蓉传授如何运用科学方法发声运气、咬字切音的技巧以及保护嗓子的方法。老师教得认认真真，学生学得一丝不苟，而后更有张君秋先生的亲自传授，她的进步日新月异，令人咋舌。仅仅用了一年半的时间，王蓉蓉就以一出《四郎探母》鹊声噪起，而成为当时中国戏曲学院中的少数"科里红"。记得这出戏刚演完，当时任《北京晚报》总编辑的王纪刚先生就特意约笔者写一篇赞扬"科里红"的文章，他第一个提到的就是这位初出茅庐的王蓉蓉。可惜笔者有负刚公，未能完成，仅在这里补记一笔以纪念已故的纪刚先生。

  出科以后至今，二十年过去了。王蓉蓉仍以"勤勉"二字当头。冬练三九，夏练三伏，持之以恒，寒暑不辍。虽然17岁开蒙学戏，但却也"勤能补拙"，反而使得她的基本功更加扎实，再加上她与生俱来的一副甜美宽亮的好嗓子。因而，赢来了众多领导的支持、诸多老师的厚爱，以及数以万计的观众的呵护。在这漫长的二十年中，她除去演艺生涯外，依然是心无旁骛。可是在另一面，她与同龄演员相比较，却是会戏最多、演出最多，当然付出也最多的少数演员之一。

  二十多出张派代表剧目，王蓉蓉都学会了，其中大部分都奉献给了观众。如《望江亭》《状元媒》《玉堂春》《诗文会》《西厢记》《春秋配》《金山寺、断桥、雷峰塔》《四郎探母》《红鬃烈马》《大保国、探皇陵、二进宫》《秦香莲》《赵氏孤儿》，等等。她还演出了《晨钟惊梦》《黄荆树》等独创剧目。还在各种晚会中，演唱现代戏《黛诺》《红灯记》《杜鹃山》等选段。她的演出足迹，不仅遍布全国各地，还多次出访日本、韩国等地演出，均受到当地观众的好评，因而使她拥有了自己的观众群。成为京城最有叫座能力的演员之一。

可观的成就必然给她带来熠熠发光的荣誉。王蓉蓉获得众多的奖项，其中含金量最高的当属她荣获的梅花奖。最近她又获得中国戏曲学院颁发的首批张君秋奖学金。

她已经不再"酷似"乃师

由于王蓉蓉将毕生精力都投入到京剧艺术中去，因而得到许多位老师的教益。"转益多师是我师"，所以使她具有硬砍实凿、一步一个脚印的艺术修养。当然，在她身上倾注心血最多的，莫过于王蓉蓉的两个老师即张君秋和蔡英莲了。张门桃李遍天下，然而由于王蓉蓉就守在张老师身边，又勤奋好学，所以亲聆张老师教诲机会较多。然后再由尽得张派艺术三昧的蔡英莲老师细说细抠，因此她在学习张派的历程中可谓是得天独厚。但是也正是与老师过于近距离贴近，往往容易造成亦步亦趋、追求形似的缺点。当然，张老师不但是京剧声腔方面的革新家，同时在授徒中又不保守，允许"出格"。他常对王蓉蓉说："我有我的条件，你有你的条件，你要发挥自己的才能，不能死学。"

作为一个演员，在演戏历程中，大概模仿老师、苦求"酷肖"这个阶段是不可逾越的。在进研究生班学习之前，王蓉蓉演出，尽管音色是那样甜美圆润、张派唱腔唱得是那样标准地道，但模仿乃师的痕迹是过重了，在形体上的过于端庄、面部表情上的过于冷艳，减弱了女性美的摄人魂魄的魅力。但是近两年来，特别是在她从"中国京剧优秀青年演员研究生班"毕业后，王蓉蓉的技艺真是"百尺竿头，更进了一步"。尤其是在追求乃师的"惟妙"还是"惟肖"上；学习老师是大处落墨学神韵，还是拟师不化学外在上；演戏是演流

派还是演人物上，都有新的理解和转变。比如，头几个月看王蓉蓉在《赵氏孤儿》中扮演的庄姬公主，就达到了惟妙惟肖的境地。虽然扮出来的公主依然是艳如桃李、冷若冰霜，但我们仿佛触到公主内心那义愤填膺、激荡翻滚的脉搏跳动；唱腔是更悠扬浏亮了，但我们似乎听到其中丰饶情感的流淌。于是这个庄姬公主变得血肉丰腴起来，因而不仅只是传递给观众美的愉悦，而且也令观众鼻酸动了感情。难怪有些观众说："王蓉蓉这个研究生班真没白学，士别三日，当刮目相视。"

王蓉蓉演出月这四场演出，观众看到的是她的更大的进步。甚至可以说，王蓉蓉如今已经完全超越了昔日追求与乃师"酷似"的阶段。特别是在《西厢记》和《断桥》两出戏中，她在学张的历程中开始进入化境。

《西厢记》是剧作家田汉在 1959 年为庆祝新中国成立十周年而创作的。剧本的文学性很高，唱词很美。尤其与流行的同一题材的京剧《红娘》相比较，《西厢记》更接近王实甫的原作，是以崔莺莺作为女主人公的。王蓉蓉在这出戏中，成功地塑造了一个千娇百媚又多愁善感的相府千金形象。她不仅充分发挥其能歌善唱的特点，而且更与以往不同的是她把握住了以感情控制声音，不再过多地追求声音的一味高亢响亮、气力的充沛足实。尤其是唱段最后的拖腔，一反过去高入云霄、遒劲刚脆，摒弃了一般演员所追求的廉价的彩声，她完全深入到角色内心来刻画人物了。可以清楚地感觉到她能够以情感的变化来控制声音的强弱高低、疾徐顿挫，这就是人们常说的以情带声，声情并茂。她以强烈的感情色彩震撼了观众的心灵。表演，本来是王蓉蓉的弱项，但这次在老师蔡英莲的帮助下，无论是形体、面部表情还是眼神的流动，都既丰富又准确，她让观众感到美、感到一个从少女到少妇的细腻的心路历程。观众觉得王蓉蓉把崔莺莺演绎得如此惟妙惟肖，宛如一幅极佳的唐人仕女图，这是极其难能可贵的。

人们喜欢王蓉蓉的《断桥》，也在于她饰演的白素贞唱做俱佳，而且把一个"情"字展示得淋漓尽致。

王蓉蓉远离对乃师"酷似"追求，走上一个创造自己风格的新阶段，这是笔者近来欣赏王蓉蓉几场演出后的主要感受。

[补文]距写这篇文章的2000年，又二十年过去了，俗话说：光阴似箭，日月如梭，真是一点没撒谎。王蓉蓉当下又如何了呢？

士别三日当刮目相视，蓉蓉随着年龄的增长，阅历的叠加，她的艺术已经达到了一个更高的境界。眼下她已经是北京京剧院一团的团长，北京京剧院九大头牌中的佼佼者。她不但极好地继承了张（君秋）派艺术，所有张派的著名剧目她都"拿"得起来，可以说是全盘继承而且演出了。而且还创造了好几出现代戏，担任其中的主角，并且同样获得观众的认可。特别是最近，也就是从2018到2019这两年中，她和北京京剧院一团的同志们共同创造了现代京剧《党的女儿》的精彩演出。这个从著名剧作家阎肃创作的歌剧改编的国粹，成功而鲜明地塑造了一个热爱党、热爱家乡、热爱同志、不怕牺牲的党的好女儿。而且在艺术上，众多的高亢又婉转，清脆又缠绵的唱段，给观众以极大的艺术享受。

这出现代京剧，不但在北京演，而且还到许多外地去巡演。短短两年中，大概共演了六七十场，虽然王蓉蓉已届中年，但她的嗓子却比年轻时更好，表演也更成熟。因此她赢得了许多粉丝。每到一地演出，都是好评如潮，一票难求！如今的王蓉蓉，俨然已成为大家，成为当代京剧艺术的主要继承人之一。

一颗耀眼的梅派新星——白金[①]

北京京剧院的优秀青年旦角演员白金,如今在业内外有很好的口碑。她主演了许多大戏,也获得了许多的荣誉。许多人都看好她,说她将来的前途非常光明灿烂,我也是这么看。首先说她这岁数,还真是挺年轻的。1994年生人,今年二十五岁,可是她的艺龄却有20年,这就不简单了。她爸爸是哈尔滨市京剧团的一个京剧演员,小白金三岁的时候,她爸就给她下腰耗腿,学开了京剧,五岁就正式登台演出了。这孩子生来胆大、爱唱戏,别看岁数挺小,但上台唱戏一点不怵头,还挺开窍,台下掌声很热烈。家里人一看她是唱戏的坯子,那就要更加培养她吧。2004年,小白金十岁的时候,就坐火车轰隆隆来到了北京,并且一下就考中了中国戏曲学校附中,正式学开戏了。因为她真喜京戏,故此能够吃苦,当然成绩也就比同龄人强。三年以后,十三岁的小白金荣获戏曲"小梅花"金奖。又三年,2010年,她以全国第一名的成绩考入中国戏曲学院本科,上大学当了大学生,那更得玩命地学吧。6年过去了,2016年大学毕业了,全国6家京剧院团发出聘书盛邀其来团参加工作。小白金是看准了首都北京,以总成绩第一名被分配到北京京剧院工作。

[①] 本文初刊于《中国戏剧》2019年第9期。

梦想终得以实现，那就好好工作吧。一晃又三年过去了，成绩可不小，得了这个金奖那个第一、这个称号那个称号，多了去了，反正是大家看好这个小孩，有前途，咱们就不必细表了。单说一件事儿，2017年她被北京京剧院评为"青年领军"，同时还被评为北京京剧院"最佳票房人气之星"。这可是拿成绩换来的。你上台要是唱不出彩儿、你要是台上没有过硬的玩意儿、没唱过几出大戏，剧院团凭什么给你评一个"领军"？另外你要是唱戏不卖票，没有座儿，也不会评你一个"最佳票房人气之星"。这些荣誉的得来，正说明她做到了这几点。

来北京京剧院这几年，是没少唱戏，可也是得一步一步地来。先是跑"宫女"、扮"丫头"，然后慢慢地做助演，再到任主演，最后这两年到自己主办个人专场，做领衔主演。几年来演出高达1000多场，可以说做到社会效益和经济效益双丰收。所以她成为青年演员中的佼佼者，最年轻的旦角小演员评为领军者，也就不是偶然的了。咱们尽说她获得的这些头衔了，一条具体的优长还没有说呢！这孩子到底是好在何处呢？我们就拿她这两年的个人专场举例吧。

2018年白金的个人专场，演的是全本《打金枝》，这是一出非常有情趣的轻喜剧。作为应节戏在2018年的春节演出。情节是这样的：唐代宗的时候，大臣郭子仪平定安史之乱，功劳大、威望重。唐王把女儿李金枝许配给郭子仪的儿子郭暧。一日适逢郭子仪夫妇八十双寿，家人都去祝寿，唯独公主没去。郭暧回宫责问公主，并动手打了公主。公主金枝向唐王哭诉，郭子仪大惊，立刻绑缚郭暧上殿请罪。唐王却说："不痴不聋，不会做阿翁阿姑。"不仅没有责罚郭暧，还与皇后一起语重心长地劝解两个年轻人，最后郭暧与公主言归于好。这出大团圆的喜剧，是一出做工戏，是著名花衫表演艺术家云燕铭的拿手杰作。她所塑造的李金枝的形象十分鲜明且别具一格。白金这出戏是云燕铭手把手教出来的，所以她的这个公主也非常有特色。她在观众面前塑造了一个千娇百媚、说一不二的公主形象。她在出场的时候，与一般的主要角色的出场不一样。公主的戏不仅在脸上一副高傲的表情，而且在脚上。你看她的台步，那颤巍颤巍的脚步，配上脸上一副毫无表情的神态，横着步就走了出来，让观众一看就是一个没有家教、目中无人的皇家公主！当气冲牛斗的郭暧质问她的时候，有一个形体动作绝极了，只见她把水袖轻轻地甩了几次，在一记闷闷的锣声中，双手一背、掌起身来，仰起脸儿，两只脚轻轻地走在郭暧的面前，用胳膊轻轻地撞了丈夫一下。这几个动作就把公主的骄纵放任、目空一切的性格，还有小夫妻新婚不久的戏谑气氛，都表现了出来。当郭暧真的一记巴掌打了她以后，出乎观众意料的，台上并没有引来轩然大波。白金扮演的李金枝却是双手一张呆立在台上，然后是一个较长的停顿。这正是演员挖掘人物内心极为精准的动作。这恐怕是公主平生以来唯一一次的挨打！但等到郭暧走了以后，宫女们来劝她的时候，她才大哭起来。这是真哭不是假哭，我们从公主不住颤抖的水袖上可以看出，是真的委屈极了！小白金就是通过这些个形象的动作，把人物的内心世界层次鲜明、步步深入地揭示在观众面前。

下面是公主进宫告状。娇纵却又极为聪明的公主，在父母面前使用了两种不同的手法。对待父亲也就是皇帝，在使用了各种假哭假话都不起作用的时候，她使出了杀手锏。她忧心忡忡地向父亲说了一句可以使郭暧掉脑袋的逸言："没有我们郭家，你父亲怎么能够做皇帝？"说到"做皇帝"三个字时，她还用手掌轻轻地拍了拍父亲的肩膀，极力刻画女儿对父亲王位的担忧。但是这些个假话、假象，也没有起作用的时候，她又是跺脚，又是扯自己的衣服，又是狠狠地指着自己的父亲。把她已经黔驴技穷的心理状态，淋漓尽致地表现了出来。

对于母亲则用不着这么多的技巧。就是一闹、二哭、三撒泼。

当然依然没有奏效。白金就是通过这些形体动作的不同呈现,把这位公主的骄傲、骄纵与娇惯的性格,以及她和父亲、母亲、丈夫之间的关系,精准而形象地表现出来。把剧中的这个主要的人物,"发于内而形于外",既有对人物的深刻体验,又通过创新发展的程式深刻地呈现出来。当然,白金主要是老师怎么教,她就怎么演,她也需要有自己的认知和转化。她觉得在最后结尾处,金枝公主缺少在这个事件后接受教训的一段内心独白。于是她请我在该戏的结尾部分,给她写一段20句的较长的[流水板]唱段。主要是挖掘公主此时的感悟:确实认为自己做的不对,作为皇家的公主,缺少必要的礼节和规矩,改正才能使夫妻和睦,家庭和谐。我按照她的感受和要求,写了一大段[西皮流水],当这一段唱罢,观众还是给予热烈的掌声表示肯定。

下面再说说白金在2019年个人专场演出上的两出好戏。一出是《红鬃烈马》,扮演王宝钏。这是一出观众耳熟能详的传统剧目,也是一出著名的唱工戏。情节就不必介绍了。白金在"武家坡"和"大登殿"两折中,充分发挥她以青衣这一行当应工的唱、做、念的特长。在《武家坡》这一折中,有一段她和张建峰扮演的薛平贵的[西皮快板]的对唱。作为薛平贵,是对妻子的调侃,是假情假唱;而作为王宝钏,当听到她被丈夫卖给这个面前的军人的时候,气得她火冒三丈,所以她是真情真唱,她充分发挥了嗓音清脆圆润、吐字清楚、音节铿锵的特长,尽管演唱的是一段又一段的[快板],而且节奏越唱越快,但吐字清晰流畅,没有吃字倒字的毛病。不仅使观众听得清清楚楚,而且悦耳动听,领略了梅派[快板]大气委婉的三昧。

"大登殿"这一折中,最脍炙人口的唱段,是王宝钏唱的那一段[二六]。就是她救了自己的父亲老王允,向亲生的父亲述说自己18年来所受委屈的那段唱:"说什么节孝两相全,女儿话来听根源……"白金唱得是跌宕起伏,娓娓动听。把梅派唱腔中那种内在的劲头——落落大方却又饱含深情——展现得淋漓尽致。这还不在话下,最绝的是白金在这出戏里,一个人饰演两个角色。她利用"武家坡"唱毕后短暂的中间休息的机会,前台观众是休息了,后台可是一通忙碌。王宝钏脱下一袭青衫,忙顶盔掼甲、扎上大靠,戴上插着翎子的"七星额子"(盔头),改扮成英姿飒爽的西凉国的代战公主。这是一个以刀马旦、武旦应工的角色。只见白金扮演的代战公主,出场"起霸",掏"翎子",帅,美,迅疾、干净,身手矫健,一个飒爽英姿、武艺高强的西凉公主出现了,完全展现了一个非常有水平的武旦应掌握的技巧,与方才典雅娴静的王宝钏判若两人。接下来,代战公主去"打雁"。她左手拿弓箭,右手执马鞭,然后是一个大"圆场",脚下迅如疾风,上身纹丝不动,背上四杆"靠旗"好像贴在身上一般。大雁飞来了,只见白金背身开弓放箭,然后跳起来,跌坐一个"卧鱼",舞姿美极了,功夫也深极了。下面和高思继见面的[开打],只见双枪并举,上下翻飞。左支右挡,严丝合缝,像一束梨花漫天飞舞,展示了白金文武并重、昆乱不挡的特色。

最后再说一下白金所主演的梅派大戏《太真外传》。这是一出典型的梅派歌舞剧。是梅兰芳、梅葆玖父子两代精心打造的优秀保留传统剧目。这出《太真外传》取材于唐代大诗人白居易的《长恨歌》和清朝大戏剧家洪昇的《长生殿》。1925年,由齐如山、李释勘编剧,梅兰芳将这一千古绝唱推上京剧舞台。后又经梅氏父子两代对这出戏的剧本反复修改提炼,将一共4本、要演两个晚上的《太真外传》,提炼成只演一个晚上的经典剧目。该剧集中了梅派的许多经典唱段,在当时,新引进的灯光布景以及杨李生死相恋的剧情、新颖的唱腔、精湛的歌舞,从这个剧的首演直至今天,都可谓梅派众多剧目中的最佳歌舞剧之一。不仅在国内,而且多次出国演出,令国内外观众倾倒。白金这出戏,受业于梅葆玖和梅大师弟子王志怡。由于在这一出梅派经典剧目中，可以说是梅兰芳先生创作的优美唱腔的集大成者。所以要演这出戏，没有梅派的嗓子，唱工不过关的演员，是不能较好地完成这出戏的演出的。2014年，也就是在葆玖先生逝世前不久，梅派研究会刚刚把这一出戏传授给了白金。在她汇报演出的那一天晚上，葆玖先生始终站在大幕的侧幕条旁，为小徒弟白金亲自把场。演出结束后，我在舞台上见到了梅葆玖先生，我问他的观感。他非常兴奋地对笔者说道：白金不但嗓子清脆，而且有一条男旦的嗓子。我问他什么是男旦的嗓子？他说男旦的嗓子就是宽厚、挺拔、有立音儿。不完全是柔媚，也要有刚劲，就是柔中要有刚。

我们现在看白金的这出《太真外传》的演出，在关键的几个场子中，确实给观众留下了深刻的印象。比如她在"金殿册封"一场，杨玉环身着大红色的华丽服装一上场，就让观众们眼前一亮。而杨玉环一时兴起，为玄宗皇帝表演《霓裳羽衣舞》，红色长纱歌舞翩翩，而辅以玄宗皇帝擂鼓助兴。鼓声隆隆、舞姿婀娜，给观众极大的视听享受。而在著名的"华清赐浴"一场，杨玉环在众侍女的簇拥下盛装出场。下面就是非常出色的一段经典唱段："听宫娥在殿上一声启请，我只得解罗带且换衣巾……"这个唱段集中了新颖的[反四平调]中的[散板][碰板]和[原板]，板式新颖，唱腔优美。白金扮演的杨玉环边舞边唱，动静结合。玉石栏杆后，华清池内，侍女们时而撒着花瓣，时而倒着温泉水。杨玉环犹如出水芙蓉，美若天仙。白金又结合自己有武功的特点，在一袭轻纱的包裹下，下腰左右摆动，展现杨玉环在池中洗浴的丰姿和神韵。

该剧最核心的一场应该是《七夕盟誓》。这场戏把李杨不朽的爱情推到了顶点。一段[二黄三眼]，谱写杨玉环与唐玄宗对天盟誓，希望牛郎、织女双星见证他们世世代代永结良缘、永为夫妻的美好梦想。在这个核心唱段中，白金唱出了梅派的中正平和、大方浏亮

的梅派唱腔特点。调门不高,而刚柔并济;旋律不急不躁,行云流水一般,犹如向天上的双星虔诚地娓娓叙说,令观众有身临其境之感,所以很是感人。

该剧最后一场《梦游月宫》。这是杨玉环被赐死以后,唐玄宗昼夜思念,而终于在梦中与杨玉环相会。这一场全是以最抒情的[反二黄慢板]贯穿始终。梅大师父子在这一大段唱腔中、板式中都下了很大的苦功,对传统唱法有很大的转化和创新。白金在这一大段[反二黄]的演唱中,唱的是凄怆悱恻、抒情柔美。忧伤而不凄凉,清冷而不苦闷。她的调门不高,而歌声非常遒劲,华美之中又蕴含着挺拔,非常像她的师傅梅葆玖的音色和韵味。观众不但欣赏了梅腔梅韵,同时也使这一人物具有了海上仙山上的一种神秘的感觉。因此这个《太真外传》,爱好者们不仅看到了好戏,同时给观众以极大的惊喜,说明我们梅派的第3代传人,已经很好地继承了梅派艺术。梅门后继有人,梅葆玖这个最年轻的小弟子,已经能够挑大梁了,能够给观众以无尽的艺术享受。

肆 菊圃名编

"六戏斋主"翁偶虹[①]

北京，历史悠久，"里九外七皇城四"内，多戏园子，多唱戏的，也多编戏的圣手巨匠。昔日四大名旦，皆有专门为他们编纂新戏的文士。如梅兰芳为齐如山、李释戡；程砚秋为罗瘿公、金仲荪、翁偶虹；尚小云为清逸居士溥绪、还珠楼主李寿民；荀慧生则为陈墨香。一个时期内，一些人称这些编剧前贤为"打本子"的，贬得实在可以。其实，根据某一角儿的所长写戏，未可厚非。如今舞台上，梅、程、尚、荀四大流派所演的剧目、学校学生所学的剧目，大多数还是那些"打本子"的捣鼓出来的。还是中国那句老话："蔑高人有罪！"

吾辈不敢有一丝不恭。

我刚懂事，就跟在大人屁股后面"泡"戏园子。踩椅子、扒台栏杆，伸长脖子瞪着眼，死盯着台上。等我认得几个字后，我们家里居然有两种专门谈京戏的杂志：《三六九画刊》和《立言画刊》。我试着迷。先看名伶动态，再看评戏文章。最招人喜欢的仿佛有三人：凌霄汉阁主、孤血、藕红（即翁偶虹），我似懂非懂，但看得津津有味。新中国成立后，我上了中学，看戏更勤。当时，中国京剧院新戏迭出，两个叫得最响的编剧，一曰范钧宏，一曰翁偶虹。一出范剧，一出

[①] 本文初刊于《新剧本》1993 年第 5 期。

翁剧，此起彼伏，令人目不暇接。后来，我去了某京剧团，当个小编剧，吃起了戏饭，朝思暮想的是能否有一天结识这些编剧大家，亲聆教诲，面询真谛。没有多久，一次偶然的机会，不但巧识翁老师，而且竟穿宅过院，成为翁老座上宾。

那是 1964 年夏，北京举行"现代戏观摩会谈"。一天，在首都剧场演出上海京剧院的《智取威虎山》，我多弄到一张戏票，便请恩师中央戏剧学院教授周贻白先生同去观看。散戏时，周先生与一熟人打招呼，我在周先生身后远远地站着，看那人，五十多岁年纪，中等身材，四方大脸，衣着朴素，却气度不凡。我问老师此何许人也。"你不认识他？他是翁偶虹呀！"啊！这个胖老头，便是我渴慕已久的翁大编剧。"看样子您和他很熟呀？""可不是？我们是老朋友，日本人投降那会儿，翁先生受上海大来公司总裁吴性栽之聘，到大来公司下属的天蟾大舞台长期驻班编剧。我那时在上海某大学任教，我俩经常晤面。在北京，我们却相见极少，正好有一出梆子戏的服装头饰，我记不清了，要向偶虹请教。已经定好，明日下午即去他府上详谈。我未去过他家，明天你陪我去吧。"我一听大喜过望。

那是一个非常狭小的院落，几间平房，也是十分湫隘。屋内有什么陈设，都记不清楚了，好像没什么值钱的东西。翁先生见是我们来了，十分高兴，躬身让坐。周先生指着我对翁先生说："这是我的学生，他刚刚到××京剧团任编剧，还求你多关照。"翁先生便笑着说："那好，我们是同行同道，有什么过不去门的，尽管说，欢迎你来玩。"听了这句话，我心里像吃了凉柿子，别提有多痛快了。我找了个偏座坐下听两位谈话。他们谈了很久，可是到底谈了些什么，至今却连一句也记不起来了。晚上，翁师母要请我们吃饭，周先生固辞。

后来，我改编了《节振国》《南海长城》等剧，彩排时，周老师、翁先生都来捧场，令我十分感动。不久，"四人帮"邪风动地而来，周老师被诬为"反动学术权威"，惨遭迫害，翁老师也戴上一顶"封

建文人"的帽子,举步维艰,笔者也因反对凶残、维护尊严而身陷囹圄。

我再见翁老,为十六年后,我们创作的曲剧《珍妃泪》演出时,我再访西单新文化街翁寓。翁老由女儿陪同,步行至西单剧场观剧。

四年后,闻新文化街翁寓拆毁,翁老已迁至北郊三环路外某楼房居住。为庆乔迁,兼为本刊求稿,我蹬车一个小时,才找到新宅。翁老虽然住上了有暖气、煤气的三居室,但地处这样偏远的郊外,我心中暗忖:从此翁老将与剧场永诀矣。

前不久,听说翁老身体欠佳,我赶紧趋访,翁老虽然银须飘摆,但思路仍敏捷缜密,精神矍铄健旺。翁老说:"五脏六腑还对付,主要是腿不行,我已经两年多没下楼了。"

斗室依旧,陈设依旧,几件老家具、一套老沙发外,别无长物。倒是四面粉墙上挂满的字画,为蜗居增添了熠熠的光彩。最大的是一幅"中堂",红宣纸洒金底儿,蓝绫子边儿,古色古香,由全国最著名的书法家启功书赠"颂翁老八十荣寿自撰七律一首":

> 鸿才弱冠早知名,
> 隶古权奇似曼生。
> 昔日燕歌排块垒,
> 引年椽笔颂升平。
> 旧游每话思瞻斗,
> 今雨当筵幸识荆。
> 我亦杖影经八稔,
> 愿随国叟庆秋庆。

启功字宗宋徽宗"瘦金书",并博采众长,自成一家。五十六字,字字精妙,无一败笔:方圆兼备,骨气内含;清俊隽永,华贵大方。

令人甘之如饴。

翁老又指着著名书法家欧阳中石书赠的条幅说:"这幅字好,词也好,可以说是对我一生的总结,您仔细看看。"

中石先生以行草见长,笔走龙蛇,飘逸潇洒,自填一曲,名为《中吕·满庭霖》。曲云:

> 斋名"六戏",长年秉笔,移风演义,编成了多少人间情理;满腹珍奇,巧结构,篇篇激励。擅经营、字字珠玑,祈祝云天霁,彩虹兆瑞,翁老寿无极。

我问翁老斋名何谓"六戏"?翁老说:"余一生六样事:听戏、唱戏、评戏、编戏、导戏、画戏(脸谱),故名六戏斋。"老先生一生嗜戏,舍此无他,方能有如此巨大成就,后学弗如远甚矣!

此时,我忽然想起一件事来,忙问翁老师:"您与欧阳中石老师惺惺相惜,我听说您也有书赠欧阳老师的墨宝。如果手头方便,请赐学生一观吧……"翁老师哈哈大笑,说:"你不愧是做编辑的。这事你也知道,好,我这里恰恰有两张照片,上面既有人物又有书法。你可以看一看。"说罢翁老师拉开抽屉取出两张照片来,原来都是欧阳中石先生的剧照。一张是《坐楼杀惜》的宋江,一张是《十道本》的褚遂良。虽然都是古代人物,但是仍然像如其人。一身书卷气,满脸凄然情。翁老师在两张照片上都有题字,文书并茂,真是珍品。我不妨把《坐楼杀惜》照片上的题字记录如下:

> 奚派传人,欧阳中石君演《白帝城》之刘备,《坐楼杀惜》之宋江。有优孟学孙叔敖,抵掌谈笑。致使人谓死者复生之感!盖中石先生亦文人、亦墨客,学富经史,书法文章,誉满海内;啸

伯已逝,深望中石先生,于教学临池之余,以当年师生探讨剧艺之精神,多复奚派名剧。——翁偶虹

此两张照片之原件现由翁门弟子张景山先生珍藏。

壁上还悬有文化部常务副部长高占祥书赠的"京剧圣手,德高望重"条幅。八个字评价翁老一生所为,贴切、公允。

墙上尚有两幅镜框。一幅是翁先生1932年绘就的八张京剧脸谱。造型古朴,线条刚劲,有清人笔意。尤其白鹤童子、《混元盒》老太师两谱,舞台罕见,弥为珍贵。

另一框内,嵌有扇面两幅,每幅分为四条:两画、两字。均极娟秀、玲珑。问翁老系何人所作?老人笑呵呵地说:"这可是极好的东西。四幅画出自梅、尚、程、荀四大名旦笔下,字是余叔岩、言菊朋等名伶所书,您想,多么难得。当年,由程观秋先生珍藏,后经其后辈转送。"

翁老见笔者注目壁上脸谱,便慨叹道:"悠悠岁月,往事如烟,转眼六十一年矣!昔日尚属青年,今竟垂垂一老翁也!"我忙岔开,指着墙上一幅笔力雄浑遒劲的隶书问道:"这条幅不知何人手笔?"翁老答曰:"此乃我祖父手书!"

吓我一跳,不怪纸成黄色,大概总要有一百五十来年的历史了。顺着这老古董,翁先生说起他的身世:

"我们是旗人,属正蓝旗下,我祖父晋青做过内务府慎敬司郎中,五品官,相当于现在的司局长。我父亲只做过小官。我自幼酷爱京剧,听戏、学戏、唱戏,而编剧本始于1933年。当时我二十三岁,到1983年一共写了111出戏。演出了70多出。我曾在一本书中写道:我的编剧生涯是'红起红落'。始于为中华戏曲学校写《红莲寺》,止于现代戏《红灯记》,因为改完《红灯记》,便被'四人帮'强迫退休。不想'四魔'被揪出后,我竟'笔如秋水平还起,文似春云去复来.'又创作了京剧《小刀会英雄传》,改编了《美人计》《周仁献嫂》《罗成》《大闹天宫》,1983年创作的《白面郎君》,大概才是我最后的剧本。我写了一辈子戏,眼下京剧舞台上,虽然上演的剧目很少了,大概还能有十来个我搞的剧本在演出。可是到现在,我连一部自己的剧作选也没出过。两年多前,应中国戏剧出版社之约,我整理了《锁麟囊》《将相和》《周仁献嫂》《大闹天宫》《响马传》《西门豹》《红灯记》《白面郎君》共八个剧本,拟出一部《翁偶虹剧本选》,可竟是入海的'泥牛',消息皆无。请人打听,说需要作者的金钱赞助。如今,生活上虽能温饱,实无闲钱在家。我不怨出版社,他们更难,惟求国家和社会更多关注民族戏剧事业。"

"京剧目前状况如此,前景如何,再过几年会不会寿终正寝?"我把极不愿说的话终于捅了出来。

"不会的!京剧本身绝没有问题。最近京剧轰动台湾,还有业余京剧活动的蓬勃兴旺足以说明。京剧所以不上座,我以为主要有四种原因。第一,票价高;名角儿多一点、戏好一点,票价就得十几二十块,看京剧的观众接受不了。港台歌星的票一百多块,咱们不能跟他们比。那是抽不冷子来两回,让他们天天唱,唱上三年,说不定也不行了。在台湾演出的京剧,听说甲级票要卖到七八百块一张呢,那么比行吗?第二,交通困难。看京剧老观众多,走不动,骑不了自行车,要坐车。如今,北京城面积有多大,三环路、二环路,住哪里的都有,就剩那么几个戏园子,又都在城里,看回戏真比上趟天津还费劲。好在家家有彩电,一犯懒,凑合在家看电视吧……戏园子里的人也就越来越少。第三,水平不行。刻下老角儿凋零太甚,您看,唱头牌的角儿剩不下几个了,张君秋唱不了了,袁世海大戏拿不动了,赵燕侠偶尔唱个一回半回的,也今非昔比了,只闲着一个王金璐,还不赖,老当益壮,还能唱,可他又没有剧团能由着他的性儿唱。中、青年演员虽说不错,可跟过去挑班的角儿比,跟当

年的四大名旦、四大须生比，说实话，还是有相当距离的。五十年代，中国京剧院、北京京剧团的演出，那阵容有多强。演《赤壁之战》时，马连良孔明，李少春鲁肃，谭富英刘备，其他参加演出的还有叶盛兰、袁世海、裘盛戎、李和曾、孙盛武等头路角儿，那戏看着什么劲头。如今，竞争对手数也数不清，可质量呢？却大大下降。您别看，评了那么多的高级演员，可能插大纛旗挑班的角儿没出来几个。所以我说要呼唤出大角儿，不要怕出大角儿，也不要舍不得给大角儿大钱，眼下不是要建立文化市场吗！培养演员，给演员定工资，开戏份，也应逐渐按市场经济办事。"

我递过茶水，翁老呷了一口又接着说："还有一个很严重的问题，就是演员闹不团结。什么有他我不来呀！什么我不跟他台上见面啦！你鼓着，他瘪着。演《空城计》，都想来孔明，没人来王平。那么，都要唱'头路'。'二路'总得有人唱呀，结果就让唱'三路'的，甚至更差的，往上顶，唱'二路'。结果，就说牡丹更鲜艳，缺绿叶，秃了八叽也不招人待见不是。大家要以京剧的事业为重，说句不好听的话，京剧都到这份儿上了，再不能'窝里反'。得心往一块使，众人拾柴火焰高嘛！

"第四，目前，京剧演出的剧目太少，得排新戏，得想方设法多演出。解放前，四大名旦，哪一个不是靠排新戏'红'起来的？光指着唱老戏，能唱得过陈德霖、路三宝那些老角儿吗？解放后，中国京剧院、北京京剧团不也都仗着排新戏赢来观众吗！没新的，光唱旧的、老的，没一点新鲜感了，观众还上戏园子来干吗，留着自己个儿在家里唱两段过瘾得了。举个例子说，烤鸭子再好吃，天天吃，吃过三天，您就满世界找棒子面吃了。还得经常演出，人少也得演，赔钱也得演，越呆着越懒得动弹，功夫越来越'回去'，再上台，能好得了吗？领导上得想主意多演。

"另外，最近有些剧团醉心于排一些迎合外宾旅游的剧目。挣'老外'的钱，该挣！多多益善，但也不能总指着，死乞白赖。因为这些特殊观众，一来看不懂'人'戏，只能演猴戏、闹'妖'戏，热闹一阵子完了，绝让他们上不了瘾；二来，这些'观众'也不能常住，有季节性的，所以卖买时好时坏，这种搞法绝不是什么起死回生的灵丹妙药！"

"那么，您说京剧往后该怎么办？要救它，这张药方可怎么个开法呢？"我跟翁老脸儿对脸儿的要主意。

"照目前的情况，首先要大力抓高演出的质量。真想干这一行的，就得不受外界干扰，不慕名利，清淡自甘。下狠心练功、调嗓、排戏、演戏，能再出几个出乎其类的头牌好角儿。再出几个四大名旦、四大须生，京剧不怕没观众看，票价不要过高，要立足于普及、培养观众，要照顾国人。最后，还要加强对京剧的舆论宣传，报纸、杂志要多给版面，就像一个病人，得多给他吃好的，开小灶。不'加钢'（即特殊照顾），再撤'火'，那还能活得滋润？这都需要国家和社会的大力支持，关键时刻，再不能光动嘴皮子，不拿真格的。否则，京剧死不了，也会越活越抽抽！"

我离开翁宅，一路上久久沉思，我们和"六戏斋主"相比，到底少了些什么呢？好像不光是艺术，除此之外，还有更沉更沉的东西，我一下子也说不清……

[补文]上文发表仅一年后，不幸翁老师仙逝，享年八十六岁，也是高寿了。翁老师在本文中，以自己写了一百多出戏，但尚未出版一本剧本集，引以为憾。但就在他逝世后不久，由他老人家亲自编定的四本书：《翁偶虹剧作选》《翁偶虹编剧生涯》《翁偶虹戏曲论文集》和《北京话旧》，由天津百花出版社出版，编为《翁偶虹文集》。翁老一生留下的煌煌大作，何仅此四种……您说对了，然而现在情况大不相同了，翁老师如今出的书，大概有不下十几种之多，何以

生前无书，死后老人的著作却如雨后春笋一般，突然冒了出来，令人目不暇接？原来翁老师有好学生，完全是弟子服其劳，下面就让我说说这一段的始末根由。

翁老年轻时在中华戏曲专科学校任教。教文化、编剧本，还兼做导演，甚至还兼做学生（校友）剧团的组织者，即今之称为制片人的，那男女学生可嗨了去了……如宋德珠、王金璐、何金海、储金朋、李玉茹等，老学生这里不说，只说改革开放以后，投在翁老师名下之学生甚多，有吴江、张志高、张景山、田有亮等所谓翁门十大弟子。老师在戏曲圈内，名声何等之大，十大弟子也均非等闲之辈，但是为翁老师留下大作于身后的，却是张景山这个弟子。

按老话说，老师是得了这个徒弟的济了。景山老弟，并非绝对的行内之人，他供职于北京市电力公司，但却是在公司之工会内，负责文艺活动的组织工作。爱京戏，写评论文章皆不在话下，是一把好手，而且在翁师生前，经常在翁府随侍左右，聆听老师教诲。俗谓师徒如父子，所以翁老生前，也将箧内珍藏的一些著作付与景山先生收藏，当亦有托付之意。翁老师不愧剧坛高师，慧眼识人，所托得人。景山先生也不负老师期望，于2008年至今，为其师出版了八种书十册，计有《翁偶虹编剧生涯》《翁偶虹看戏六十年》《梨园鸿雪录》（上下册）、《名伶歌影录》《菊圃掇英录》《钩奇探古话脸谱》《翁偶虹秘藏脸谱》（上下册）、《春明梦忆》，以及《红灯记》CD版（李少春主演）。洋洋大观，令我辈做戏曲者扬眉。但尚有遗憾，据景山先生统计，翁老师一生共写剧本138部，可谓空前，也可能是绝后。今天翁老师只出版一本收集了七八出好戏的《翁偶虹剧本选》是远远不够的。我多么希望景山弟再努一把力，虽然出版戏曲剧本很不容易，尽力给老师再多出两本剧本集，把老师的著作，哪怕有1/3剧本付梓刊行，那也是功德无量，是我们写戏的人深深盼望的。

八十年嗜戏如命黄宗江[1]

年过八旬的黄宗江是八一电影制片厂资深编剧,一干就是几十年,创作了好几个颇有影响的电影剧本,可黄老多才多艺,是圈内屈指可数的全才。他足跨影视、话剧、戏曲三大领域,成为在任一方面都颇有建树的三栖作家,又会写令人不忍释手的散文,如今已出版五六个散文集了。以上是"写";黄老在台上还是好演员,话剧、戏曲两门报。还有一手绝活:人家能用一口流利的英语,在美国的洋舞台上演奥尼尔的话剧,另外黄老还是优秀的演说家。每参加文艺界的座谈会,黄老的精彩发言是一道不可或缺的高档大餐,但黄老不认自己是演说家,只自谦地认了个"我是个较好发言者"。但在黄老的诸多本领中,"发言"这一项是实在不可免去的。别看黄老爷子一嘴的京片子,聊起北京的风土人情、民俗掌故头头是道,可老爷子却是南边人,祖籍浙江瑞安,不过黄老先生生于北京,也应该算是皇城根下的子民。

黄老的父亲赶上了清朝洋务运动,学了洋文,东渡日本去留学,回国后做了时髦的电机工程师。老父亲酷爱京剧,自然影响其子。宗江自幼便出入京都的广和楼,坐在母亲的腿上看国粹,一看就是

---

[1] 本文初刊于《北京晚报》2003 年 8 月 2 日,有增润。

十来年,最爱看的是和他年岁般大般小的科班学生们。在一次中国剧协召开的座谈会上,黄老曾笑谈看戏的也分"字"。他说:"看科班戏,富连成的学生,按喜、连、富、盛、世、元、韵的排字,我们这帮常看戏的票友刘曾复、朱家溍、吴祖光是'盛'字的,我是'世'字的,从看戏论,他们也是我师哥。"

时事多变,宗江又随父亲母亲去了天津,又去了曹禺当年也上过的南开中学。那里的业余话剧演出,搞得很红火,年轻的黄宗江很快就成为剧社里的骨干,漂亮倜傥的他,演男角色更演女角色,被誉为南开中学继曹禺之后男扮女的最佳演员。继而考入燕京大学外文系,课余他是又演京剧又演话剧,足这么一过戏瘾!

但他终于做了职业演员,却是1940年以后。先在上海,他创作的第一个形象是夏衍编剧的《愁城记》里一位50多岁的市侩气十足的老头。他出色当行的表演,使和他同台演出的后来成为上海戏剧学院表演系主任的胡导先生大吃一惊:"一上场就让我愣住了,难道这就是刚从北平来参加我们上海剧艺社的黄宗江吗?"可见其乍出茅庐便一鸣惊人!后来在他参加演出的古装戏《楚霸王》和《鸳鸯剑》中。他扮演的范增和柳湘莲,巧妙而创造性地将京剧中的一些表演技巧化入其中,在当时可谓轰动一时。

几年后黄宗江在重庆演戏,他演悲剧更演喜剧,他和蓝马、谢添与沈扬被誉为重庆"四大名丑"。这期间最为人津津乐道的是他在夏衍等创作的《戏剧春秋》里,连演了三个不同的角色,而且个个栩栩如生,绝不雷同。在话剧舞台上,黄宗江开"一赶三"的先河。特别有戏剧性的是在半个世纪后,黄老在近古稀之年给美国纽伦敦的奥尼尔戏剧中心的"中国夜"上,又一次饰演了三个性格迥然不同的人物:与美国演员合演《洪深和奥尼尔》,黄宗江扮演洪深;和人艺名演员英若诚用英语共演昆剧《十五贯》,黄老扮演三花脸娄阿鼠,还漂亮地从板凳上翻了一个跟头;另外他和女儿还合作演出话剧《家》，他扮演觉新。两度"一赶三"，留下一段梨园佳话。

黄老已是耄耋之年，还参加演出吗？演！头几年与陈小艺共演电视剧《寻梅》，而在电视剧《梅兰芳》中，则演丰子恺。虽年迈，而其人乐此不疲……

说完台前再讲幕后，黄老舞文弄墨，最早要追溯到七十多年前。他是小学生时，就在《世界日报》发表了他的第一出剧作，用对话体写的话剧《人的心》。数年后他是中学生时，居然在某报刊办了个周刊《黄金时代》。诗歌、小说、多幕话剧，全来。二十五岁时想到人家曹禺先生二十三岁就写出了《雷雨》，他急了！发奋写了个"多少像我家庭的剧本"《大团圆》。此剧本一杀青立刻由焦菊隐主持的艺术馆搬上舞台，喝彩声一片……又立即由金山拍成电影，着实"火"了一把！该剧的结尾影射的光明，这无疑是黄宗江思想上的飞跃。可该剧为此被当局严禁，但最终由巴金主编的《文艺丛刊》列入话剧精品出版，这又让宗江着实得意了一阵子。

《大团圆》写了许多兄弟姐妹，黄老师是有生活的，宗江姐弟七人，其中小妹黄宗英、弟宗洛都是名演员。昔日演员称艺人，黄宗江一生嗜戏如命、卖艺为荣，四十年代末，他的第一部谈戏、爱戏、醋戏、恨戏的散文集便命名为《卖艺人家》出版。这书是将饱满的生活感受，用诗一样的洗练语言写出来的。篇幅均短小，但篇篇锦绣，由于个性突出，人们称为"黄派"。

新中国成立前夕黄宗江参加了解放军，从此结束了舞台生涯，也不再弄话剧，而是专攻电影。先有与人合作的《柳堡的故事》，继而《海魂》。这两部影片都是叫好又叫座的佳作，至今五六十岁的老人也还都念念不忘。接着《县委书记》《东海人鱼》《江山多娇》等影作相继问世，可说是文思才涌，落笔神速！

然而黄老的扛鼎之作，则是电影《农奴》。1959年他去了边陲西藏，他听到翻身农奴控诉过去奴隶主的十恶不赦，他看到世界屋

脊上的人们挺直了身板,高唱对党的颂歌,于是创作的激情油然而生,"冲"得他多次奔赴西藏体验生活,最后花了三年时间始完成《农奴》的最后一稿。这部力作,不仅是黄老的压卷之作,而且在中国电影史上也留下了光辉的一页。

"文革"后,黄老又写开京剧了。他甚至说:"其实各类戏剧品种中,我最熟悉的还是京剧。"这是真的。说真的,黄老看得最多的戏是京剧,至今已然看了八十年了,剧场无论离家多么远,归来有多迟,黄老毫不在意,但是惹得老伴儿常常提心吊胆。一次黄宗江又是深夜看京剧归来,家门自然紧闭,他用京剧道白叫门:"老伴——开门来!"老妻门内无奈应道:"谁是你老伴儿?你老伴儿是京剧!"可见黄老对京剧的挚爱。先是写了反映清末女革命家秋瑾的京剧《风雨千秋》,由梅兰芳大师的弟子李玉芙成功地搬上了舞台。又和老友宋词搭档创作了歌颂贺龙姐妹贺英等的京剧《贺家姐妹》,名老旦王树芳演贺英,大嗓俊扮,很热闹了一阵……继而又写了个京剧武戏《贺龙刀》,总算对得起几十年看京戏的辛苦。

写也写了,演也演了,转而又去弄话剧,但这次是用传统戏曲名剧为底本来一个改编。先是根据《赵氏孤儿》改编成《孤儿恩仇记》,再改昆剧《牡丹亭》为《寻梦》,也都公演了,还是大导演陈薪伊执导,黄老师称这些为"嫁接戏"。

近二十多年,黄宗江参加了中国影协、中国剧协、中国作协的许多座谈会,黄老师每请必到,每到必发言。与会者人人都盼着听黄老的讲话,即使有事也要等待黄老发言后再"撤"!因为他的发言实在太精彩,太动人,太机趣了,不但讲究起承转合,亦庄亦邪,高论迭发、语惊四座,集思想性、文学性、娱乐性、格言性于一席话语中,如付之笔端,便是妙文。

这且不言,由于黄宗江是做过大演员的,所以他的发言仔细听来,可觉出其间有气口,讲究抑扬顿挫,有"板式",时慢时快,似是京剧的［慢板］［摇板］及［快板］，这样富有特色，人们称黄老的发言为"黄腔"。

黄老平时虽温文尔雅，但激动时，也偶尔疾言厉色，因此人们称此为黄派之"嘎调"！可见大家喜听"黄腔"盖非无因也。

现在八十二岁的黄宗江并没有刀枪入库，马放南山，他对笔者说，他仍在写，仍在演……最近正和一位名导演合作，策划一部表现一位京剧艺术大师的电视连续剧，不久的将来就会公之于众也。这里先透一点秘密，黄老要表现的这位京剧大师叫马连良，京剧四大须生之首，要把他写到电视连续剧里，当然是极好的题材，拍摄出来那收视率一定会排上五颗星。黄老是想在这部电视剧中来个"活"，不演马连良，起码也要演个二号、三号的主要人物……导演物色好了，是八一电影制片厂的他的老朋友，一级导演翟俊杰。电视剧编剧呢？黄老找了著名剧作家魏明伦。可是这位魏兄不知出于何因而婉拒，而且把这个大活扔给了我……他对黄老说：这任务您应该找永和兄啊，他写过《马连良传》，又写过好几个电视连续剧，我远在成都，您怎么舍近求远哪？黄老一听："啊，言之有理呀！"于是我们几个就在黄老六里桥的家中开了一个会。我一听，这么大的"活"交给我？我这小肩膀可扛不住……万一在我这儿把这"大事误了"，我可谁也对不起，所以我也只好把这烫手的"芋头"给扔了回去……以后没过多久，黄老师就一病不起，一切都无从谈起了……

［补文］此文初稿写成于2003年，发表于《北京晚报》。那时黄老八十二岁。几年以后，大概是2010年，黄老与世长辞。享年八十九岁。与爱妻阮若珊共葬于京北万安公墓。与其老友曹禺墓毗临。

我眼里的中杰英[1]

写字台上，放着一张名片和彩照，中杰英的。

名片头衔累累：中国作家协会会员、中国戏剧家协会会员、中国电影文学会会员、汽车与建筑机械工程师、中央实验话剧院小说家、剧作家。

照片更神气。是近照，摄于1988年10月下旬。背景是四川松潘地区著名风景区黄龙的秀丽山川：苍山隐在朦胧的雾霭中，绿水似一条缎带平静地卧着。中杰英的半身像，笑容可掬，有点憨态。

1987年第12期《小说月报》封面上刊登了中杰英的照片，也是半身彩照。他在《封面人语》中对自己做了这样的描述："文艺爱好者——助教——右派——廉价劳动力——工程师——炮制小说与剧本的笨拙工匠……身高1.58米，肥胖作枣核状，属一等残废体型。所学甚杂，皆皮毛也……只问耕耘，不计收获，若堪作填海的石头，虽无声自沉，是得其所哉矣！"

五十四年前，中杰英出生在南国的广东梅县。家境寒苦，缺衣少食，备受熬煎。童年入学攻读，又逢日寇侵华，烽火连天，黎民涂炭。幼小的中杰英目睹日军暴行，童心蒙上一层仇恨的积淀，常

---

[1] 本文初刊于《新剧本》1989年第1期。

思报国从军消灭敌寇,却又无门可入,于是化成一股力量,发愤读书以备将来。春去秋来,时光转瞬,北京解放,全国解放,18岁的中杰英以高分考取了清华大学机械系。旱苗时逢甘霖,岂不华滋生发。四年之中,他入了团,历获优秀学生奖励。想到他的童年、少年:为地主扛活,当小做活的;摆香烟摊勉强挣钱糊口;抗战时期,颠沛流离,朝不保夕……如今却坐在全国最高学府清华园内宽敞明亮的教室之中,一种幸福感、自豪感油然而生。他不能辜负这美好的时代,他要把自己用知识围裹起来。他像一个渴坏了的沙漠旅行者,突然寻到凛冽的甘泉,将自己整个扑在这文化的"绿州"上。他如饥似渴地捧读起一本又一本的书籍:不论是有关本专业的科技书籍、数理化基础理论书籍,还是文学名著和社会科学经典著作。他坚信开卷有益,他利用一切可以利用的时间,甚至连上厕所的十来分钟也要捧读上一本厚书。辛勤的耕耘,必然会结出硕果。

1955年,中杰英大学毕业了。他的毕业答辩,成绩是最优秀的,因而,母校没有舍得把他"外放"供职,而是恳留他在本校任教。这在当时是何等的幸运,留在清华当助教,将来便可成为全国知名的教授,这无异是一条名利双收的金光大道。孰料,好事多磨,1957年夏季,清华园里群情鼎沸,人心难安。在这种背景下,年轻的中助教,一阵心血来潮,化名S·C发表了《为历史辩护》和《再为历史辩护》两篇杂文,就肃反扩大化和民主法制问题进行了思辩。今天经过拨乱反正,我们再来研读这两篇文章,会发现其中主要观点是实事求是的,有些预断是有科学依据的,并被后来的历史发展证明是并无差错的,但在当时却是罪不可恕。中杰英被划为清华大学的大右派分子,他的生活从此展开了极其艰苦的一页。

"以后的日子你是怎么度过的?"笔者问。

"那可就惨透喽。我记得,那是一个阴郁而凄凉的春晨。我囊中如洗,两手空空,只带着一箱'闲书'、一把小提琴和一把二胡,还有几叠小说草稿和一部正在制片厂审查修改的描写大学生活的电影剧本《晨钟夜灯催人忙》,便给轰上卡车,像夹尾巴的狗一样,泪汪汪离开我心爱的母校而去……"

"你到哪里?"

"哎呀!那去的地方可太多了。我到过工厂、矿山、农村、工地和变相的劳改队。这么说吧,我摇了六年摇把(机床),拿了三年抹子,修了四年汽车,还当过若干年杂七杂八的临时工。后来好一点,我又搞了七年的科研设计。这二十来年,从生活上看,是破鞋——没法提;我每月十八元的生活费,吃窝窝头就咸菜,穿补丁落补丁的百纳衣,住缝子挨缝子的五风楼,而且为了能喘口匀实气,还得抱着脑袋装孙子玩。可是这只是一方面,还有另外的一方面,而且是安身立命的一面。"

听着中杰英幽默风趣的语言,笔者不禁在想,二十年的风风雨雨早把他身上那股知识分子咬文嚼字的"语风",洗刷得干干净净,而变成了纯工人语言,而且是地地道道的北京味儿的"土"语,尽管他是真"老广"。

"让我告诉你那主要的一面吧!我从清华大学一跟头栽到地底下,这真叫天赐良缘:繁重的体力劳动,抻练了我的筋骨皮肉;'混'入工人阶级队伍中去,接触到真正的劳动群众。我学会了挟着百来斤的洋灰袋子一口气上五层楼,也学会了如何磨洋工;学会了打架、学会了逛大街,学会了大块吃肉、大碗喝酒,也学会了工人阶级特有的处世和思维方式。三教九流、五湖四海,什么人我没见过!什么人我不了解!我掌握大量而生动的群众语言和举止,我熟悉他们的风俗习惯。我脑子里储存着形形色色的人物形象和闭眼就来的生动的生活细节及事件情节。这些可都是我创作的宝贵财富,是我敢于弃工从文的雄厚本钱。"

1978年,中杰英这个又活了过来的清华人,他主持设计的我国容量最大的北京西南郊冷库的机械施工工程圆满完成，并获得建委和北京市的科技奖。按说他应得最高奖励，可是不论精神或物质奖励，都与他无缘，因为他是摘了帽的"右派"。"四人帮"被打倒后，中杰英再也不装孙子了，盛怒之下，他写了第一篇小说《罗浮山血泪祭》。但寄出后，命运多舛，被退了回来。再试投他处，再次被退了回来。倔犟的广东佬，硬是不认输，再投大型文学刊物《十月》。这次，却时来运转，《十月》同仁传阅后，都认为这是一篇用血写成的好小说，尽管发表出去说不定会捅娄子，但编辑部领导，还有当时的责任编辑刘心武甘冒风险将它发表在《十月》的头条位置上。

《罗浮山血泪祭》的发表引起了文坛的轰动，并获得1979年全国优秀作品奖。这时，老中重新对自己的才能进行了剖析和审视。他觉得自己丰富的生活阅历和既懂科学技术又有文学根底的庞杂知识面是可以进取的优势。他坚信生活是一切文学艺术创作的源流。没有生活就是无源之水，无本之木。自己扎实深厚的生活基础是可以和众多竞争者一较雌雄的。于是他毅然决然弃工从文，他要从自己的生活绿洲中汲取出甘润的甜水来。于是他正正经经搞起文学创作来。

"您改行从文，是不是趋赶时尚，还是认为这一行可以得稿费，高收入？"

"不！决不是从这方面考虑的！"笔者这一冒失的提问，险些将这位和气的胖墩作家招怒了。

"我主要考虑的是要用文学这个武器去改变人的心态和审美观念。当时，'四人帮'刚刚被打倒，我觉得要医治极左路线和'四人帮'造成的精神枷锁和物质贫困，就必须揭露扼杀人才和科学的条条框框。我要借助艺术形象来表达人们普遍关心的问题和对时代的希望，我要用自己的生命之声去为人民的前途发出警号，为党中央的英明决策大声疾呼！"

中杰英言而有信。他是这样说的,也是这样做的。1980年,中杰英的第一个戏——话剧《灰色王国的黎明》由中央实验话剧院在北京公演。在此剧中,中杰英以犀利的笔触,无情地揭露了官僚主义者顾世权严密控制的"顾家大院",尖锐地抨击了极左遗毒,热情讴歌徐定运、杨少达那些正直不阿、嫉恶如仇的党的干部和知识分子。此剧以令人荡气回肠的内容和充满浓郁的生活气息而连获全国和文化部的优秀剧本奖,从此,中杰英又在剧坛享名。

如果说,《灰色王国的黎明》初步证实老中的写作目的是"把耳朵贴在人民的胸脯上",甘当群众的代言人,因而不免多了一点政论色彩,有时气氛较为严肃沉重。但他的另一个戏《哥儿们折腾记》,以及这个戏的姐妹篇《哥儿们发财记》则与前者不同,而是充满着更为浓烈的生活的芳香和引人发噱的喜剧色彩。

观众在台下看戏,有时似乎身不由己而进入了车间或工地,竟令人搞不清楚是在看戏还是回到生活中去。这里不妨引用老中的原话来解释。他说,在《哥儿们折腾记》一剧中,他"有意识地采用高度生活化的手法去表现主题,几乎是未经加工就把现实中的人物和场面搬上了舞台""以更加社会化和生活化的艺术去突破车间文学的框框"。

诚然,这两个戏完全得力于作者深厚的生活积累。当在剧场演出时,台下坐着的观众大多为青年人,他们时而窃窃私语,时而拊掌大笑,特别对其中"代写情书"和"文明决斗"两个情节特别欣赏,认为太有戏又太真实了。殊不知之所以真实巧妙,完全是出自作者的真实生活经历。原来,中杰英下放劳改,混迹于青年之中的一个重要经历,就是替哥儿们代写情书。这碗饭,他捧了好多年,练出一种特殊的文字功夫,终于在"哥儿们"系列话剧中得到重用。"文明决斗"那场戏,里面有个劝架的工人,架没有劝成,险些叫别人给揍了。戏每演到这里,观众都捧腹,以为是闹剧。其实,那个人就是作者的自我写照。他对笔者讲,当工人怕打架也不行,有时为了自卫,他也曾揭过墁地的砖头而向对方飞过去,后来彼此都写了检查,买只大西瓜大伙一抹嘴了事。有次工人打架,我们这位中大编剧也掺和到里面去劝架,险些挨了一铁棍。正因为这些都是他亲身经历过的实事,所以他顺手拈来,便活灵活现,触类旁通。

中杰英对文学的爱好,有人把他比做类似有大烟瘾,不管昔日在逆境,还是今日在顺境,总是手不释卷。如今年过五旬,脖梗患有严重的颈椎病,看书读报十分不便,低头时间一长,便痛苦万状。他除用药外,又思得一妙法。他到街上购得一绘图板,放置书案之上,下置数摞图书,摆成一45°角状,再将书报放在板上,不用低头便可细读,好不悠哉,终不因噎而废食。

老中非常讲究写作技巧,尤其是人物的语言,他务求个性化、生活化、口语化。从头到尾字斟句酌,冥思苦想要找到最带劲儿的新词。真是有点"为得一字俏,拈断几根须"的劲头,直到"逮住蛤蟆还要攥出尿来"方才罢休。

老中整天难以得暇,电话不断,来人不绝。所以他创作的时间为夜间九时直至凌晨二时。因而,夜深人静之时,正是他奋笔疾书之际。往往搜索枯肠,夤夜得一佳句,为了不吵醒榻上早已酣睡之老妻,老中常常掩口哑笑许久,待得笑意尽失,方才重新握管。

老中感情充沛,极易感染冲动。每逢看戏看书看电影,或自己创作时,常为剧中或书中人物命运动情,哭笑无常,举止失措,状似疯魔,形如病汉。旁观者常常误把他当作大脑炎后遗症或神经病。据传电影《天云山传奇》公演时,中杰英带着妻子儿女举家去看,当银幕上演到那个温良敦厚的右派妻子,贫病交加溘然长逝时,他再也不能控制自己的感情,竟嚎啕大哭起来。周围观众哗然,甚至有逃出剧场而云避疯汉者。事后笔者问起老中是否有此事,他操着朗诵腔一字一板地说道:"座中泣下谁最多?江州司马青衫湿。"用

了白居易一句诗聊作搪塞,而不愿越抹越黑。

老中平生好打抱不平,颇有点侠肝义胆。他喜欢为人申冤告状、包揽词讼。笔者誉他为当代宋士杰。老中笑而不语,作默认状。他曾做过丰台区人民代表,曾为许多冤假错案的平反卖过力气。他接待过许多来访者,为他们奔走公安局、法院、监狱之间。为此,他还炮制了一篇小说《高压线上的鸟》,讲的就是为人打官司的事。这部作品荣获了首届《啄木鸟》"金盾文学奖"。

中杰英虽然貌不惊人,但确实才华横溢。他除了小说、剧本外,还发表过报告文学、散文、杂文多篇,最近又在酝酿一部长篇小说的创作。可以说是文坛中的通才、"矮杰"。

中杰英自1979年步入文坛后,已有六部著作问世,有四个话剧搬上了舞台。最后一个喜剧《哥们儿发财记》,获得首届《新剧本》奖。

中杰英一些作品被收进《新中国文艺大系》,他的名字列入《文学家辞典》和《当代作家辞典》。另外,由于他写了"哥们儿"系列话剧,剧坛的朋友、文坛的熟人,又不约而同地赠给他另外一个名字:见面时总亲昵地叫他一声"中哥儿们"。

[补文]此文发表后,"中哥儿们"自然不会在家安享清福,还不到戴"员外巾"的岁数,接着又创作了不少好作品。拣重要的介绍:1997年,创作了电影剧本《山河交响乐》,获当年的夏衍文学奖。两年以后,有个大收获,这位"广东佬"鼓捣出一个写北京四合院里的话剧《北京大爷》来,让北京人艺拣了个便宜给演出了。无论是人、事还是语言、做派,全是纯京味,"土"得掉渣的老北京……又是当年获了个奖:北京市的建国50周年文艺奖。从此后,这位"中哥儿们"因劲椎病犯得厉害,影响了他的创作……随着我从《新剧本》杂志退休,我们的联系也日渐稀少起来。

我写苏叔阳先生,权做写他的祭文[①]

苏叔阳先生走了,81岁多一点,要按老年间说他,人过古稀不算短寿,但是在今天活过90、100岁的人比比皆是,就算差点劲了,应该至少活过90多岁。但是如果从他25年前就得了癌症,而能够乐观地活到今天,也是个很不得了的事了。我最近没有见他的面,但是我2005年在《北京晚报》为他写过文章,现在,这篇题为《状似疯魔写戏文》的文章,我要重新把它拿出来,再添点儿近几年的新内容,就算是给苏先生的祭文吧!

苏叔阳先生是个多栖作者,写过话剧、电影、小说、诗歌、电视剧、散文……几乎各种玩笔杆子的文艺形式都摆弄过,而且都"玩"得不错。近些年来,他不但动笔而且动口,除为电视专题片撰稿之外,捎带脚把画外音、特邀嘉宾、主持人等活儿也担当起来。如今他又担起了文化部精品工程剧目话剧组副召集人,即副组长的重任,全国各地送来评选的剧目录像、光盘,一时间似雪片飞来,苏叔阳先生只好凑在电视机屏幕前,目不转睛地一个挨一个的看下去:"这活比干什么都累!"苏先生一脸无奈地说,可下回再有这样的活,只要请他,他仍不回绝,否则那就不是爱戏如命、热情澎湃的苏叔

[①] 本文初刊于《新剧本》2020年第1期。

阳了。

苏叔阳毕业于人民大学中共党史系，干上文学的活可谓半路出家。从大学毕业后，他被分配到中医学院政治理论系去做教员，于是性喜高谈阔论的苏叔阳便手持教鞭，设绛帐、筑杏坛，兴高采烈地开讲经典政治著作，这一讲便是十多年，直到1979年他捣鼓出一个一鸣惊人的话剧剧本来，才改变了他的命运。其实这偶然寓于必然之中，苏叔阳出身于书香门第，祖父是位颇有点名气的书商，在河北保定府开了一个不大不小的书店，因为曾售卖进步书刊，遭到反动政府迫害，差点家破人亡。苏叔阳先生的父亲是位教授，专攻地球物理、石油勘探，曾任石油学院地球物理系的系主任。只可惜苏叔阳双亲失和，殃及他童年衣食不丰。但家庭的不幸并没有"破坏"他成为一个小书痴和小戏迷，家里有的是书，小小年纪也不会挑三拣四，逮着什么看什么，能看懂多少是多少，反正开卷有益。苏叔阳爱上话剧是小学五年级以后的事，那时他先是想做演员，天赋不成还不死心，于是改写戏。苏叔阳1950年上小学时就曾写过带有活报剧味道的小学生戏。上中学时，苏叔阳写过一部小戏，也写大戏，临毕业时，由苏叔阳执笔写的大型话剧《公社花开大院红》居然演出了，当然是自编自导自演。大幕拉开，礼堂坐满了观众，黑压压的挺热闹，可惜演到最后一幕，台下的观众比台上的人还少，而且是坚持不肯离去的校长、书记和教员……因为他们实在不能再走了，不能让这些学生只能对着光板凳嚷嚷吧……

当头棒喝并没有丝毫降低苏叔阳创作话剧的热情，当政治教员的时候，他"贼"心不死又炮制出一个多幕话剧剧本《再不做奴隶》，是写美国黑人斗争的。结果在"四清"运动中被当作宣传追求名利思想挨了批判！虽然如此，但他的爱戏之心却不曾泯灭。"四人帮"刚刚被粉碎，苏叔阳先生便心急火燎地写了《丹心谱》，这次终于时来运转。一下子便被响当当的北京人艺看中，被于是之、郑榕、胡宗温、修宗迪等顶级艺术家搬上了舞台，着实大"火"了一把。跟着一发不可收拾，话剧《左邻右舍》《家庭大事》《太平湖》等相继问世，苏叔阳终于扔下教鞭，去北京电影制片厂当专职编剧了。电影剧本《夕照街》《春雨潇潇》、小说《故土》、传记文学《周恩来》等相继问世。

苏叔阳先生笑言自己写戏时像个疯子，人家是拿笔来写，他是豁出半条命来写。他说："看戏的是傻子，唱戏的是傻子，而我这个人一旦写起戏来，也变成了疯子，我是'状似疯魔写戏文'。"他又说：我写剧本就像演戏，脑子里有一个自己构想的舞台，我自己扮演我笔下的一切人物，设想按照张三、李四的性格，该说什么做什么，怎么说怎么做。我一边写一边念念有词，脸上的表情也随着人物性格的走向、命运的发展，或喜或悲，或愤或怒，一个戏写完如同大病一场！我的体会告诉我，每当我心静平和，理智无所激动时，我绝写不出好台词！眼下苏叔阳先生还在忙着两件事，一是为10集文献电视专题片《李先念》写解说词；另一件事是写自己的回忆录。苏叔阳给自己约法三章：第一，不谈个人生活；第二，和自己不同的艺术观点不争论；第三，只写自己写作思想的变化，只写自己那些作品是怎样产生的，不写历次的政治运动。苏叔阳先生说："我的回忆录不光写我自己，我要把那些曾经给过我巨大帮助及厚爱的师长如夏衍公、陈荒煤、林默涵、周扬、贺敬之，以及爱护我胜过父兄的老一辈作家曹禺、吴祖光、黄宗江、于是之等恩师长辈的动人事迹，都要一笔一笔的写出来，绝不能让他们的事儿随着岁月的流失给淹浸了。"苏叔阳先生这话说得多么好啊，说明他是一个心存高义、不忘点水之恩的文艺工作者！

我在《新剧本》工作的时候，和苏先生的关系非常好，这是因为我们有一个共同的爱好，就是爱聊天，特别爱用北京话聊天。苏先生是保定府的人，他不是老北京，可是他对于老北京的"京片子"

话,老北京的人文掌故都挺熟。爱喝一点儿小酒,可是又喝不多,两杯下去就微醺了,话就说得更多,很有文采很有机趣。这时我们都是兴致勃然,趁此时间和他约稿索文,就更容易。他的话剧《太平湖》就是在我们喝酒碰杯的时候跟他要出来的。还有,他和同样是保定府的阎肃老先生,俩人也很要好,而且到了一块儿的时候,两人就用略带河北保定府的口音,说说他们的往事,还有点儿"比粗"的意思,我非常爱听。另外,苏先生和吴祖光先生的公子吴欢,两人交好甚厚。两个人到一起并非互相捧场,而是互相开一些小玩笑,甚至有些互相"扒皮"的意思,这使我在旁边听起来更有味道了,这都是往事了,今天想起来如在梦中!

可惜近几年来,我与苏先生的联系少了,不知道后来苏先生这个回忆录写成了没有?主要是我从《新剧本》杂志退休以后,很少再约苏先生写稿了,所以交往变少了,很多事情也就不知道。如今听到他遽然长行的噩耗,心中除去十分悲痛之外,还有便是因为不知道他的回忆录写成没有。这又是一桩遗憾。

漫话郑振环[①]

长在艺乡

郑振环是个多产的剧作家。作品除去《天边有一簇圣火》《冰山情》外,自"四人帮"被打倒后至今,创作了话剧《穿云破雾》《遥远的乌拉哈达》《团圆曲》《江淮风雨》(与刘佳合作)、《军魂》《我说爱神醒了》《军营笑声》;歌剧《春漫草原》;独幕剧《根深叶茂》《娘子军》等十几部佳作。另外,还有二十多部电视剧、一部电影。这成绩从何而来?

追溯到四十多年前,郑振环童年之时,他的老爷子,是个开火车的、参加过"二七"大罢工的老工人。一辈子苦拉苦拽,攒下了俩卖命钱儿,在北京京郊的丰台镇买下了十八亩地,想地里刨食养活一家人。可是那年月,兵荒马乱的,不是天灾就是人祸,又赶上老郑家五谷不丰人丁却旺,来了个"五子登科",眼看着日子一天不如一天。可是他家住的这个村,别看生活不行,精神生活却满富有。原来他们这个村是前清的"皇庄",就是大清朝皇上的私人农庄。村里百分之九十都是旗人。在旗的人讲究玩,会的玩艺多,尤其是

---

① 本文初刊于《剧本》1992年第4期。

酷爱曲艺。许多庄户人家的黑乎乎的墙上，却挂着把挺考究的三弦。两杯"白干"下肚，摘下弦子，自弹自唱两段"岔曲"，有滋有味儿。尤其是逢年过节，单弦、牌子曲、梅花大鼓、京韵大鼓，应有尽有。郑振环从小就在这艺术之乡里"泡"着，起小就会哼两句单弦，唱几句大鼓。后来新中国成立了，日子越来越好了，振环的艺术细胞也急遽发展壮大，又热爱上了戏。不迷西皮二黄，单迷曲剧。尤其是《杨乃武与小白菜》与《啼笑姻缘》这两出戏：曲折的情节、真挚的感情、动听的曲调、朴实的表演，特别是那一嘴京字、京味、京腔的语言，把郑振环迷得神魂颠倒。就为了看这两出戏，还是中学生的小振环，兜里再也掏不出车钱，就硬从丰台"迈开大步朝前闯"，一路步行到长安街的西单剧场。戏打住后，再坐"11"路（按：老北京话，指走着去某处）"踺"着回去。不觉其苦，而是乐在其中，并从此做起将来也上台当演员的梦来……

郑振环十八岁那年高中毕业，考上了两个学校：哈尔滨工业大学、解放军艺术学院。爹和儿为去哪个大学发生了极为不快的争执。当然老爸终于拗不过儿子，眼巴巴看着儿子走上了从艺的道路。

他上的是表演系，可是他心萦舞台的创作。他以一种不要命的精神，刻苦攻读古今中外名著，以增长知识，扩大视野。白昼上课无暇，只得待以晚上。夜里校方熄灯以后，校园一片漆黑，何方有明亮世界？只有厕所。于是这里竟成他的书室，厕所的水泥台阶就是他的坐椅。如此努力，焉能无所收获。稍后，《北京日报》便不时刊登这位青年作者的豆腐块大的曲艺作品：单弦、鼓词、甚至诗歌，等等。

校领导是伯乐，看到他的努力和志向，也看到他的点滴成绩，于是就把他送到中央戏剧学院戏文系兼学创作。半年之后，他的话剧处女作——独幕剧《接过带血的手鞭》脱稿，并作为军艺戏剧系教学剧目搬上舞台。一石激起千层浪，郑振环"红"了，在军艺，在中戏，在两校中声名大噪。于是在他毕业时，又被慧眼识人的领导留在军艺当了教员。

紧接着，便赶上"四清"，1965年，他奉命来到山区延庆县。根据在两校所学的中外编剧法，再加上那点直接或间接体验来的生活，两下里一掺合，很快就炮制出大型话剧《白河浪》，并立即被军艺戏剧系演出。反响倒也强烈，郑振环少年得志，满面春风。不料好景不长，一句话未对头，这位志得意满的青年剧作家从云端摔到了地底下。关进牛棚，大肆讨伐。并于1969年被驱出京华，将他"扔"到大西北的戈壁滩上。失掉了荣誉、地位的他，只随身携带一月270大毛的工资，惨兮兮去"劳动"锻炼了……

失即是得

郑振环来到甘肃境内的新疆军区生产建设兵团。头头瞥给他几个冷眼之后，递过来一条鞭子，任务：放羊。"放就放，什么不是人干的！"倔犟的他并不在乎这些。每天他吆喝着上百只山羊，在那几十里渺无人烟的大漠上，迎着利刃般的刺骨寒风放牧，那心里七上八下不是个滋味。然而渐渐他的心情平静下来了，而且颇有点因祸得福的思想。原来他结识了一伙好哥儿们！用他的话说便是："天哪！我居然不知道在中国还有这样一支队伍，十万人的庞大队伍。在这河西走廊的沃土上，我第一次看到这样一支劳动大军。擀成毡的头发，黧黑的面孔，穿一件飞花的破棉袄，系一条烂草绳。可是他们的内心非常干净、非常美。你和他们讲活，他们会把心掏给你；你遇到什么困难，或求他们办点什么事，绝对热心相助，全力以赴。实在、赤诚、质朴、宽厚，你把形容感情的美好词汇都用在他们身上也不为多。"

是的,在这"一川碎石大如斗"的大戈壁滩里,失去的是人生中那些渺小的功利、虚伪的脸面;茫茫瀚海的飞沙走石,会将你的心搓砺得宽阔干净,会使你的精神得以提纯净化,这是何等的收获呀!你看,他变了,过去那爱面子、患得患失的脆弱感情,被风暴吹走了,代之以粗犷放达,坚韧挺拔。他也将那一件破棉袄敞开了,露出了赤热的胸膛。他说话不再挑着词讲"字儿话",而是讲着一口地道的西北汉子语言。他开始抽旱烟、卷"大炮",喝劣酒,唱秦腔,完全生活在他们中间。他感到生活是那样扎实、深沉,那样的有意思。他说:"要真正地认识一个人,真正体验他们的喜怒哀乐、七情六欲好难哟!如果不深入他们中间,不和他们同在一种环境和氛围里撞击,怎么能够洞悉他们的灵魂、内心的奥秘。不了解、掌握这一切,又如何能写好人!"

话落地,金石之声!这是他在西北三年牧羊劳动所得,也是他后来调到兰州军区政治部话剧团当编剧、走遍了西北四省山川湖泊之后所得。在将近十年里,他学会了如何认识生活的精髓,如何发现人生的真谛,又如何正确认识他人和自我的人生价值……种种收获,得来不易,这些都为他以后成功的创作打下了坚实的基础。老子曰:"祸兮福所倚。"西北之行,得大于失。所以郑振环说西北十年是他最闪光的时期。虽然过了几年苏武式的茹毛饮血的苦生活,却换来了对人生的大彻大悟,值!至今不悔!

一生写兵

"我从18岁穿上军装,至今,我仍然是一个当兵的。我熟悉当兵的,我爱当兵的。我要一生写兵。如果不写他们,就是失职,就是背叛!"

这是郑振环亲口对笔者所说。

他是这样说的，也是这样做的。这些年，他把他的青春、他的心血、他的爱，都通过他的笔端"流"向了兵。

他说，一想起那些和他一起生活过的兵，就激动不已，情不自禁地就要写他们。他曾经给笔者及许多其他采访者讲过"兵"的许多故事。其中有一个他多次提到的最感人的，我想也应该介绍给广大读者：

新疆的察布查尔哨所里，只有七八名战士。一次，他下去生活，和他们共度春节。这里没有电视机，收不到节目，也没有无线电，听不到广播。但是战士们喜气洋洋，尽力把小小哨所布置得五彩缤纷。战士们在这腊月三十晚上，尽情地说笑、跳舞、下象棋、玩扑克，轮流着出节目，大家玩儿得好开心。可当手表的时针指着12点时，一眨眼的工夫，剧作家竟发现屋里的战士都不知去向了。他发蒙了，急忙抄起手电，冲出屋外。外面是墨黑大漠，冰天寒地，飞沙走石。老郑急忙晃动电筒，照见了：他看见一个年轻战士在一棵树后，正手拈树枝聊充香烛，撮土为炉，祈祷亲人幸福。又看见一个战士正在亲吻两张姑娘的照片。也许是他的妻子，或是他的尚未成婚的女朋友。那战士的脸上流淌着晶莹的眼泪。又看见一个战士，四脚扒叉地躺在冰冷彻骨的土地上，头仰望苍天，不知他何所思何所忆？然而手电筒余光所及，却照见他那严肃的脸上，挂着豆大的泪珠……剧作家目睹这一切，锥心裂肺，一夜辗转反侧，难以入梦。他想了许多许多，却又始终编织不成一个清晰的梦。第二天，东方破晓，响晴白日，剧作家头脑尚且昏昏，可是那些战士，却和昨夜判若两人，依然如往日欢蹦乱跳，虎跃龙骧，出操、站岗、唱歌、跳舞、包饺子、说笑话，好像根本就没发生昨夜的那些事情似的。这时，剧作家的头脑豁然开朗，他还没有编好的一切此时此刻却都编好了。他仿佛又长大了许多、聪明了许多，他甚至遏止不住自己汹涌澎湃的感情，

大声喊道:军人的奉献!军人的深沉的爱!我看到了!看到了——

信奉生活

郑振环在 11 年中写出了 7 个大戏,人皆说他聪明开窍,天生是一块写戏的材料。然而剧作家矢口否认这一点。他说其所以能写成几个戏,都是生活给予的:《天边有一簇圣火》中那一簇簇火种是来自于生活;《冰山情》那崇高而深厚的情愫也是来自于生活。"生活是孕育这些戏的母体,生活毫不吝惜地给了我一切,不用说脱离生活,即使我远离生活,我也将一'戏'无成。"郑振环这出自内心的呼喊,道出了他写戏的奥秘。

回想前几年,一些同志对"深入生活"提出质疑。甚至提出"深入生活"的提法阻碍了好作品的产生,这种意见,无疑是错误的。郑振环从不这样想,他是"生活是一切艺术的唯一源泉"这句名言的信奉者、崇拜者。他对丁玲同志在 1984 年 5 月发表于《人民日报》的一篇文章中所提到的"群众生活是创作的唯一源泉,这是无庸置疑的。有些人不同意或不完全同意这一观点,他们以为文艺是属于天才家的,倘有天才,就可以随心所欲地写出很多东西。但是事实决非如此……"的观点特别同意,特别欣赏。他告诉笔者:他写的所有的戏,笔下之人,纸上之事,皆有生活依据,皆是确有其人、其事。他所做的事,就是把这些其人、其事,经过他的大脑这个加工厂,加以艺术化的加工,改头换面制造出来的。他曾一边吐着烟圈一边幽默地说:"要把我锁在屋里,哪怕整日山珍海味满汉全席地吃,我也编不出一戏来。"

据笔者所知,《天边有一簇圣火》和《冰山情》里的人物乃至故事,都是郑振环在新疆的察布查尔哨所深入生活后,根据那里的真人真事加工出来的。由于老郑对生活的执著的追求和对革命的现实主义的忠实体现，也曾引起个别人的讥讽，但他身体力行，坚信不疑。他曾为《剧本》月刊写下这样一段话：

"生活对我并非厚爱，我却痴情于我的生活，因为生活中戏太多，所以我得写戏，写下去……"

是的，对郑振环来说，戏都包蕴在生活当中，生活，永远是取之不尽、用之不竭的艺术源泉！

［补文］郑振环老弟，是文职将军，原八一电影制片厂厂长。写兵的好作品，一个接一个，才华令人羡慕，而且人极好，朴朴实实，我们谈天说地，我似乎很少听他说豪言壮语，也从没有说过什么过头话，说话从来没有高声大嗓，总是那么低低地娓娓而谈。这样一个人，七十一岁，2003年患癌症走了，永远地走了……虽过了古稀之年，但还是差点意思，走得还是早了点，是不是为了剧本创作，烟、酒、熬夜，夺走了他，振环……

才华横溢的多面手杨晓雄[1]

杨晓雄,湖南籍人。生于九河下梢的天津卫,熟悉津门一切风土人情、时令节令。虽操一口极标准的老北京话,但说起天津方言,更是极地道。例如,管天津卫的"南市",说成"南四(市)",令天津老人赞许不忘桑梓。其内子曹氏,出身豪门贵族,系民国五大总统之一的曹锟之后,那可是百分百的天津土著。鉴于此,尽管杨先生不太喜欢称他为老天津卫,但笔者坚持未易。

如今的杨君,在影视界可是大名鼎鼎跺脚乱颤。今供职于宝石影业投资机构,任艺术总监。其实,这是近十年的事,以前,其享名于新闻界、戏剧界内,也是老大级人物。与笔者,谛交二十余载,好友兼搭档。老戏剧家黄宗江语:"找不着杨晓雄,问张永和,他们俩焦(赞)不离孟(良),孟不离焦。"

老话重提。二十五年前即1980年春节前夕。一位熟人告诉我,北京市文联办了一期《戏剧电影报》,缺稿,问我能否写些。当时我在北京曲艺曲剧团当编剧,在西单剧场上班。一天饭后遛达到毗邻的六部口,爬上市文联五楼该报社编辑部。只几个人,一多半是熟脸,热情地向我邀稿。我说春节在迩,写篇春节应节戏吧,便随

---

[1] 本文初刊于《北京文学》2003年第1期。

口谈些剧目和演员。我这些资料是听资深京剧演员刘鸣才、马长礼与我谈的，自视珍贵秘笈。不想背我而坐的角落里传出一个亲切声音，对我所谈戏码有所补充，忙寻声望去，是比我年轻的一个胖子，攀谈起来，老京戏班的事、成名的或不太成名的演员知道得和我在伯仲之间，这大大令我惊异，算碰上知音了。问过名姓，这位爷便是新从张家口调来的杨晓雄。旁人介绍：该人曾在张家口市京剧团任团长，带队来京演过由他修改过的京剧《八一风暴》。于是我肃然起敬了，请他到舍下做客，他很爽快答应了。

大概仅过了半月吧，晓雄来家了。两个人在斗室中，叼着烟卷，饮着乏茶，喷云吐雾，谈笑甚欢。大抵是陈年老事：旧戏班的犄角旮旯，扫荡殆尽；于是又恨相见甚晚。堪堪午时将过，我邀他同去舍下房后的一个包子铺，用铝锅买回一两一个的十个猪肉大葱包子，就着我已然熬好的砂锅京米粥下肚。两个饿鬼啖起来，十分之六归了客人，我啃了四个。粥足包子饱后，晓雄飘然而去。

头几年，北京电视台资深导演张大来对我说："晓雄说了。到你们家只揣他包子吃，抠门。"我说："吃包子是实，但他说我抠门，绝无。因为那时我俩一样穷，两个人同是拉家带口挣五十六块钱，也就能请这个。你别瞎编……"张君语塞。

不久，杨君负责编戏曲版了。我交上一篇八百字小文：《西太后的上场》。半个月过去了，如泥牛入海，忍不住电话询问，因这是奉剧团领导旨，吹捧新戏《珍妃泪》的。那边说："稿子确见过，不过，交给我了吗？"我还一句："废话，不交给你，你怎么见过的？""好了！"啪，挂了。下周，稿子见报了，我自然要看看。有点异样，意思结构全对，有些词儿却好像没写过……想到那次电话交谈，明白了，这稿是他重新写的，原稿呢，弄丢了。后来他交待，诚然如此。放在上衣口袋中，遍找不见了，幸而交稿时，他浏览过，仿我意重写，却可乱真，盖弟兄文风相近故也。

20世纪80年代始至90年代初，这十年，全国戏曲剧团，不管是京剧班社抑或地方剧团，着实"火"了一把，还要来京城亮亮相。而进京后第一件事，便是要找个像样的离剧场——如长安、人民和吉祥等——近的饭馆如鸿宾楼、知味观、萃华楼等开记者招待会。那时经常光临的有《人民日报》易凯、《光明日报》沈卫星、《北京日报》吕国庆、《北京晚报》过士行、《中国戏剧》郭永江、中央人民广播电台尹廉钊、北京人民广播电台（就是现北京电视台）台长张晓爱等，这些人都是当时跑戏曲口的名记者。晓雄和我这时已然负些责任了，我们都担任了编辑部主任。晓雄一般是这些活动的组织者。因为各剧团到京后，必然到市文化局挂号、拜客，然后就到同一楼内的《戏剧电影报》找晓雄，把招待会的地点、日期顺手就定下来。得地利之便，加之他又能干，所以这扯旗挑头的差事便非他莫属了。他通知我的方法很独特：因我俩的工作地点一个在后楼一个在前楼。他从后面出来，到我楼下高呼贱名不止，直到我从楼上冒出头来，再喊一句开会的地点，然后骗腿跨上他那辆除了铃不响哪儿都响的破自行车匆匆而去。

那时的记者招待会既简单又寒酸：各剧团领导介绍介绍他们所演的剧目、主要演员，说几句好话便"打住"。如有剧团请来一二位在京的老乡、熟人，再给托付托付，程序也就算走完了。讲究点儿的大剧团，至多带一撂主演剧照，大家挑两张备用。像如今必预备多少文字资料，还有必备的供各位记者使用的"通稿"，那时一概没有，想发消息发通讯吗？那时得自己动手，亲自写。还有，戏票每人是要拿的，那可得去看演出。然后有个简单的分工，哪张报纸由哪个人负责写"戏评"，省得彼此撞车。然而，那时各报可讲求质量了，又各怀心里劲儿，所以尽管是约稿，不够质量是见不了报的。那时，还不兴红包，没有现钱可得。还要晚上蹬个破自行车去看戏，然后连夜赶写稿件，有时还要被叫到报社去改稿。所得的实惠呢？就是会后开饭。当然是鸡鸭鱼肉，可是今天必有的鱼翅、鲍鱼、大闸蟹之类的高级海鲜品，是连味儿也闻不到的。所以当时这帮人，充其量，弄一肚子低级好杂碎而已。

尽管所得如此，还是得罪了一个终生以写豆腐块文章捧女演员为业的××，他只要在报刊看见我们几个人的署名，或他猜想某化名是某人的笔名，便跳着脚泼口大骂。后来竟把杨晓雄、张永和、过士行、吕国庆等四个报人称为"四大坏人"。稍后，又将《北京日报》的吕国庆易为《戏剧电影报》的赵晓冬，称"四大报棍"。爱护我们的人、我们的朋友都称我们为报界"四小星"（当年我们均在四十岁左右）。尽管××对我们的攻击很卑劣，但大家不屑一顾。不过××最爱用复写纸复写稿件而一稿多投，于是杨君便试作一歇后语请大家猜：××写稿——"力透纸背"（复写纸的作用）。又××写稿为了好发，直署妻子名×××。杨君又创一谜语，道：××的笔名——×××。引来大家哄笑。杨君的幽默皆如此。

1986年年底，冒着呼啸的北风，我们几个报人在杨晓雄的招呼下，做了一件大事、好事。北京几家报纸：《北京日报》《北京晚报》《戏剧电影报》《新剧本》杂剧社、北京电视台、北京电台等新闻单位、还有一家出了点钱的《农村经营报》合办"首都京剧振兴杯电视大奖赛"，开了多少次会，最后订下来个"还戏于民"的方案：由观众票选60个45岁以下的青年京剧演员，然后在北京民族文化宫按行当举行6场演出，每个演员演出不得超出15分钟。散场后观众给演员在予先发给的带格式的票纸上打分。最后，选出20名优秀演员参加第7场、第8场决赛。选出观众评委举牌打分，决出"十佳""十优"演员来。

通过荧屏搞电视演员大赛，可以说是肇始于此。而以观众评委举牌打分，截止到二十年后的今天，可以说是绝后。而决出的"十佳"演员刁丽、李维康、冯志孝、张学津、李光、辛宝达、赵葆秀、王树芳和马玉璋；"十优"演员李长春、高牧坤、耿其昌、王蓉蓉、杨燕毅、李玉芙、闫桂祥、郑子茹、赵乃华及寇春华。这次投票，候选人最高得票者为李维康，一万多观众投了她；而决赛也是她分数最高，可惜助演《坐宫》的杨四郎超时20秒，被"无情"的公证处罚去0.4分，而屈居"十佳"的第4名。还得说人家维康，照样上台领奖，表现出其高尚的素质。至今，许多演员在填写自己重大成绩时，仍然把获得振兴杯"十佳"和"十优"做为自己的一项大荣誉记录在册。这可说是在杨晓雄统率下，哥儿几个干的一件传颂一时的漂亮事。

　　杨晓雄一杀入影视圈便成绩斐然：过去从没"玩"过电影编剧，刚上跳板，便弄了三个：《太后吉祥》《临时爸爸》和《编外丈夫》，都是喜剧，均由陈佩斯主演。观众不少，反响不错。初上道，连中三元，有这方面的细胞。接着又弄开了电视连续剧，创作了《姐姐妹妹闯北京》《大商场》《风流唐伯虎》《牛子厚与富连成》等百来集作品。而晓雄的第一部电视连续剧《姐姐妹妹闯北京》的一号女主演，是刚从安徽来京的赵薇。那时她赵小姐尚籍籍无名，据说每一集的片酬只有一千元。不久前，火播的电视连续剧《京华烟云》，主演赵薇，而编剧之一又是老熟人杨晓雄。如今两个人的身价均是天价。是无巧不成书？还是缘分使然？冥冥之中，有些事解释不清。借用一句老话吧：两山难逢，两人易见。故有十年后再相逢于片场之缘。

　　晓雄让笔者极为佩服的，是对大清朝的坑儿坎儿嘛儿杂儿无所不知，一肚子清史、一肚子学问。而那一嘴皇城根内外，帝、后、官、民的标准语言，真叫没挑。拿他的杰作40集电视连续剧《日落紫禁城》说吧，其中有个情节，一个护军头目问周围的护军：夜里，紫禁城各宫门统统关闭后，还有多少男人？谁知道除去不男不女的太监外还有多少真男人？杨晓雄知道，他通过护军的嘴告诉观众,除去孤家寡人的皇上外,还有八个男人,包括四个乾清门侍卫,军机处内一个满章京、一个汉章京,御药房内两个太医。侍卫负责保卫;两个章京有紧急情况,负责承旨草拟圣命;太医的任务是负责皇上和妃嫔的急诊。这点学问是要精读《清史稿》内多少有关材料才能研究出来的。我俩一起写电视剧《大清药王》和《天下第一丑》时,笔者自认熟知大清国皇城根内外的陈芝麻烂谷子,可是一碰上晓雄,我知道的他知道,我不知道的他还知道,自愧不如也!

晓雄有学问,但也有脾气。说话很机趣,但也很犀利。往往也因为话出如刀、一针见血而伤着了人。有时又有些霸气反而遭到损失。仅举一例。头几年北京电视台影视部邀我们俩写3集贺岁剧《婚外生枝》。说好每集稿酬2万元。开了两次会,我们便动手创作起来,照例我写初稿,大拆大改的完成稿是晓雄的活儿。对他来说这还不是张飞吃豆芽——小菜一碟。几天后大手一敲键盘,完成了。电话通知对方,说明天中午先签约,后交钱拿本子。但转天在新侨饭店吃完饭,经办人却没取来钱,说是会计没在。于是杨先生怒了,说今晚十二点以前钱办不来,这事就吹了。虽然第二天上午经办人拿着钱来敲门,但杨先生就是见钱眼不开,硬是分文不取。虽然稿本就放在桌上,可这事就果真吹了。经办人打电话给我,问能否由我代收?我说不可以,我可不敢坏了感情。……艺高之人,往往如是。

然而,晓雄是个热心肠的好人,对笔者更是恩深义厚。1981年,我爱人在北京和平里医院生下我女儿张田。这时晓雄夫妇刚刚从外地调京,还暂时居住在离医院不远的其老泰山住所内。当女儿生下的第三天,晓雄夫妇特为我爱人熬了小米粥。那天,弟妹曹乃明端着一蒸锅热气腾腾的小米粥,晓雄兄拿着一个大铝勺,走得热汗淋漓,气喘吁吁爬上楼来。同室众产妇以我有这样的契友而投以艳羡的目光。时光荏苒,二十多年过去了,如今提起此事,我爱人仍感念不已。

　　我写电视连续剧，已是55岁以后的事了。写了一辈子舞台剧，弄成了大小三十多出京、评、曲、昆，可对写电视连续剧却是初学乍练，这全凭晓雄兄的指引和提携，在这方面他是我的老师。尤其是今天，物欲横流、金钱为贵，亲情已然淡薄如纸之际，如此友情，愈加可亲可敬。

　　如今晓雄兄创作了多部电影和电视剧，钱是挣了些了，但他对一些患病的或是经济较差的同事、朋友，常常慷慨解囊，展现了他性格中善良赤诚的一面。

　　杨君是个孝子，对父母极为孝顺。自其夫妻来京工作后，每逢年过节，必携带一对双棒女儿返津门探望双亲。头几年，又以自己码字所得酬金为父母购得二居室楼房一处，颐养严父慈母。去岁晓雄年过八旬的老父因病仙逝，晓雄携妻女回津安葬椿庭。萱堂老母悲伤地对儿子说："你爸走得还是太急了，这么好的楼房，你爸没有住够呀！"一向高声大嗓、语快如风的雄爷，竟然先是泪流满面，继而嚎啕大哭。丧礼一切按天津风俗办理。身穿孝服的电视剧编剧圈中的"海"腕，竟和津门市民一样，跪在长街，行礼如仪。当晓雄从天津卫回来向我叙述这段很不愉快的往事时，我的眼泪也差点掉了下来。我没有见到过杨老爷子，我之所以激动不已，在于今人恪守孝道者愈来愈少，报刊媒体上常见常闻的是为了几间房或几许遗产而父子反目、兄弟姐妹成仇。而晓雄兄虽身入前卫的影视行列中，居然尚能遵守古礼，长街跪哭。岂能不令笔者感动肺腑。

　　与杨晓雄谛交二十多载，可记之事甚多，限于篇幅，寥写数语，可见一斑。

　　[补文] 这篇旧作，发表于2003年的《北京文学》上。仅仅又过去四年，2007年中秋，享年64岁的好友杨晓雄先生永远离开了我们。他并非过了古稀之年的老人，也仅仅刚刚过了退休年龄，他

走得很急,从他确诊得了绝症以后,住院治疗也不过数月之短,便被召回天堂。平时杨老弟身体很棒,嘴很壮,饭量很大,之所以走得这么早,是活活被累死的。自 2001 至 2002 年,我们的电视连续剧《大清药王》《天下第一丑》播出之后,找我们创作京味电视连续剧的电视台、公司太多了,我们共同谢绝了北京电视台特邀的《潘家园古玩市场》、将话剧《天下第一楼》改成电视连续剧等……但他个人则拼命独自创作长篇电视连续剧《台湾 1895》和《纸醉金迷》。为了按时交稿,他吃饭凑合,饥一顿、饱一顿,尤其熬夜干活,整宿整宿不睡,于是积劳成疾,以至不治……悲乎!

这两个相当不错的电视剧,后来虽然都播出了,但作者却不会看到了,是在他逝世后才拍摄完毕而播出的……倘晓雄不这样拼命,绝对不会这么早撒手人寰。太可惜了,太不应该了,但是说什么也晚了,想到他,除去黯然神伤外,我还能说什么呢?

孙悦遐其人其事[①]

神州大地,戏曲苑中,有一支人数可观的编剧队伍。有人称赞说,走在前面的有三驾马车,驾辕者是三个须眉汉子:魏明伦、郭启宏、郑怀兴。这未免大男子主义。难道占尽风光唯男儿,独领词章无红妆? 非也! 有两员才华横溢、佳作迭出的女将,颇可与这三位男子汉大丈夫分庭抗礼。其人谁? 大姐曰巴蜀女杰徐棻,小妹便是齐鲁巾帼孙悦遐。

苦难童年

倘不说,谁能想到那轰动京师、独占鳌头的《画龙点睛》作者孙悦遐,竟有那般凄苦惨淡的童年。

她,今年 39 岁(其时为 1991 年)。屈指一算,剧作家于 1952 年呱呱坠地,属龙。但她生来有睛,不需再点的。

倒霉的是她有个不招人喜欢的家庭。祖父是西北军的将军——权作反动军官吧;母亲是至圣先师孔子的嫡传 X 代孙女。由于是亲

---

① 本文初刊于《剧本》1991 年第 5 期。

支近派，她的舅舅差一丁点儿代孔德成做了衍圣公——不折不扣的封建余孽；爸爸还好，早年背叛家庭，参加革命，红旗冉冉在天安门升起时，给了他一个山东郓城县文化局干部的小差事，总算可以被任用。

她只记住个"穷"字。全家九口人，姥姥、弟弟、妹妹等七张嘴都是吃闲饭的。爸爸挣钱不多，偏偏好酒贪杯，酒债累累；妈妈虽然出身名门，熟谙国故，并有教师的铁饭碗，只是常年患病，药石为友。孙悦遐作为长女，上侍候父母，下看护弟妹，父母月儿（跟父母吃住在一起）的日子可想而知。但此时阶级阵线尚不分明，虽穷虽苦，还可苦中取乐。不料可怕的那一年终于轰轰烈烈降临，于是她仅有的一点穷欢乐也没有了。

"造反"与"红袖箍"与她无缘，相伴的只是整日整夜的恐惧与战栗。书是不能再读了，为了一饭糊口，她女扮男装、破帽遮颜、饥肠辘辘、一文不名，爬上了去往大兴安岭的夜行列车。不知乘警大叔只顾造反不计其余，还是睁一眼闭一眼有意卖放，她居然只身平安来到深山老林，居然未做虎豹之餐。然而她那苍髯虬发的远亲老爷爷，还是没能保护住这个山东"小常宝"，莽莽林海仍无她立锥之地……

她又回到昔日梁山好汉出没的郓城县。她毕竟年轻，"造反"派网开一面，没有把她当"响马"抓起来，并给了她一个临时工的位置。

她在县棉厂扛包。沉重的棉包压得她口吐鲜血。去看病，拿不出拍一张"片子"的四块钱……

终于熬来了正式工作，分配她到县拖拉机修配厂当学徒。全厂四百多工人中只有她一个是女的。她干的是最脏最累的清砂工。一身油污的工作服整日穿在身上，脸上手上都是黑的，久而久之，工友们竟不觉他们身旁还有一位异性伙伴……

玩火烧身

感谢岁月推移,她被调到条件较好的县标准件厂。

没有人敢理她、亲近她。

她不能与其他人交流、沟通,寂寞而苦闷,像待在茫茫大漠中的迷途者。饥渴,情感的饥渴,文化的饥渴……她整天默不作声,痴呆呆的像个傻子。

她找不到一本可看的书。某天,在家中发现一捆破烂儿,悄悄打开一看,竟是爸爸的几本业务书:一套《莎士比亚戏剧集》和几本《元杂剧》。管他好坏,看看聊作消遣。

本来只为解闷儿,不料一看便走火入"魔"。莎翁那机趣的语言,巧妙的构思,竟令她爱不释手。经反复拜读,莎翁名剧中的大段台词,她居然背诵如流。再换上一本元杂剧看看,中国古典戏剧词章的华美典雅、内涵的隽永婉约,使她欣喜若狂。她发现,尽管这些剧作不是这个时代的人写的,却活着她熟悉的、真实的、有血有肉的人,有灵魂的人。于是,她爱上了戏中的人,也爱上了戏剧这门独特的艺术。

从此,白天上班,夜晚读书。读来读去,她忽然心发颤、手发痒,也想仿效前贤写个剧本出来。不过,她当时并没有做"剧作家"的野心,只是想"借着剧本这种文学形式表达一点自己的爱憎,袒露一点真实的感情,借剧中人物说几句真话,嬉笑怒骂,直抒胸臆"罢了!

夜间,她在那称为宿舍的斗室里奋笔疾书,炮制她的第一个剧作——《白色城》,一个独幕的神话剧,歌颂崇高的仁爱战胜残害人类的恶神。立意无可厚非,又是自己拿来试笔的习作,本来不该有什么漏子；孰料那年月，人们阶级斗争这根弦绷得特别紧，以为她夜里写什么反动文章呢，革命派组成一支精悍的队伍，夤夜大兵前来抄了她的宿舍。

战绩辉煌，揪出了一个以写剧本为名辱骂伟大领袖的小“反革命”。于是连续四昼夜批斗，直到把她批得昏厥倒地、反复抽搐、送往医院急诊方才暂且收兵。

这便是她第一次写剧本的报酬。

时来运转

匆匆十载，时光如白驹过隙。

冬去春来，乌云散尽。十一届三中全会以后，阳光一片和煦。

她看了几年的书。古今中外，如醉如痴。她特别爱看《资治通鉴》。一本《贞观政要》，放在她的枕边，昼夜紧伴着她。

她又要写剧本了。她想把唐太宗李世民平反冤狱的一段历史写成戏。爸爸来劝姑娘了：“为了全家人的平安，你就别写了成不成？不要好了伤疤忘了疼啊……”

“不！我不怕了，时代不同了，我不会再受二茬罪……”

孙悦遐有着剧作家的素质：敏锐犀利，判断准确。她不久便写出了第二个剧本，一个大戏，定名为《太宗释囚》，并送给山东省梆子剧团审阅。

岁月峥嵘，时来运转。她碰到了一位识人爱才的伯乐团长，认真负责地把剧本看了一遍。

“不看不知道，一看吓一跳。”团长惊叹这初学者竟有如此好文笔，难得的唱词、念白的安排，场面冷热的交替，都宛然符合戏曲的规律，看不出外行写戏的“笑话”，这真是天才。于是团长动开

了脑筋。他先是到工厂借人,到剧团修改剧本;半年后,又得寸进尺,把孙悦遐捣鼓到了省梆子剧团,使她成了专业创作员。

《太宗释囚》改来改去,到底进入了排演场,虽然不尽如人意,然而,毕竟由山东省梆子剧团赫然在济南演出了。

她,感激这春光乍至的时代,感激那提携后进的剧团团长。

连中三元

她,适逢而立之年,一举考入中国戏曲学院戏文系。在这最高戏曲学府内攻读,使她有幸聆听到许多名家教诲。尤其得入造诣深邃的老剧作家范钧宏门下。"文"福不浅。

同学三十余人,多是风华正茂的男子汉,女学子只有二三人。那时的孙悦遐,依然旧衣一袭,不施铅华,脑后拖一条长辫子,穿一双布鞋,俨然一个"土妮儿"。她不苟言笑,整日关在房里苦读,故而学业结束时,竟和许多男学友未曾交谈一语。她的一番心血完全倾注在生旦净丑上。

毕业前,要交一个习作以考核学习成绩。她拿出的作业便是今日有口皆碑的《画龙点睛》,并经业师范老介绍,投稿于北京东四八条《剧本》编辑部。

一个人的成功,固然取决于主观上的努力,然而客观因素也绝不能低估。孙悦遐恭逢盛世,偏又机缘凑巧,迭遇识家,于是这块"和氏璧"便要破土而出了。《剧本》月刊的几位老编辑,修养有素,慧眼识人。一读,刮目相视;再读,拍案叫绝;三读,立即破例刊用。原来该刊多是刊登已经演出的成熟剧作,推上尚未进入剧场大门的《画龙点睛》,此举实属罕见。《剧本》月刊继而将该剧推荐给有关单位,参加全国优秀剧本评奖。

在众多园丁的辛勤浇灌下，到了金秋的收获季节了。《画龙点睛》在中国剧协举办的1982—1983年全国优秀剧本评奖中果获全票。

这个初出茅庐的"杨排风"脱颖而出了。和老剧作家杨兰春、"鬼才"剧作家魏明伦等知名人士同为"一榜"得中的"年兄年弟"。在福州授奖台上，孙悦遐代表获奖剧作家讲了话，因为她最年轻。那年，她刚过了三十岁的"贱辰"。

一登龙门，身价十倍。从此至今，八年中全国各地争相上演《画龙点睛》，北起黑龙江，南至海南岛，大江南北，黄河上下，一条无睛的苍龙在全国二十多个剧种、二百多个剧团中破壁飞腾。观众究竟有多少，难以核实，难以计算。

纪念徽班进京二百周年盛会中，北京京剧院二团演出的《画龙点睛》成绩斐然，产生轰动效应。中央首长和北京市领导来看戏了，盛赞该剧积极的社会效益。不少不同层次的观众、专家、学者对此剧皆交口称誉，连国际友人看了《画龙点睛》也给予了高度的评价。澳大利亚著名戏剧理论家柯林·马克林教授刊登在英国剑桥大学校刊上一篇研究中国戏剧的专论中写道："我在1989年10—11月间访问了中国，并且看了几场戏……我看的主要一出戏曲是孙悦遐等创作的新编历史剧《画龙点睛》的首演，这出戏是我近年来所看到的最好的新编历史剧之一……"

《画龙点睛》最近得到北京市政府给予的表彰和奖励。党和人民绝不会埋没为我国戏剧事业的繁荣作出贡献的一切人。

孙悦遐在得奖之后，不以名人自居，从零开始，拼搏越烈。她的现代戏《田家父子》问世，由剧作家杨兰春亲自执导。浓郁的生活气息、鲜活的人物、朴素的语言，赢得观众阵阵笑声，效果奇佳。

敢于不满足甚至否定自己的剧作，特别是已获盛誉的成名之作，绝非易事。然而，孙悦遐肯，孙悦遐敢。最近，她便对《田家父子》大动笔伐：立意、人物、情节均重新构思编织。一遍拆洗一遍新。

经过这次大手术,这个戏不但面貌一新,而且该剧的重大主题构想,更令人肃然起敬。山东省吕剧院马上拍板赶排。易名为《寸草春晖》的剧本也即将发表。连中三元的最后一元是她创作的历史故事剧《司文郎》。此剧虽然取材于《聊斋志异》,但一向"不吃别人嚼过的馍"的她,却另辟蹊径,于狂生宋九郎外,又衍化出一个转化投胎的女主角胡银儿。男女变化,阴阳交错,无论主题、人物、情节都与《聊斋》原作大相径庭。此剧在《新剧本》刊登,首演权却被郑州一个豫剧团捷足先得。该剧仅在河南就演出一百多场,这个承包团保住了大家的饭碗。

1989年,首都剧坛两次迎来了带着孙悦遐剧作的北上列车:山东省吕剧院演出的吕剧《画龙点睛》和郑州豫剧二团演出的豫剧《司文郎》在北京相继公演,观众踊跃,迭爆掌声。

秘闻琐事

女作家写戏成瘾,甘洒一腔心血,宁肯牺牲一切。祖国山川之美,谁不向往游历,尤其是名山巨川,谁不愿亲临其境。然而她为了正在写的戏,前后三年中,两次放弃了两个编辑部邀请漫游黄山的机会。而最近在福建,为了看一出戏,她婉言谢绝了去往风景如画的厦门观光的邀请。人皆难以理解,她却自得其乐。

她写戏袖手于前的酝酿时间很长,然而一旦胸有成竹,便把自己关在济南东郊一座危楼之上,备足稻麦菽稷、萝卜白菜,于是足不下楼,疾书于后。或一周,或一旬,踪迹皆无。知情者晓得她又在流心血筑剧本,门外人还以为其人失踪待寻。

一剧杀青,费时不过半月。待到她一阵兴奋喜悦过后,倒头便睡。有三天两后晌的纪录,俨然大病一场。

然后便是不厌其烦的修改加工。《画龙点睛》的改稿摞起来有半人高,但她至今仍不满意。去年十月去往福州开会,休息时,当人们沉浸在这个商业城所给予人们的各种快乐活动中,她却躲在房里,字斟句酌地修改唱词,外面的花花世界,她竟能不为所动。

唯其对她的事业、对她的剧作太热爱了、太认真了,这也往往给她带来很大的烦恼。她最怕人不通过她而改她的剧本、唱词,一旦旁人这样做了,她便气得泪流满面、痛不欲生,怨艾地说:"这是放我的血,挖我的肉呀!把戏改成这样子,我孙悦遐丢不起这个人!"

为此,她得罪了不少人,坏了不少事。这是她剧作家的气质所致,还是她性格偏狭不能容人呢?其实了解她的人,都知道她的一副直肠子,豪爽任侠,从不会拐弯抹角,是很容易相处的。只是她太酷爱自己的剧作了,免不了有时会走火伤人。

但是那些爱改旁人剧本的人,能不能对作者尊重一点,和人家商量商量再改行不行?双方不都没有烦恼了吗?好了,今后有了著作权法了,再随便改剧本,恐怕就有地方说理去了……

结束语

孙悦遐说,她搞戏曲编剧是"误入白虎堂"。但她又说,"虽误入却终生不悔",而且要"从一而终"。然而,她却对目前传统戏充斥舞台的现状担忧。她说:"我赞赏戏曲的表演形式,却又认为剧目的更新刻不容缓。一个民族的延续,不是靠老祖宗残延不死,而是靠新生命更替。戏曲,必须加快更新步伐。我爱戏曲,愿它长存。"

孙悦遐正为加快戏曲的更新步伐,倾泻几盆汗水,流淌一腔热血,不知疲倦,不计成败,勇往直前,义无反顾。笔者为有这样献

身戏曲事业的女性而欣慰、而自豪！

［补文］孙悦遐，这个带点男性风格的齐鲁巾帼，原名孙月霞。大概这位巾帼奇女，觉得月霞俩字有些问题。月字按古书记载，属阴为太阴星。而霞字无论是脸似丹霞还是五彩赤霞，都太柔婉，招齐鲁巾帼这种性格的人不喜欢，所以依原音改为悦遐！

转瞬又过了二十几个春，还有冬，这些年，孙悦遐又都干了些啥？还是搞剧本创造。而且一个接着一个。我这里替她算了一本账。写聊斋故事《司文郎》之后。又创作了依然是歌颂明君李世民的《天可汉》《大唐黜官记》，后来有的剧团演出了，易名为《贬裴寂》。另外，还有许多的优秀作品问世，讽刺喜剧《东方朔》，现代戏《田家父子》《乱世鲁商》，还有个传奇剧《奴才、秀才》，这个戏非常好玩儿，好看。剧中主角是饱学的秀才，又是一个典型的奴才。秀才和奴才的身份来回变化，说明人性的卑劣。她的戏大多获奖，获得文化部最高的文华新剧目奖。孙悦遐写的戏，向来不落俗套，人物是鲜活的，且极富有个性，是独特的"这一个"。她的戏剧语言不追求华丽，但直揭人物的内心，很犀利又很实在，所以她的戏，京剧团演，地方戏剧团如吕剧、豫剧也争相上演，因为有那么一股辛辣的味道，所以能够雅俗共赏。不论观众文化程度高低都能欣赏，故此她拥有海量的观众。

当年的齐鲁巾帼，已然年近古稀，在山东省戏曲研究所退休，一家人其乐融融，拼搏一生的她也是时候安享晚年了。

然而，就在2020年7月11日，悦遐女士这位与癌病抗争了数十年的斗士，在近期一次手术的一个月后，猝然辞世，享年72岁。令人唏嘘哀叹！

过士行与"鸟人"①

振兴戏剧喊了有几年了,效果不明显。

戏曲不上座,话剧也不上座了。

就拿最叫座的北京人民艺术剧院(以下简称"人艺")说吧,这两年首都剧场里面坐着的观众也日渐减少,只是在头年夏季"火"了一阵子。那是为了庆祝人艺建院40周年,剧院排出了不同时期的八个代表剧目,把于是之、郑榕、蓝天野、胡宗温、朱琳、英若诚等请出来,拼了老命演出原汁原汤的《茶馆》等看家戏,台上台下都是精神抖擞、激动万分。可是谁都知道,这是于是之、朱琳等人艺大腕舞台上的"最后的晚餐",他们告别剧坛之后,人艺还能有什么戏?

人艺的新院长、剧作家刘锦云和另一位副院长、著名导演林兆华决心推出新人、新作,一试锋芒。《北京晚报》记者过士行的处女作《鸟人》投排。

彩排后,有人不以为然,但很多专家、演员都喝了彩。两位院长依然信心十足。

五场满堂之后,有人不服,说:这全靠着报纸的宣传。这话

① 本文初刊于《文化月刊》1993年第11期。

也对也不对,在当今商品社会时代,干什么都要有广告意识,如果戏不好,这以后就不会有那么多观众上当了。《鸟人》接着演下去,场场爆满,于是《鸟人》的票空前金贵了,一改过去兜里揣着话剧票,跑半天送不出去的可悲景象。

连演35场,人艺去台湾演出去了。于是一些人预测:这一"蹲",多热的戏也会变冷了,《鸟人》非落架不可。这倒不是瞎说,剧团、剧场也都担心怕外出这一个多月,把戏搁"凉了"。

自台湾演出归来继续演《鸟人》,按市场规律办,调高票价。谁料,上座还那么冲,照满不误。又演了35场。统计一下,公演迄今,连演70场,观众达10万人次,为北京人艺赢利80多万,盛况空前。

大报小报、各种刊物,个把月中连篇累牍,光座谈会就开了好几个。

然而,舆论并非一致,说好鼓掌者固然不计其数,摇头反诘者,亦大有人在。

进剧场,问问"上帝"——观众,大都说好。据剧场调查,《鸟人》的观众,青年人,有相当文化的青年人占绝大多数。笔者访问过他们,说:"语言幽默,耐人寻味,还想看第二遍。"也有年轻观众说第三幕三爷戏审一节唱京剧,念白上韵,听着有点困难,一不留神,就听不懂,能否中间让票友胖子加点普通话调侃式的解释,和生活的距离再拉近一点。

观众谈起感受都不离谱,挺行家。

一次座谈会上,戏剧评论家林克欢说道:"(《鸟人》)叙述方法主要采用了我们戏剧舞台上极少见的戏拟……是一出充满才情、充满奇思妙想的好戏……(作者)也不受陈腐、僵化的剧作法的束缚。作品一反传统的因果关连、环环紧扣的情节推展,极少运用政治剧中被严格区分的政治语言,对人物行为也极少有严格区分的善恶判断。你几乎无法替《鸟人》归类……它推翻了现有的归类法。它就是它自身。它是尚未被编码的、剧作家独特的创造。"

另一位 74 岁高龄的老剧作家黄宗江则说:"《鸟人》使我这个经过话剧兴衰的白头观众又见开元,又见天宝。这个戏是可以保留的,我 84 岁时还要来祝贺。"

语惊四座,评价端的不低。

已至耄耋之年的剧作家吴祖光看完戏后说道:"这个戏我总的感觉不错。只是我有许多台词听不清楚,说明我的确老了。看到周围的观众哈哈大笑,我则莫名其妙,实在遗憾。"

一位戏剧学院的教授感叹地说:"《鸟人》根本不是个戏,简直就是个大相声。"

另一位著名导演、戏剧教育家看戏后,长叹一声,显然不以为然,但出于对后学晚辈的爱护,未置一词。

又一位德高望重的老表演艺术家,也与前面忠厚长者一样,不做任何评论,只以"看不太懂"四字以蔽之。

见诸报端的文章,更是五花八门,众说纷纭。介绍作者、导演、主演者有之;评介戏的主题、内涵、哲理、成就、不足者有之;更有奇文:大凡在演出中有笑声出效果的名词,该文作者则按自己的理解对这些名词的潜在意思逐一分析,真是独辟蹊径,前所未见。鸟人作者写这些名词时,是否真有这么复杂的潜在意图,笔者问过作者,答曰:"也未必尽然。"

尽管七嘴八舌,甚至南辕北辙,实属可喜。一个作品问世,理应见仁见智,其说不一。

《鸟人》作者过士行,已届不惑之年。祖籍江苏无锡,后迁居安徽歙县。两地文风皆盛,歙县尤出画家,清代之弘仁、虚谷两位佛门画师;近代黄宾虹、汪慎生两位名重一时的丹青圣手,皆是过士行乡梓。而过君之先祖过百龄,明末清初,围棋大师;过君之祖父、叔祖父过旭初、过惕生皆歙县名士。旭初精通金石,为鉴赏大

家；惕生素有围棋国手之称，今之许多围棋名家皆出其门。二过与黄宾虹、汪慎生及另一歙县老胡开文笔店主人胡四爷乡情甚笃。当年常在中山公园内摆棋作画，一时传为佳话。过君自幼酷爱琴棋书画、花鸟虫鱼。"文革"中倍尝苦果，曾赴北国插队，修炼数载后，逃命返京，被分配到一家集体小厂当车工。后因一机缘考入《北京晚报》，分配到文体部当记者，主跑戏曲、话剧及曲、杂、木偶诸般艺术门类。

那是20世纪80年代初，过君只有二十七八岁，当时没有现在颔下一部连鬓络腮的虬髯。他常与二三知己一起看京剧、听相声、侃大山、吟诗、作对、饮酒、访友、旅游。寄兴于山水之间，放情在梨园内外。不久，晚报忽然冒出来一位"山海客"，新辟"聊斋"专栏，每周发一篇评说戏曲、曲艺的千字文。作者谈起菊坛佚闻轶事，如数家珍。评论传统剧目，由史论戏，老戏新谈，文笔老辣。特别是其中几篇记述"山海客"访菊坛名家李洪春、翁偶虹、范钧宏、袁世海的妙文更令读者诧异，不知这新"聊斋"是出自哪位大家的手笔。聊过百篇之后，大伙方晓庐山真面目："山海客"竟是晚报记者过士行。

时间顺序似乎有些问题，殊不知笔者采用了"倒叙法"。先说了过君的名剧，翻回来再说过君名篇。如今，再折回说契友过君的话剧创作……

两年之后，过士行的"闲人三部曲"——《鱼人》《棋人》《鸟人》相继杀青脱稿，《鸟人》于1993年春节后投排，一个多月后公演。

说过君的出身门第，写他的记者生涯、"聊斋"出笼始末，看似饶舌，实则不然，没有这些，没有他的养鸟经历，就没有这一部轰动剧坛的《鸟人》。

《鸟人》公演后，笔者在首都剧场四楼的一间斗室里撞上了他。

"真不容易'逮'住您了，这些天有点'晕菜'了吧？"

"没那事，跟平常一样。"

"咱们侃侃您的大作吧，得说掏心窝的。"

"您来了，不是外人，我就掏真格的说了。"

他从抽屉里拿出那把紫砂宜兴茶壶，沏上了茶，过君娓娓道来。

"《鸟人》一演，招来不少好评。几位大家说什么'划时代的杰作''后现代主义作品'，等等。有人说：这戏写唱戏的、票友、养鸟的都挺像，形象鲜明，惟妙惟肖，又说既真实又荒诞。这话，我不谦虚，认可。我就是有这方面的生活。当晚报记者这十几年来，看戏、听曲艺、养鸟、结交艺术圈里的各种人物成了我生命中的主要部分。像剧中的三爷，胖子、百灵张这样的人物，我一闭眼就在眼前晃悠，写起来得心应手。"

这时笔者适时插空引火烧身，问："我和您交好多年，我似乎没有入戏？这好像'与理不合'？何理？"

"您呐，入不了戏，您浑身文气，一嘴的京片子，我要把您写进去，没特点，还搅戏，不够格。"

仔细一想，也是……

过君呷了口浓茶，继续说："有几位戏曲界的老先生，言传身教，对我影响极大。可以说，他们就是我这出戏的'衣食父母'，就是我这出戏的魂儿。这出戏红了，我不敢掠人之美，我得把这几位大师介绍给读者和观众。

"最初我不养鸟，只是看戏、访友，待到开了'聊斋'专栏，经常去几位老师门下淘换能耐。中国京剧院已故著名编剧范钧宏先生，编剧大家，《杨门女将》《满江红》都是他与吕瑞明的杰作。尤其他的力作《强项令》，我是百看不厌。我常去北新桥北新胡同30号范寓。这是个大杂院儿，院子低洼不平，进门就跳坑。范先生住两间狭窄破平房，肚子里的玩艺可宽绰。每次去都讲梨园掌故，评戏的优劣，讲写戏的法则。说到饭口儿，要告辞时，范师母早将香

喷喷的菜端上了桌子。你不吃不行,何况范师母极善烹调,诱人难以离去。可以说,范先生便是我写戏的引路人。

"武生泰斗王金璐先生则是我戏曲知识的蒙师。记得初当记者时,对戏曲一无所知,我便写了几十封信投寄菊坛名宿,希冀得到指正。不久反馈回来一个电话、一封信。电话是名净袁世海先生打来的,说有什么不明白的,可以去南三里屯袁寓一叙;信是用端端正正的隶书写来的,署名王金璐,约我有问题可到王宅详谈。王老师当时家住西四大糖房胡同,路途不近,我却踏破了门槛。因此我大长学问。后来我还把他对我和郭永江兄讲的有关中华戏曲学校的始末根由写成《回忆中华戏曲学校》一篇4万多字的长文,发表在《京剧谈往录》第一集上。

"从他们二位那里'捋'来的'叶子',使我终生受益。

"在采访过程中,我发现许多京剧名伶都爱养鸟,问其究竟,说来颇多情趣,于是便也萌生养鸟之心。一日,与新近谢世之好友高文澜君[1]谈及,请其约两位养鸟专家一叙,以求教之。

"文澜兄古道侠肠,助人为乐,立即邀及中国京剧院名净吴钰章。一日,钰章将中国京剧院二位养鸟专家,一曰任鹤彩,一曰刘长生请至家中,我与文澜兄早在吴寓恭候。

"任先生曾任中国京剧院人民剧场总经理,五十多岁,中等身材,精气神十足,手里提拉着口袋,说待会儿要到鸟市抓(实际就是买)俩红子;刘长生系名伶刘秀荣之弟,工文丑,人称刘三,手里架着鸟笼,里边一只红子。

"见面一阵寒暄过后,即向我传授养鸟的好处和知识,如可养鸟的种类:红靛颏儿、蓝靛颏、蓝燕、尾尖儿、柳串儿、黄鸟、红子、

---

[1] 高君文澜是中国京剧院的著名编剧,也是我的好友,我在新燕京剧团即今日之风雷京剧团供职任编剧时,改编过话剧《龙马精神》为京剧,曾得到文澜兄的极大帮助,并且替我写了一段精彩的唱词,可惜寿命不永,早早过世去了!可惜!

老锡儿、画眉等几十种。其中以靛颏儿最难养，打个比方，养它需要有'大学教授'的水平；养红子，'高中毕业'水平；养黄鸟，有'小学'水平就行。又讲了养红子的十忌，即'啾西呼垛单，抽颤滚啄翻'。还讲了画眉的各种养法。

"吴钰章、沙淑英夫妻系回民，均极好客，即请大家吃涮锅子。据他说，佐料都是从东来顺买来的。我听那二位开讲，早听得脉胀筋舒，十分技痒。出了吴府，我立即奔了'官园'鸟市，从此，我开始了养鸟生涯。"

过君又呷了一口浓茶后接着侃。

"一上手，我养鸟就与众不同，先作'大学教授'，从养靛颏儿入手。有人说：'养靛颏儿，您哪位？还不会走道就想跑……'倒不是在下狂妄，乃形势所迫耳；因我寄寓泰山家中，女儿又小，夫人在《北京日报》上班，常值夜班，均需安静，养鸟不免吵人，相对来说，靛颏儿要文静安详得多，所以我'起手不低'。

"北京有四大鸟市：官园、日坛……打这儿住后，谁要找我，除去报社，就得在四大鸟市'蹲'我，我不定在哪儿转悠。虽然让先生们掰开揉碎给我讲了有关鸟和鸟具：鸟笼、鸟食罐、钩子乃至罩子的一切知识和'置'的时候要留神的节骨眼儿，可我在鸟市还是没少挨'宰'。不论是买鸟具还是抓只鸟，只要买卖成了，赶紧找任老鉴定。一看，又打了'眼'，让人蒙了，任老叹气说：'交学费吧！兄弟，还早着呢！'

"有一回，我在鸟市要买个装油葫芦（一种昆虫）的葫芦。卖的主儿喊：'您看这口儿，这铲儿（指葫芦本身），准保没错，您再看这油葫芦多大的个儿。'得，掏两张'大团结'，成交。兴冲冲跑到任府，进门就嚷：'任老，您给睃睃，瞧这葫芦怎么样？'老头戴上老花镜一看，说了三句话：'赶紧回鸟市退货，这葫芦是养蛐蛐的，油葫芦还行没蒙你。'返回鸟市，谁给您退，最后以八块钱倒给另

一个卖主。又花20块买了这儿主儿的一个葫芦,连蹿带蹦回到任府,老头再戴上老花镜一看,唉了一声,说:'这个还不如刚才那个,还是养蛐蛐的!'一会儿功夫,里外里赔了几十块。

"赔钱长学问。在鸟市混长了,对这帮养鸟的、卖鸟的各种心态以及他们的语言、行为还有那种'宁让我饿着也不能让我的鸟饿着'的过分痴迷和执着,了解和掌握个底儿掉。

"我养靛颏儿,最多养到八个。养它最难的是换食。它本来是吃活食的,把它养在笼子里就得吃粮食、吃鸡蛋黄。这鸟气性大,宁可活活饿死。可是我轻易便过了换食这一关,所以,越养越多。可是也耽误正事,我轻易不出差,出门谁喂我的鸟,死了得多心疼,您瞧,我也成了鸟人啦。

"那年,亚运会在北京开,我有任务,一狠心,把八个靛颏都放了。以后,我又逐渐养起来,又养到八个,《鸟人》公演以后,我把笼子门打开,让它们一只一只都飞走了……"

过君的"话匣子"打开了,就收不住闸。

"我还得跟您提两位老先生,都跟《鸟人》有血肉关系,是人家给咱们的饭。

"有'活关公'美誉的老伶工李洪春,演了一辈子'老爷'戏,又养了一辈子鸟,在北京四九城儿里养红子的人群里是数一数二的高手,而且梨园行深儿里的事,没人家不知道的,大家伙尊称他'洪爷'。

"洪爷说话幽默,一肚子梨园故事,讲起来引人入胜,家中经常高朋满座。他给我讲马连良先生养鸟的趣闻,给我讲金少山先生养鸟怎么让鸟把式要得跟大头蚊子似的,令我兴趣盎然。

"洪爷还常问我:'您说,红子哪儿产的最好?告诉您:蔺相如回车的地方。'蔺相如回车是京剧《将相和》里的事,那地方指的是当年赵国都城邯郸。可洪爷有时又说,最好的红子产地是陈杏园和番的地方。这又是一出京剧：《二度梅》，地点又换成了山西雁门关了。这叫洪爷的红子——没准地儿。不过，都跟戏有关，充满了历史文化的积淀。后来洪爷病重，手术完毕出院后，我去看望老人。他已经非常瘦弱了，可还强挣扎着亲自给鸟喂食喂水。还铆足了劲高喊一声：'把我的鸟拿过来给过爷瞧瞧。'亲自搭着鸟笼，脸上挂着笑，请我欣赏他养的红子。老人对鸟的那份情谊真有点胜于对人，多有个性。洪爷的言谈举止，一动一静，满都是彩儿，以后这些都入了我的戏。

"编剧圣手翁偶虹先生，剧坛名宿。编剧本，养红子，都是大家，而且有专文论述养鸟之道。翁先生年轻时，编戏之余，经常票戏，唱花脸。解放前，他与名净金少山相交莫逆，情同手足。金先生不但台上玩艺地道，实大声宏，而且鸟也养得地道，雇有专门的鸟把式伺弄鸟。翁先生告诉我许多这位金三爷养鸟的故事，还告诉我，金少山如何从红子高音翻高的叫声中，受到启发，揉吸化用，使在京剧《锁五龙》里。在单雄信唱的'我为你花费多少财'一句中，创造了'你'字翻高的新腔。这些后来也都入了我的戏。

"所以，寻根探源，甭管直接还是间接，生活是艺术唯一的源泉。您看，《鸟人》里的京剧演员三爷，李洪春、任鹤彩、翁偶虹诸位先生的影子均在他身上有所体现，有时甚至将他们的原话合盘端了过来。但三爷又不是他们当中的任何一个人，而是一个典型形象。至于票友胖子，也是有一定生活依据的，我有许多票界的朋友，他们犯起戏瘾来，比专业演员还要'执迷不悟'。我不写他们两笔哪成，这也是一种文化现象。至于戏中的精神分析专家，那也不是凭空捏造。我有个朋友，大文学家萧三的公子萧维佳，便是搞精神分析的。他对周围一些朋友都做过精神分析。此外，我又浏览了许多有关精神分析的书，才创造了丁保罗这个人物。"

是有一些人反映，看《鸟人》尽管哈哈大笑，可出剧场一想，

却觉得没看明白或说没弄懂说的什么。是不是主题不鲜明所致？于是笔者问他：

"这个戏的主题到底是什么？您要告诉观众的都是什么？望您明示。"

"这个戏不同于以往的戏，可以说无确切主题，而比较注重戏的整体性。我主要想通过它表现人的一种状态，生存状态和文化状态。写各种状态错综复杂的交织、碰撞，表达我对这些人和事的感受，并不是要强加给观众什么，而是希望观众能从戏中有所感悟。也许他们从戏中感悟到的比我预料的还多，这都是很正常的，所谓作品永远大于作者。"

"有许多人问笔者：《鸟人》写了三爷、胖子和一大群养鸟的这些纯老北京的鸟人，又写了丁保罗、鸟类专家这些浑身洋味的学人，这么写两种不同的人物是要出什么效果？"

"我就是要用这两种不同观念的人物之间的冲突，来表现东西方文化，传统文化与现代文化错位的碰撞，这样写便充满幽默。兄台，您不要忘记，生活本身就存在着荒诞。而戏剧中的荒诞不是目的，我只是作为一种手段，促使人们去思考人类自身，清醒地认识生活的本质。"

很精彩，很透彻。他应我的请求而继续说下去。

"今天，可以谈深点。我写这个戏，'禅宗'帮了我很大的忙。其实，禅宗是一门既普通又深奥的哲学，禅宗是反智慧的，但又充满着智慧，是大智大慧。它是一种艺术化的宗教思想，它使我看问题的角度，对生活的看法，都有新的发现、新的感悟，从而表现在我的戏中。有的专家说《鸟人》是后现代主义的，不是没有依据的。当代后现代主义大师也始于对禅宗的研究，只是他们的见解和悟性远远没有达到禅宗的境界。

"写戏，我以为要有悟性，有所发现。人人皆知，无论题材、内蕴、角色塑造都没有鲜活的东西，就失去了创作价值。

"现在世界是产品世界，人本身仅也是产品。人的一生，从小到老，整日被工作所困扰，这是世界性的问题，以日本最严重。人在工作状态下，整齐划一，是缺少个性的过程。人在闲暇时、放假时，人性本身的东西，才更容易流露出来。所以，我选择休闲状态下的人群，以折射出人最本质的东西。"

"您的下一个戏是什么？能否披露给我们的读者和观众？"

"我正在修改三部曲中的《棋人》，直到满意了，仍然交给北京人艺。《棋人》，从内容到形式将要做一些新的尝试，要以崭新的面貌奉献给观众。现在不便多说，将来咱们台上见……"

[补文] 过贤弟评论戏剧真谛的这一番话，我在别的剧作家甚至是大剧作家的台前，如此类似的言谈也未曾听到过。这对我确实是顿开茅塞，大有启迪。我也是写戏的，写了很多剧本，当然，主要的还都是戏曲。我也有许多很叫座的戏，许多拿过大奖的戏。但和过爷这一番言论对照起来，我的戏是不是缺少了什么东西？我的所有的戏，在生活当中都是能找得出来形骸的，那真是以生活为依据，深深扎根于生活的人和事上，这是没错的。但也许缺少了跳出生活的那个最尖端的东西。也就是揭示生活中最根上最核心的那一点点的东西……似乎是，似乎又不是，需要找到它，但我又不一定能找得到它。年岁大了，我还是照我的本真来写我的戏吧，我也不打算追求这一点点的东西了……

过爷写了三人，即《鸟人》《棋人》《渔人》这样三出好戏，自然是不会再在《北京晚报》做下去了，后来他去了中央实验话剧院，做了那里的编剧。又写出了话剧《厕所》那样具有后现代主义色彩的好戏。但限于篇幅，我就不在这里饶舌了。

伍 附录

一位勤奋笔耕但又开窍通达的老剧作家[①]
——访著名剧作家、戏剧理论家张永和先生

郭宗民

面前的张永和先生,一头的花白头发,眼神中透着慈祥和友善,虽年已八旬,但身体健朗精神矍铄,这是我参加由北京电视台和北京京剧院举办的一次活动时见到的著名编剧、戏曲理论家张永和老先生。因张老先生经常作为中央电视台戏曲频道《空中剧院》的嘉宾和作为青年京剧演员大赛以及京剧票友大赛的评委出现在电视屏幕上,所以对张老印象很深。张老虽然在戏曲界和其他艺术门类中有很大的成就和名望,但没有一丝名人的架子,非常和蔼可亲,我们交谈几句后还合影留念,后来我们还在一个充满正能量的微信群里互加了微信,联系自然也多了起来,也从中了解了张老创作中的一些经历。

一、不经意间成了周贻白先生的手把徒弟

张老生于20世纪30年代末,出生在一个经营面粉厂的工业资产阶级家庭中,家道殷实,吃穿不愁,是一个典型的富二代。有些

---

① 本文初刊于《中国京剧》2020年第3期。

富裕钱，父辈自然要加强儿女们的文化修养，请了个老师，老师是清朝一位当过四品知府的饱学之士，名刘少华字荣弟。刘老师学富五车，桃李满天下，同仁堂老乐家四大房的子弟，国戏钮彪老师的长兄钮隽，也均由刘老师开蒙，故与张老皆为同门。刘老师官称刘四师，不仅精于国学，而且写得一手好毛笔字，给北京好多商铺题写牌匾，还喜欢京戏，拉得一手好京胡，经常给学生聊戏拉琴。老师自然影响学生，所以张永和从孩提时就喜欢上了京剧，经常出入其家附近也就是前门大栅栏一带的几个戏园子里。可以说张老从小是在老北京的戏园子里长大的。在上小学时，多次看过什么四大名旦、四大须生、三大武生等顶级名角儿的戏，而且呢，还看过许多所谓小科班的连台本戏，看过荣春社的李甫春，鸣春社的李侗春、李鸣杰等青年学生的戏。后来上了中学，就和他们一帮喜欢京剧的同学，纷纷奔了中国戏校和北京戏校，中国戏曲学校第一批学生像谢锐青、朱秉谦、孙岳、刘秀荣、张春孝、杨启顺、柏之毅、钱浩梁等的戏也没少看。

除看戏之外，他在学校期间还经常看一些戏剧方面的杂志和书籍，也就逐渐学会了写一些看戏的观感，并在高中时便在当时由北京市文化局主办的《剧目介绍》和《北京晚报》上发表了大概有近二十篇的戏评文章，也由此认识了很多戏剧界的名演员，为自己日后写戏和著书打下了深厚的基础。

因戏而生情的张永和，后来几乎近于痴情，他想做编剧，他想拜一位名师作为引路之人，不想，一不留神这个很不容易达到的目的居然达到了。张老的一位中学语文老师，也是京城一位大名士，也是毕业于中国戏剧学院戏文系的老高材生李克非先生，他给他的授业老师——中戏的国内最资深的戏曲史专家周贻白写了一封信，张老就持这封推荐信，径直去了北京交道口棉花胡同22号中戏教

员宿舍，并且幸运地见到了蜗居斗室的周教授。

张老做了三件事，第一，诚惶诚恐介绍了自己如何如何；第二，恭敬地了交上了李克非老师的推荐信；第三，打开了自己近20篇的评戏文章的剪报，粘贴在一本作画的画册中。真是意想不到，周贻白老师对张老的才华甚为赏识并慨然收为弟子。就这样不经意间，张永和拜入周师门墙随侍左右，从此耳闻目睹皆是戏曲戏剧之堂奥矣。

周贻白先生平日授课和写作很忙，很少留学生在家吃饭，但对张永和这个弟子却例外，爷俩在一起谈论戏剧时总是意犹未尽，之后再去饭馆用餐，一盘炸花生米，一瓶啤酒，两碗热汽腾腾的鸡丝汤面，爷俩边喝边吃边聊天，倒也十分惬意。张永和虽然没有受过一天课堂上的学习，但他得到了周老师像对待博士生般的亲授，至今他还记得恩师在传授知识方面对自己讲的三个要点：即要时刻做到"三勤"。"一勤"：是要勤看戏，能看到的戏都要看，京剧以外的其他剧种的戏也都要去看；"二勤"：是要勤读书，中外有关戏剧写作的书尽量找来读；"三勤"：是要多练习写作，边实践边提高。张老对笔者说：得到了恩师的教诲，这"三勤"使得自己终身受益，为后来写理论文章和编剧方面打下了坚实的基础。

在学习上不仅得到恩师的真传实教，而且恩师还为弟子处处着想，为学生捧场呐喊。

一次张老写的一篇千字文章《谭家五世》被《北京晚报》采用，但需要配一张谭派创始人谭鑫培的剧照，到哪里去找呢？正巧他看到周先生斗室的墙上悬挂着一幅装帧很讲究的谭鑫培和通天教主王瑶卿合演的《南天门》剧照，本想借用这张剧照但又不好意思开口。周先生看出了弟子的心思后，毫不犹豫地取下照片交给了弟子拿去给报社采用，《北京晚报》也是用这张珍贵的剧照作为了配图。1960年，北京新燕京京剧团（北京风雷京剧团前身）要排一出从唐山京剧团淘换来的现代戏《节振国》的演出本,因为要根据本剧团演员张宝华、梁益鸣自身的艺术条件来进行改编,这任务自然就交给了该团的编剧张永和。

《节振国》经过改编上演后很快在观众中引起了反响,场场满座。周先生知道后很为弟子高兴,为了给弟子捧场,为给弟子巩固自己的地位。这位老人家亲自到剧团讲解这出戏的演出要点和戏外的一些知识性问题,赢得剧团上下的好评。后来,剧团又上演了张老根据同名话剧改编的京剧《南海长城》,老师再次去剧场观剧,并怕弟子刚刚踏入编剧行列,需要更多的师友的提携和帮助,竟带着徒弟去了自己的好友——居住在北京新文化街的著名编剧大家翁偶虹家中,要翁老以后多多关照和提携这个小徒弟:翁老也因此和张永和结下深厚的友情,这不仅是再次为弟子捧场了,恩师良苦用心,真令弟子五内皆感矣!

二、张老是个杂家,戏本外还写了一大堆别的

1961年至"文革"前,张永和曾在吉林省京剧院、内蒙古李万春新华京剧团、扬州专区京剧团、新燕京京剧团(风雷京剧团前身)等几个京剧院团任编剧编写剧本,为这些剧团共写了十几个戏,所写的戏多被剧团上演。因为他是合同制的编剧,不给剧团干活那是一天也待不住的。要说那时候实行合同制也算是够先进的。眼下许多电视台的工作人员不都是合同工吗?

张永和是老北京人,对北京有特殊的感情,他爱北京,他熟悉北京,在经过不堪回首的岁月后,他又重新拿起笔,再次以饱满的热情进入了创作中,进入了北京曲艺曲剧团任编剧。张永和为北京曲剧团编写了《张志新》和具有浓郁京味儿的《烟壶》《龙须沟》《珍

妃泪》以及《B超神探》等新创剧目。《烟壶》《龙须沟》《珍妃泪》这些戏都演了几百场，《珍妃泪》还被北京电影制片厂拍成了彩色电影在全国放映，而《烟壶》和《龙须沟》，至今盛演不衰。2017年，北京曲剧《烟壶》还代表国家赴德国柏林演出，受到了异国他乡观众的喜爱。这些戏的上演，并且一个个都获大奖，张老深沉地说："生活是创作的唯一源泉，这是一个颠扑不破的真理。我现在深以为然，并且作为我编剧的指导思想。作为编剧，我有老北京的生活阅历，无论是人物、题材、语言和民风民俗、时令节令，都非常熟悉，往大了说，我对于北京城的皇城文化、市井文化、胡同文化以及戏曲文化都有所了解，故此下笔有神，一闭眼这些画面就出来了，所以，没有生活，那些瞎编的戏是没有生命力的！"是的，特别是在习近平总书记提倡的创作性转化、创作性发展的"两创"精神指引下，更激发了张永和的创作方面的热情。北京曲剧《B超神探》是张永和根据北京市儿童医院B超科名誉主任贾立群大夫的事迹而编写的一出现代戏，也是受西城文化委员会之邀而写。贾立群大夫置自身性命和家庭于不顾，视病人如亲人，全心全意为病人服务，是北京市劳动模范和党的十九大党代表，很多报刊和媒体都报道过他的事迹。张永和通过看材料并与贾大夫接触，这位时代楷模的感人事迹，深深地感动了他；愉快地接受这个任务后，在时间紧的情况下，通过和其他老朋友的合作，仅用了两个多月的时间就写出了北京曲剧《B超神探》的剧本。正因为这个戏表现的是新时期一个有高尚医德和高超医术的模范共产党员的先进事迹，此戏一经上演，立时受到了观众的热烈欢迎。

始创于1669年的北京老字号"王致和腐乳"距今已有350年历史，其腐乳酿造技艺已于2008年列入国家级非物质文化遗产名录。为了再现这位近代史上传奇式的人物，张永和以王致和的故事为原型编写了北京曲剧《王致和》，由北京曲艺曲剧团演出。剧情大意是：清朝康熙八年（1669），安徽籍举子王致和满怀雄心壮志赴京参加会试，他一心想考取功名，但事与愿违而名落孙山，在困于京城之际，得到了会馆杂役韩氏父女的帮助，他重操祖业做起了豆腐生意。当王致和再次赴试时，仍与功名无缘，但他却找到了新生活的支撑点，在北京前门外开起了"王致和南酱园"。本剧突出了主人公王致和历经科考挫折、由沮丧到励志创业的精神。张永和既写出了真实的王致和，也宣扬了老北京的京味儿文化，具有强烈的时代意义。北京曲剧《王致和》于2019年10月在北京上演后，得到了王致和集团和观众的热烈欢迎，此剧还获得北京市文联"剧本原创二等奖"，并且还开了研讨会，十几位资深剧作家和评论家给予了本剧极高的评价。

著名史学家阎崇年给《王致和》归纳了"四个好"：一是选材主题好；二是张永和笔下的主角好；三是全剧结构好，剧情紧凑不拖沓；四是京味儿好。能把老北京浓郁的传统文化融到剧情之中。称赞《王致和》歌颂了劳动创造者，主旋律明确，人物鲜活，是一出难得的好戏。曾主演了由张永和编写的京剧《风雨同仁堂》的京剧老旦名家赵葆秀在看了《王致和》后称赞道："这是北京曲剧继承创新的佳作。"

张永和在几十年的编剧生涯里，除前面提到的几出北京曲剧外，还创作出了京剧《风雨同仁堂》《武则天》《宋氏三姐妹》《孟母三迁》《孔圣母》《爱心观音》、新版《花木兰》、昆曲《贵妃东渡》、评剧《烟壶》、吕剧《阳光大姐》等几十部戏，还为京剧程派名家李佩红改编了梅派的《穆桂英挂帅》，给于魁智、李胜素主演的京剧《满江红》也做了改编，而且获得了很大的成功。其中京剧《风雨同仁堂》最近还被拍成了戏曲电影。他不仅写戏曲剧本，还编写了电视连续剧《大清药王》和《天下第一丑》等作品。还创作了两本同名小说，由人民文学出版社出版，发行了六七万册。由他创作、改编

的作品获得过"中宣部五个一工程奖""文化部文华奖""中国京剧节金奖""首届老舍文学创作奖""北京市文学艺术奖"等诸多奖项，所写理论文章多次在《中国京剧》《中国戏剧》等国家级刊物上发表，以广泛的社会影响在文化界享有盛誉。

三、张永和还是一位能写书出书的戏曲理论家

张永和不仅是著名编剧，还是一位戏曲理论家，著有近二十部戏剧理论作品。

2019年以前，他出版了好几部人物传记，如《同光十三绝合传》《马连良传》(出了两版)、《唐杰忠传》，普及京剧知识的有《打开京剧之门》《京剧艺术鉴赏》等，2019年好像井喷一样，张老一共出版了六本自己的著作，都是北京出版集团出版的。有《北京故事及其他——张永和剧本集》《京腔京韵话北京·京戏京伶》《张永和聊史说戏》《京剧艺术一知谈》《京剧小史》《京剧的魅力和时尚》等。从这些书的书名上就可以看出是普及京剧知识的好书，不过不仅是单纯介绍，而且与时俱进，写出京剧的辩证发展。既古老、传统，又时尚、创新！

《京腔京韵话北京·京戏京伶》这本书汇集了张永和的四十三篇文章，此书分为三辑，第一辑是"经典剧目赏析"，张老在这一辑里是观剧后的点评，所点评剧目是近年来所演的京剧传统剧目、新创历史剧目和现代戏；第二辑"名伶菊圃风采"，书写了京剧界的老艺术家和有成就的优秀中、青年演员；第三辑"戏缘感悟点滴"，是他所写理论性的文章，是他对戏曲当前状况的评论。这些文章针砭时弊，说出了自己对今后戏曲艺术的担忧和期望。

《张永和聊史说戏》是北京出版社出版的又一部新作。张永和

在这本书中书写的每一出戏都要做大量的案头工作，要比写戏评和演员的艺术花费的精力大得多，对每出戏的渊源都要做深入的研究，要查阅相关的历史事件和人物的资料。他在这本书中都是以史料来介绍每一出戏的剧情及人物，是以国学的态度来看待中国的戏曲，每一篇文章都是依据历史上真实的人物再加上舞台上的表演而写。当然舞台表演以虚构为多，即便是现代戏也是需要艺术化的。我们从此书中不难看出张永和先生不仅是一位编剧、戏剧理论家，还是一位博学多才的史学家。

在我国专业艺术编剧队伍里，可以说张永和先生是集戏剧编剧、戏剧理论以及故事电视连续剧、戏曲电视连续剧等艺术门类的高产户。究竟写了多少戏，他在一篇自述里是这样说的："我和戏结缘，为戏而生，为戏奋斗，从二十岁开始写戏，写了六十年，已写了五十多个戏，演了的也有四十多个了。"对于自己所取得的成绩，他颇有一番感言："我之所以能够有些成绩，是改革开放给了我机遇，没有改革开放就没有我的今天，即使有，也不会有这么多反映人民生活和回顾祖国历史的文学作品。我顺应时代潮流写了这么多剧本，基本原则就是一定要传播正能量，弘扬主旋律，将爱国、敬业、诚信和友善的社会主义价值观渗透到我的剧本中，以作品来体现改革开放的伟大成就，真正为老百姓提供一些既有审美价值和更有教育寓意价值的作品。生活是创作的源泉，要融入到老百姓中间去，要和老百姓同呼吸、共命运，只有和老百姓的所思所想一致，坚持以人民为中心才能创作出好的作品。我赶上了好时代的同时，也感恩改革开放，也非常感谢我的许多恩师：周贻白、吴祖光、汪曾祺、张中行等先生，给了我创作的翅膀，方能翱翔天宇！"

四、张永和桃李满天下，他希望把恩师的本领传下

由于张永和先生是国戏的客座教授，无论是大课、小课，登台讲述不计其数，故听过课的学生不少。但和张老关系最近的是国戏2006届的六位女硕士研究生，她们是奉学院里的安排，每周一次到张老师家中听课的。于是令张永和想到昔日他到周贻白恩师家中求教的岁月，因而他对这种授课形式非常高兴，学生呼啦啦都到了，于是老师便开讲，亦如昔日周师授课一般，除去详批细点学生交上来的作业，即她们创作的剧本外，便也学着周师那样，凡有关戏曲创作的知识、典型人物、菊坛掌故，海阔天空一通讲，老师讲得欲罢不能，学生们听得是津津有味，三四个小时的课时似瞬间而过，学生没听够，老师性犹酣！笔者笑问：此时是否也能像周恩师带学生去小馆吃鸡丝汤面吗？张永和先生莞尔一笑，幽默地说："那时我是一个人，现在我要面对六个人，真有点儿囊中羞涩……"然而事情也不尽然，十年以后这六个学生当中的一个，在贵州艺术中心工作，现在已经是国家一级编剧了，带着她新创作的新戏来北京汇报演出了，于是六位同学又集中在一起，由大师姐肖艳杰领着大家一起去看望老师。老师也和当年的周恩师一样，在一家饭店请了六位学生好好地撮了一顿。张老的学生很多，向张老继续经常求教的，如国戏2005届硕士研究生，也是来张老家上课的现在国戏附中任教的刘东永、央视戏曲音乐部的导演何映哲，还有经常帮助张老整理文字的几位毕业于国戏的高材生李林悦、张婧、崔迪等，这里不能尽叙。但有两位大学生要顺便提一下：一位是北方昆曲剧院的高级编剧王焱，另一位是《中国京剧》杂志的编辑部主任封杰。这两位能力可不小，可以说手一份，嘴一份，都有不少的著作，又年富力强，是接班人中的佼佼者。张老要求学生要当全面手，既能编剧，又掌握戏曲理论，能说会讲，不但要像自己，还要像老师周贻白先

生一样。

　　张永和先生是国家一级编剧兼戏剧理论家，享受国务院特殊津贴。现在张老虽然早已退休，但仍然经常应邀参加社会上艺术界的各种活动。还经常被央视戏曲频道《空中剧院》栏目组邀请作为客座嘉宾为电视机前的观众讲评本剧的演出亮点和演员的表演特色，曾为京剧老生名家谭孝曾、于魁智、张建国、杜镇杰、朱强、张建锋，京剧旦角李佩红、董圆圆、王怡，老旦名家赵葆秀、翟墨、康静以及裘派净角等众多行当的名家作过表演上的讲评。无论是在《空中剧院》作客座嘉宾，或为戏曲频道举办的青京赛和票友赛作评委时，他的原则是不吹不捧、不贬损，言辞中肯、客观公正。张先生目前正在整理旧作，准备再多出几本书奉献给社会，正是：

　　老骥伏枥志千里，
　　耄耋之年谱新篇。

张永和张大爷说：我命好，赶上了好时代[①]

林蔚然

有些人生命中的精彩华章，被安排在了后半段；前面，那些漫长的铺陈和等待便都有了着落。我们《新剧本》的副头张永和，"官称"张大爷，他的戏剧人生即是如此。

京剧《风雨同仁堂》是他 57 岁的那一年，终于迈出的重大一步，加上北京曲剧《烟壶》《龙须沟》，这三年里连获十几个大奖，每出戏演出都超过百场，从此他作为专业编剧在京城乃至中国戏剧界开始名声大振！说起来，最富戏剧性的情节往往出现在普通人的故事里。张大爷经历过的起落是一般人所不能承受的。20 世纪 30 年代末，他出生在北京一个富庶的大资产阶级家庭，打从懂事起就和戏园子结下了不解之缘。如今说起当年常常出没看戏的地方：三庆、庆乐、广德楼、华乐、开明、华北、三晋戏院，称得上是如数家珍，那时他对京剧和山西梆子就已经很着迷了。后来他上了北京六中，那是清朝的升平署，等于是清朝的文化部，他的同学里有很多像他一样热爱京剧的人，日后都成了戏剧界的中坚力量。家住从清朝就是商业娱乐宝地的燕都南城，挨着天桥，这使得他对京味儿的"宣南文化"，也就是市景文化，胡同文化，了解得既早且杂且丰富，因为

---

① 本文初刊于《新剧本》2001 年第 6 期，作者现为《新剧本》杂志执行主编。

从小身体不太好，老跟药铺、名医什么的打交道，对医药也有了深入的了解，没事就爱研究个国故什么的，传统文学，儒家道理，历史感悟，还有绘画、金石、文玩……总之没几个人有他这样的命，从睁开眼就浸润在老北京的人气里了。

是天给的这碗饭。领他进门的师傅，就是周贻白，中央戏剧学院的戏曲史专家，一代宗师，对张永和极为赏识，因为出身原因没能考上中戏的他，成了周先生斗室中终日随侍左右的小徒弟。后来周先生的儿子，中国传媒大学的周华斌教授在出书纪念父亲的时候，一定要请张永和张大爷写上一篇，原因是有些周老先生做人和治学方面的事，连做儿子的都没有他张大爷门儿清。故此小周先生说：师兄您一定得给老爷子写上一篇！

周先生授课写作极忙，一般不留学生在家里吃饭，却时常在和这个弟子说到意兴未尽，日落西山之后，师徒爷俩去学院附近的小饭馆去吃鸡丝汤面，老师时常从怀中掏出一个小瓶，往两碗热面里足足地撒上自带的味精，一个从未在学校课堂上出现的学生，得了老师的毕生真传！

张永和从1961年到1966年，分别在4个京剧院团中做职业编辑，同样因为出身问题使得他比别人要多付出几倍的精力。曾经沧海，他笑着提起当年事，轻描淡写地说那时能够实行合同制，现在看来是非常先进的。为了能在剧团里立足转成正式职工，他不停地写戏，写了24部，差不多都上演了，但也有教训：因为他那时还不懂把话剧改编成戏曲是个挺讲究的事儿，于是在改编的戏中留下了好多话剧的长台词在当中。比如有一个来自话剧改编的戏曲，演员演着演着忘词了，反正是指责的意思，就自己胡诌："你你你……你不对啊！"另一个也傻了："是你不对还是我不对啊？"这么一折腾，才想起词儿来！实践中的种种，给张大爷深刻地上了一课，如今虽早已成了炉火纯青的写家，回想彼时还是哑然失笑……

再后来是一段最艰难的岁月,人生巨变,似水流年。再回首已是百年身……

13年后,他重新拿起笔来做编剧,入了北京曲艺曲剧团。

1984年他到了《新剧本》编辑部。

百炼成钢。张大爷给人的感觉是人如其名,谦和地微笑着,为了听清你的话,身体微微前倾,绝不让你有半点难做,小辈们的编辑只知道他的尊称是张大爷。张大爷在大风里蹬着车子,头发向后飘成水泊梁山赤发鬼刘唐的模样,那是他去跟作者约稿子。他也曾坐着火车赶赴福建,只为约名剧作家郑怀兴的一个本子。而现在郑怀兴一有了新剧本,就会马上给《新剧本》编辑部打来电话!

谈起做编辑,张大爷得意的是自己的两个本事:一是和作者烂熟的程度,什么稿都能抢先得到!他笑嘻嘻地说:这得看你跟作者、读者交朋友的程度。这点是看鲁迅杂文的时候学到的:每到年底鲁迅都要参加一些大编辑部的宴会,这事他日记上记着呢。那好,道理就是这个道理,小编辑部更得靠朋友支持,尤其对业余作者,要让他们有一种被朋友看中的感觉。一个当年的外地的业余作者,在开笔会的时候带着要考艺术学校的女儿来了,请张大爷一五一十的给辅导了专业,那女儿现在已经是首都北京很能干的文艺工作者了;二是有敏锐得跟猫似的嗅觉。张大爷说:做编辑要按常规待在家里等稿子那可就歇菜了,要整天盯着外面什么稿子有卖点,要能比别人先感觉得到……这是张大爷特殊的本领,所以总能抢到好剧本、好文章到编辑部来!

还有一条,在杂志最艰苦的日子里,他和主编想尽了办法,找了20来个有实力的朋友作为《新剧本》的董事,出钱把刊物办了下去才有今天的发展。在当时的年代,纯文学杂志能有这样的办刊思路可算是非常前卫了,而他更是四处游说,拉来三分之二的董事功不可没。张大爷叹了口气说：那时他和主编每天想的就是编辑部如何过日子的事。编辑部两个资格最老的同事对他的日常工作和生活有着更为鲜活的描述。在编辑部里他是有名的热心人，无论内外但凡有点事，只要他出面就能摆平。他能模仿好多地方的方言，在各种地方随时可以认各种老乡！在他的透明的"布料"衬衫上衣兜里，透出的是记者证，编辑部外出开会联络各种事让人一目了然，还没办好办成的事情，他已经解决了三分了……

和他夫人以及女儿的评价极为一致的事：张大爷他不会干活，在单位里捆杂志就没有能捆紧的时候。家里住平房时期时，两间屋两个炉子都焐不热，每次安炉子那烟筒又是老按得东倒西歪。每每要求住邻居的杂志社贾姓美编去他家里帮忙，想着他用那几乎和评书艺术家单田芳一样的声音，呼唤着："贾兄啊……"一定很有戏剧效果，但是人们心里又淡淡地泛起一股心酸……而贾兄又总是很麻利地把两个炉子都安好，于是他和夫人就很感谢……不停地说着些"拜年"话……

这些日常的事情，一直到张大爷住上了文化局领导分给他三居室的漂亮楼房，张大爷可以说是"五福临门"。于是他请亲友和编辑部其他同志们吃饭，众人不免感叹！前不久编辑部欢送张大爷退休，在小型的欢送会上，他的眼框红了，饱含着泪水，他哽咽着感谢了很多人，感谢邓小平、感谢文化局领导、感谢各位领导和全体同仁……张大爷说：他命好，赶上了好时代，没白活……是他们给了他翅膀和飞翔的机会，还有天空……张大爷终于沿着这种发自肺腑的感恩之情退休了……

退休了……张大爷也真真正正彻底地进入了创作的黄金阶段，他跟人合作的22集电视连续剧《大清药王》，在全国播出，而该剧在台湾的热播，收视率超过《大宅门》……四十三万字的同名小说，作为人民文学出版社2001年的重点书，也已同时发行；30集的《天

下第一丑》已经开机,同名小说也在紧锣密鼓地赶写之中……这二部电视剧的长篇叙述完全是京味语言的典型风范……而作为《天下第一丑》这部电视剧的长篇续集《京昆同光十三绝》,也已经装在张大爷的肚子里了……

由于几十年来致力于明清史和北京史的研究,张大爷对这些时代的典章制度、民族风情以及语言风貌等方面了解颇丰,于是又一部长篇电视连续剧《潘家园的故事》也即将应运而生,厚重的历史在张永和的笔下活灵活现,这些题材,他写来驾轻就熟,苦中有乐……

写累了,就看看时下的电视剧,却发现有很多编剧在历史之间游戏,这样的态度与他坚持的原则相去甚远,他认为,写历史题材,任何人不会有直接的生活经验,但必须要了解当时的历史,不可以有不负责任的随意性存在,不能授人以柄!任何历史剧都是当代剧,任何历史又都是当代史。但这绝不是说剧中人可以穿着古代人的衣服,随便说现代人的语言,而是要通过细节让人感觉到历史与当代的精神沟通,这就要求细节一定要真实。编剧一定要有忧患意识,观众也会产生共鸣,否则历史剧就失去了它应该具备的力度!编剧要能跳进去,还得能钻出来,这一点不花时间下功夫是做不到的。如果一味急功近利将来会吃大苦头……而这些"戏说"的东西,也只能是昙花一现,绝不会在戏剧里、影视剧里留下任何地位。说到这里他挺激动,放大了音量说:"无论改编还是创作,最关键有三,鲜活的人物,引人入胜的情节,深厚的文化底蕴。"

作为编剧,他始终坚持,还是要"正人心",给人一点崇高的东西!

写了一大堆的电视剧,他的计划是回过头来再写戏曲,虽然他对于戏曲的现状有自己独特的认知,他无可奈何地说:如此下去,戏曲……戏曲是很难真正进入市场的。他说就像人民剧场那儿,国家京剧院一有好戏，对面的豆汁儿店前排队的人就成"一字长蛇阵"……老观众喜欢豆汁儿的酸味儿。如果你再给他加糖加巧克力，爱吃糖的人也不会来吃，反倒把喜欢喝豆汁的人都给赶跑了……他爱戏曲，那是一辈子的追求，写起来难，所以会有更加过瘾的感觉。对于戏曲、电视剧、小说的写作，比较起来，他有一番有意思的见解：他觉得电视剧对于语言锤炼的要求更高，而非人们通常认识中的可以"兑水"，屏幕前观众更多，他们要求听到平民化、口语化、更为真实的台词，而戏曲的美学是假定性的，更为夸张。这样看来创作自由度比电视剧大得多，并且影视中平行蒙太奇的结构方式，跳跃、闪回、洗练的结构完全可以在戏曲中得到试验。从他本人来讲，电视剧和戏曲的写作是个相互促进的过程，而小说从容量上加进了场景的叙述和人物内心的描述，应该会比剧本更为厚重，所以这几项可谓：一个也不能少。

　　说来说去，在张大爷的心里，一刻也没有放松过对创作的警惕，所以活得不轻松，不过疼痛并且快乐着。在张大爷看来是一个幸福、一个享受，为了这个日以继夜的享受，他就更不能随心所欲了！他在有一分热发一分光……

说《京派》

　　《京派》，是拙作。主要写的是老一辈搞文学艺术的知识分子，基本上都是大家，大概涉及有二十来位吧。有人可能会问了：为什么叫"京派"呢？想必这些位都是京籍人士吧？您猜错了。其中京籍的确是有那么几位，但大部分都是非京籍人士。那为什么还叫"京派"呢？因为他们虽然不是皇城根下的子民，可他们的做派完全是北京人的做派。他们的言谈举止、待人接物的范儿，有那么一点点老北京人的味儿和老北京人的风格。虽然其中有个别人说起话来，并非京腔京韵，甚至是南腔北调，可是这些人那做派，那范儿，那风格，跟老北京人太相似了。所以人们也不管他们说的是哪些腔，

哪些调，还是把他们归纳在老北京的范畴之内。

或问：你书上这些人物都有谁呀？报上花名册来。到如今百岁以上的老爷子、老艺术大师，有老舍、周贻白、张中行、吴祖光、张伯驹、翁偶虹、汪曾祺、黄宗江等；八九十岁的，有新凤霞、谭元寿、高宝贤、阎肃、欧阳中石、阎崇年、梅葆玖、中杰英、姜纬堂、李小春、苏叔阳、杨晓雄、郑振环；岁数再小一点的还有孙悦遐、过士行，以及两位中青年坤角王蓉蓉、白金等；另外还有评书界的大腕儿连阔如、连丽如父女。当然，我也不能跑出这个圈子去。下面，说说这些位顶级大腕儿、风雅名贤的籍贯，有没有纯北京籍人？有！但是不多，有哪几位？老舍、连氏父女、翁偶虹、郑振环，他们都是世世代代生于北京的旗人，可谓纯粹京人；而原籍虽不是北京、却出生于北京的，那就比较多了：江苏常州武进籍的吴祖光、浙江瑞安籍的黄宗江、湖北江夏籍的谭元寿、江苏泰州籍的梅葆玖、山东牟平籍的姜纬堂、河北雄县籍的李小春、安徽歙县籍的过士行；这其中，既不是北京籍人，也没有出生在北京的，有吗？有！并且还是人数最多的，如出生在湖南长沙的周贻白、河北香河的张中行、河南项城的张伯驹、江苏高邮的汪曾祺、广东梅县的中杰英、河北保定的阎肃和苏叔阳、山东肥城的欧阳中石、山东烟台的阎崇年，天津卫的杨晓雄……几位女将都在这个行列中，生于苏州长于天津的新凤霞、山东汶水的孙悦遐、辽宁鞍山的王蓉蓉、黑龙江哈尔滨的小白金等。

这么多人，不说是来自五湖四海，也应该说是来自四面八方的"英雄好汉"。北京人、生在北京的准北京人，咱们不说了。非京籍又非北京出生的人和《京派》又能够有什么关系呢？请稍安勿躁，让在下慢慢道来。

在咱们的这本书里出现的每一个人物，我都会写一个人物的小传记。所谓"小",是因为我写的时候,注意不写这个人从生到死的整个过程,而是着重写这些人物的亮点。尤其是想写这些人物身上发生的故事,让读者有兴趣,在浓浓的感知里能够悟出点什么,也就是俗话说的寓教于乐。所以我写的这些人物不是纵向写,而是截取那些有趣味的横断面来写。这样一写,让我大吃一惊。在所有涉及的人物的那些生动的故事里面,往往浸润着北京人的很多的作风和特点。不管是哪里出生的人。比如说我的老恩师周贻白先生,他是湖南长沙人,操着一口湘人的官话,怎么能和北京人的做派沾上边儿?您看周老师喜欢侃大山,即聊天儿。我每到他的住处——北京交道口棉花胡同22号,中央戏剧学院教职员工宿舍。我们爷俩一聊就是好几个钟头,饿了就去吃小馆儿。周老师爱吃汤面,怀里揣着一个盛着味精的小瓶儿,对着两碗汤面一通撒。再配上一瓶啤酒,爷俩喝,就的下酒菜,就是一盘油炸花生米。吃完了,喝完了,酒足饭饱。多么像北京人的吃喝。

周贻白老师做人特大气,特有感情。比如我刚到新燕京剧团(风雷京剧团的前身),我改编了现代京剧《节振国》并上演了。老师就想了个办法为我这个学生捧场。于是他就给京剧团的全体演员讲一堂课,分析这个戏的优点和不足,同时还唠了一个小时,讲京剧是如何兴起的。课后老师一定要到我家去看望我的母亲,拦也拦不住,步行了二三里地,终于去我家拜见了我母亲。这行为,这讲究,多像老北京人的"做派"。

老师爱收藏,特别是对于古画古书,还特别喜欢收藏邮票、烟卷盒里边的"洋画",火柴盒上的"火花",那可是海内一绝。

这多么像极北京人的爱好,为什么能如此?这和周老师受到的教育和他从事的专业以及他的爱好是分不开的。他有极深厚的古典文学底子、极深厚的中国戏曲底蕴。这里面当然包括了北京的皇城文化、市井文化、民俗文化和戏曲文化。周老师不但研究中国戏曲史,

是中国戏剧史上的一大家。而且身体力行,老师不但参加过湘剧团,而且还在湖南的京剧团里面干了两年。唱武丑,有一身的功夫,能够扮角色,还能翻跟头。他曾经对我说,那叫"下把"。老师说:"我的跟头,一般的人还比不上。"

周老师在新中国成立前颠沛流离,新中国成立以后,1950年他来到中国戏剧学院任教,生活安定,一直在北京生活和工作。许多大部头的著作都是在这个时候在京出版的,您能对北京没有感情吗?您的行住坐卧能没有浓浓的北京"做派"吗?您这样一想,似乎就不觉得偶然了。

我再说一个原籍为广东梅县,而生于广东的韶关,可以说是地地道道的一位老广的中杰英先生。新中国成立之初他考上了清华大学。毕业后年轻有为,当上了工程师,可是,唉……"福兮祸所伏",后来成了右派,很长时间生活在社会底层,受了很多的苦难。但是,《易经》还有一句话,"祸兮福所依"。十几年近于"劳改"的生活,使他学会了哥们儿义气那一套,大碗吃肉,大碗喝酒,甚至打架、骂街……丰富而独特的生活经历,使他有了创作文学的大本钱。

打倒"四人帮"以后,他被落实了政策。但是他却没有做他的建筑老本行。他写了小说《罗浮山血泪祭》并一炮而红。后来他当了话剧编剧,进入了中国实验话剧院。他所创作的话剧却没有他老家广东的题材,而且完全是一水的属于老北京的故事。创作的戏,是所谓"哥们儿戏"的系列剧。比如《哥们儿折腾记》《哥们儿发财记》等。到了1999年,这位中哥们儿,又捣鼓出一个更大更响的话剧,那就是《北京大爷》。您听这名儿就知道是写北京胡同里的四合院儿中各式各样的人们的一个好戏。

这个戏被北京人艺剧院给"逮"着了。排了、上演了,于是又"火"了一把,演出了很长时间。您说,如果他血液中没有点北京人的东西，能写出像《北京大爷》这样纯北京题材的好戏来吗？

最后再说一个坤角吧，就拿北京京剧院的旦角头牌王蓉蓉来说吧。这位小姐17岁从辽宁省鞍山市只身来到北京投报中国戏曲学院，别看她只是一个热爱京剧的中学生，既没有梨园世家的背景，也没有在任何剧团学艺的经历，可是架不住她天赋好又特努力，又碰上名师，结果4年毕业以后，分到北京京剧院就当上了主演。当然她在学院时，就已经是"科里红"了，就主演过《四郎探母》中的主角铁镜公主，而且受到内外行好评。

如今一晃30多年过去了。王蓉蓉当下已经是大名头儿的大演员了。观众喜爱地称她为"京派大青衣"。这个鞍山娃为何今天人们称她是京派大青衣的典范呢？这恐怕有以下几个原因，她的老师是京剧旦角艺术大师张君秋。而她的其他几位授艺老师：王玉蓉、蔡英莲、艾美君、李金鸿等，都是老北京的范儿。老师们不但在艺术上，且在生活上也是言传身教老北京的那些玩艺。她不但全盘接受了张君秋大师的所有的张派当红剧目，而且她有两出现代戏红遍全国。

一出是《沙家浜》中的阿庆嫂；一出是《党的女儿》中扮演的田玉梅。这两个剧目她演的可不少，不但在北京演，而且在全国巡演，外地的她的许多粉丝们都热烈地称呼她是"京派大青衣"。因为看她在舞台上不但有当家大青衣的范儿，而且在私底下待人接物、言谈举止也完全是一派皇城根儿下的老北京的范儿：大气、包容，不说虚怀若谷，也能和票友打成一片。所以这个王蓉蓉是越来越成为北京舞台上一面突出的"京派大青衣"的旗帜了！

简短截说。这二十多个人物，每一个人我都写了其机趣且不平常的故事，而且还不止一个两个连三个，而且这些故事大多和北京有关系。表现出北京的味儿、北京的范儿、北京的人文情怀。我敢

说非常好看好玩儿。如果您还有些不相信,这样吧,现在这部书印出来了,您找一本儿来看一看,您就知道余言不谬也!虽不能说开卷有益,但也可以成为您茶余饭后一本休闲的好书。

张永和
2020年仲秋

图书在版编目（CIP）数据

京派 / 张永和著. —— 北京：华文出版社，2021.3
ISBN 978-7-5075-5422-9

Ⅰ. ①京… Ⅱ. ①张… Ⅲ. ①文化－名人－生平事迹－中国 Ⅳ. ①K825.4

中国版本图书馆CIP数据核字(2021)第031910号

京　派

作　　者：	张永和
封面题签：	张鸿林
责任编辑：	南　洋
出版发行：	华文出版社
地　　址：	北京市西城区广外大街305号8区2号楼
邮政编码：	100055
网　　址：	http://www.hwcbs.com.cn
电　　话：	总编室 010-58336239　发行部 010-58336237
	责任编辑 010-63427615
经　　销：	新华书店
印　　刷：	北京画中画印刷有限公司
开　　本：	710mm×1000mm　1/16
印　　张：	正文 19.5　彩插 0.5
字　　数：	235千
版　　次：	2021年3月第1版
印　　次：	2021年3月第1次印刷
标准书号：	ISBN 978-7-5075-5422-9
定　　价：	68.00元

版权所有　侵权必究